资助项

教育部人文社会科学研究青年基金"城镇进程中的新型社区公共治理体系重组——基于对山东省的调查研究"项目（项目批准号：14YJC840018）

社区转型

城镇化进程中的治理体系重组

刘伟红◎著

COMMUNITY TRANSFORMATION

THE REORGANIZATION OF THE GOVERNANCE SYSTEM IN THE
PROCESS OF URBANIZATION

社会科学文献出版社

SOCIAL SCIENCES ACADEMIC PRESS (CHINA)

目　录

第一章

城镇化的发展与新型社区公共治理问题的产生

城市是城与市的结合。在早期人类发展史中，城市的出现强烈地表达了人们对安稳生活的向往以及对大自然控制的渴望。聚族而居的结果首先是村庄，而城市的出现往往晚于村庄，是人类社会分工进一步发展、权力进一步集中的结果。所以早期的城市也往往是政治的中心、权势的所在（贝纳沃罗，2000：19）。城市一旦产生，其发展的形态与发展的动力就与乡村不同，在城市与乡村的关系中，乡村往往处于从属地位。这一点即便是在漫长的农业社会发展史中也不例外，城市代表着更加优越的生存条件和更好的社会地位，而乡村则代表着政治与文化上的附属，需要不断地向城市输入各种资源，尤其是经济资源。近代以来，城市与乡村的差异更加明显，这种差异不仅表现在生产、生活方式的不同上，也表现在文化与社会组织的差异上。例如，早在 11～13 世纪，城市与商业的结合就创造了意大利北部的城市群，并伴随发展出早期资本主义的经济形态和对应的社会组织与政治组织形态；17 世纪以来的数次工业革命又使城市与工业结合，发展出近代以来为人所熟知的政治制度形态和地方自治形态。城市与商业、城市与工业的结合使其聚集效益获得空前的提升，城市陆续成为现代化、信息化、科技化的集散地。自近代以降，无论东西方，最为先进的文明往往是在城市中首先出现的。

作为人类文明的重要承载体，城市像磁铁一样吸引着各类资源的集中，这一聚集化的过程就是城市化。但是，城市化是一柄双刃剑，不仅是社会进步与发展的动力，还是社会问题产生的摇篮，抑或正是因为城市发展中各类不同于以往的问题的存在及其解决路径的产生，推动着人类社会各种制度的演进。

第一节　我国城镇化发展的历程

城市化，在我国又被称为城镇化，是农村人口不断发展为城镇人口，农村区域逐步转化为城镇区域的过程。

我国近代的城镇化进程起步于清末民初，据李蓓蓓、徐峰的资料数据，自 1820 年至 1949 年中华人民共和国成立的 130 年间，我国城市化率由 6.5% 上升至 10.6%，年城市化率为 0.032% （李蓓蓓、徐峰，2008：38）。这一发展速度远远落后于当时世界城市化发展的平均水平，更无法与今天我国的城市化水平相比。新中国成立后，随着我国工业化的发展，城市化的发展逐步提速，至今，我国已有超过 50% 的人口生活于城市之中，城市化发展速度亦居于世界前列。但是这个提速的过程充满了坎坷，其间经历了数次工业化与城市化的不协调、城市化停滞以及城市化调整等几个发展阶段，也从一个侧面反映了我国现代化进程的艰难探索和不易。

关于新中国成立后我国城市化的发展经历了几个阶段的问题，学界有多种仁者见仁、智者见智的看法，大体上可以分为两阶段论、四阶段论及五阶段论。两阶段论是以改革开放为基本分界点，1978 年以前为一个阶段，1978 年以后为另一个阶段；三阶段论则以诺瑟姆（Ray M. Northam）总结的城市化发展的 "S" 曲线为代表，以城市化率的 30% 及 70% 的节点为分界线，将城市化发展分为三个阶段；四阶段论者则认为新中国成立后的城市化可以分为 1949~1965 年的起步阶段、1965~1978 年的停滞阶段、1978~1991 年的探索阶段和 1991 年至今的发展阶段（唐任伍，2013：28~29）；五阶段论者认为，1949~1957 年为我国城市化发展的起步阶段，1957~1965 年为不稳定发展阶段，1965~1978 年为不稳定徘徊阶段，1978~2000 年为稳定快速发展阶段，2000 年至今则是城市化加速发展的阶段（李善同、刘云中，2014）。也有学者只针对改革开放之后的城市化进行阶段划分，将 1978 至 20 世纪 90 年代中期划分为 "短距离迁移的小城镇主导城市化阶段" 以及 "1990 年代中期以后长距离迁移的大城市主导的城市化阶段"（殷江滨、李郇，2012：24~25）。

借鉴学界当前对城市化发展历程的现有成果，以及结合本书的研究目的，我们将新中国成立以后的城镇化发展分为三个阶段：第一个阶段为

1949～1978 年的城镇化起步阶段；第二个阶段为 1978～1992 年的城镇化调整发展阶段；第三个阶段为 1992 年至今的城镇化快速发展阶段。划分的主要依据是城镇化发展的主要动力与国家政策的基本设定。1978 年之前，我国城镇化发展的动力虽然也有工业化发展的推动效应，但是工业化发展与城镇化发展受到国家政策的严格约束，城镇化与工业化发展的关系并不直接，城镇化更强烈的受到国家政策的影响，而此阶段的国家政策从总体上看，并不承认城镇化与市场的关系。在 1978 年至 1992 年的 14 年里，我国的城镇化发展迎来了第一个市场发展推动城市发展的尝试期，在这个阶段工业的发展开始直接而明显地影响城镇化的发展，但是从总体上看，计划经济的印记仍然十分明显，大中城市的聚集效益并未表现出来；1992 年邓小平同志南方谈话之后，市场作为一种资源配置方式的正面认知在我国大陆得以最终确立，此后，各类资源的自由流动逐步成为可能并获得快速发展，而城镇化也在此后迎来了稳定的黄金发展期。

一 起步阶段：1949～1978 年

1949～1978 年的这段时间，我国大陆的城镇化发展速度非常缓慢，从 1950 年到 1980 年的 31 年间，世界城市化率由 28.4% 上升到 41.3%，年均增长率为 0.43%，其中发展中国家的年均增长率为 0.48%，而同期我国大陆的年均增长率仅为 0.27%。这种发展速度并不是建立在当时工业发展的基础上的。从工业总产值看，1949 年工业产值在工农业总产值中的比例为 41.4%，1978 年为 77.1%，国民收入总额同期提高 7.41 倍。[①]可见，这一阶段我国的城镇化虽然取得了一定的成绩，但是并不符合工业化推动城镇化发展的一般规律，而是更明显地受到国家经济、政治、社会发展政策的影响。

单纯从城市化率来看，这一阶段的城市化发展速度也并不均衡，在这一阶段内又可以分为三个次级发展阶段：1949～1957 年的快速发展期，1957～1965 年的波动发展期以及 1965～1978 年的停滞期。

（一）1949～1957 年：快速发展期

这一发展阶段是我国经济社会全面恢复的时期。从国家层面讲，新中国成立以后，国家的工作重点逐步由农村转移到城市，而原来的各种制度已经不能继续在城市中推行，新的城市管理制度皆处于规划发展的起步阶段，对城市发展的要求高度集中于基本制度建设、基础设施建设与工业化发展。而城市政府的功能完善与国有企业的发展都需要大量的人员，这些人员或由原来的部队干部转业而来，或由农村招工而来。城市中聚集的人口日渐增多并出现了多元化的发展态势。虽然国家对于城市的发展仍然有所限制，但是这一阶段的工业化发展仍然在很大程度上促进了城市规模的扩大。

1949 年，中华人民共和国成立之时，全国城市市区人口 5765 万人，占全国总人口的 10.64%；到 1957 年末，全国建制市数量为 176 个，城市市区人口增加到 9949 万人，城市市区人口占全国人口的比例提高到 15.40%，比 1949 年增加了 4.76 个百分点（付春，2008：111~115）。

但是鉴于当时的国际形势，对重工业发展的迫切性、对城市发展的认识不足以及全能化政府的基本定位，使全国范围的政治、经济、社会改革逐步将城市与乡村划入两个截然不同的封闭系统中，城乡二元体制的建立使资源的自由流动受到越来越严格的限制。国家计划开始深入经济、政治、社会生活的方方面面，这些制度的发展成为后来长期影响我国经济社会发展的约束性条件，更在深层意义上，影响了城镇化的发展进程。

（二）1957~1965 年：波动发展期

1958~1961 年的"大跃进"是这一时期城镇化发展的一个重要的转折点。新中国成立后，直到 1958 年，城市中皆存在为数不少的失业人口，至 1957 年全国失业人口仍然在 200 万人左右（《当代中国》丛书编辑部，1990：49），但是 1958 年开始的"大跃进"却使这种局面迅速改变。

到 1958 年下半年，随着全国范围"大跃进"运动的开展，新中国成立以后在城市中存在的失业难题得到解决，各个行业的扩展，不仅解决了城市中原有的失业人口的就业问题，还出人意料地出现了城市劳动力紧缺的问题，需要农村人口加以补充。如此，各地纷纷向上级劳动部门提出增加劳动力补给的申请。为了适应新形势的需要，中央政府将用人权下放，招工程序大大缩减。此后，全国范围内的招工浪潮层层推高。1958 年全国职工人数从上年度的 3100 万人剧增至 5194 万人，增加人数超过 2000 万人，其中绝大多数是国有企业职工人数的增长（国家统计局国民经济综合

统计司，2005：141）。在这新增加的 2000 多万名职工中，来自农村的有
1104 万人，占新增职工总数的 53%（中共中央文献研究室，1996：141）。
全国城镇总人口随之从 1957 年的 9949 万人增长到 1960 年的 13073 万人，
增加人数超过 3000 万人，城市化率从 1957 年的 15% 急剧上升到 1960 年
的 20%（国家统计局国民经济综合统计司，2010：141）。

三年困难时期，农村供应城市的能力大幅下滑，同时，中央也对城市
发展的速度有所警觉。1960 年在全国人口迎来新中国成立以后第一次总量
下滑之后，1961 年又持续了这种势头，人口由 1959 年的 67207 万人下滑
到 1961 年的 65859 万人，人口减少了 1348 万人。与之相对应的是 1961
年、1962 年的国内生产总值亦出现了明显的下滑，这种状况在第二产业中
的表现尤其明显，1960 年第二产业生产总值为 648.2 亿元，到 1961 年这
一数值萎缩为 388.9 亿元，1962 年为 359.3 亿元。1962 年以后，整体情况
有所改善，1963 年，第二产业生产总值提升到 407.6 亿元，到 1965 年这
一数值为 602.2 亿元。此时，全国人口数亦逐步回升，但城市人口在总人
口中所占比例并没有同步提高，1965 年我国城市人口总数为 13045 万人，
城市化率为 17.98%，在城市人口数量和城市化率两个方面都低于 1960 年
时的数值（国家统计局国民经济综合统计司，2010）。

（三）1965～1978 年：停滞期

1966～1978 年，我国经历了新中国成立以来城镇化发展的最大停滞
期。这一阶段，国内生产总值从整体上看，保持了增长的态势，从 1966 年
的 1873.1 亿元增长至 1976 年的 2961.5 亿元，增长了 1088.4 亿元，同期
的第二产业生产总值也由 1966 年的 709.5 亿元增长到了 1976 年的 1337.2
亿元，增长了 627.7 亿元。与工业化发展同步的是我国人口总数在这十年
也保持了持续的增长态势，由 1966 年的 74542 万人增加到了 1976 年的
93717 万人，城市人口也由 13313 万人增加到 16341 万人，但是城市化率
基本没有变化。1966 年的城市化率为 17.9%，1976 年为 17.4%，有微幅
的下降（国家统计局国民经济综合统计司，2010）。

从具体数据看，"文化大革命"开始的前三年，我国国内生产总值和
第二产业生产总值都有一定程度的下滑，但是整体上还是处于上升趋势。
"文化大革命"期间，我国工业化发展对城镇化的推动作用进一步下滑。

市场在调节城市发展的问题上，基本丧失了作用。

二　调整发展阶段：1978～1992 年

1977 年"文化大革命"结束，当年我国的城市化率为 17.44%，略低于"文化大革命"前 17.98% 的水平，但是城市人口已经增长至 16341 万人（国家统计局，2016）。1978 年 11 月 10 日，党的十一届三中全会在北京召开，这次会议重新确立了党的马克思主义路线，确定了"解放思想、开动脑筋、实事求是、团结一致向前看"的指导方针，将国家的工作中心重新转移到经济建设上来。13 年间，国内生产总值从 1978 年的 3645.2 亿元攀升至 1991 年的 21826.2 亿元，其中第二产业的发展速度明显加快，其生产总值由 1978 年的 1745.2 亿元增长至 1991 年的 9102.2 亿元，增长总量为 7357 亿元，年均增长 565.9 亿元，年均增幅为 32.5%；而第三产业的发展速度则远超过第二产业，从 1978 年的 872.5 亿元增至 1991 年的 7337.1 亿元，增长总量为 6464.6 亿元，年均增长 497.3 亿元，年均增幅为 57%（国家统计局国民经济综合统计司，2010）。

这个阶段又可以分为两个次级阶段：1978～1985 年的恢复期和 1985～1992 年的调整期。

（一）1978～1985 年：恢复期

1978 年 3 月，国务院在北京召开第三次全国城市工作会议，提出了控制大城市规模，积极发展小城镇的方针。这一政策，在 1980 年的《全国城市规划工作会议纪要》中调整为"控制大城市规模，合理发展中等城市，积极发展小城市"的总思路。因此，这一阶段，发展的中心不在大城市，而在中小城市。全国经济恢复的大门是从 1978 年真正开启的，在未来的 12 年里，我国城镇化的发展进入了深度恢复期。在"文化大革命"之前以下工作就已经开始了：知识青年和下放干部开始重新返回城市并就业，高考和其他一些人事制度陆续恢复，部分农村人口和农村学生得以进入城市。同时，乡镇企业的发展也如雨后春笋迅速崛起，这种离土不离乡的企业发展模式使得大量的农村闲置劳动力在就业方式上发生了转移，另外，也有部分人口开始离开自己的村庄外出打工，在城市中出现了以前未曾有过的大量流动人口。随着国家对城市发展认识的加深，以及对社会主义初级阶段主要矛盾认识的深化，城市中大量的基础设施和公共服务得以健全和完善，吸引了更多的人到城市就业。城市化率从 1978 年的 17.92%增加到 1984 年的 23.1%，年均增长率为 0.86%（国家统计局，2016）。城市个数由 1978 年的 193 个增加到 1984 年的 300 个，新增了 107 个（国家统计局城市社会经济调查司，2016）。

在这一发展阶段，我国东南沿海地区出现了深圳、珠海、厦门、汕头等四个经济特区，我国开始了积极探索沿海城市经济发展的城镇化之路。但是这个阶段的改革重点在农村，农村的家庭联产承包责任制是当时改革的最重要成果，而乡镇企业的发展不仅反映了农村经济发展的积累，还在一定程度上映射出在农业产生新的劳动力剩余之后，城市没有能力接纳这些剩余劳动力的现实困境。

1984 年 10 月 20 日，十二届三中全会的召开为我国城镇化的进一步发展拓宽了道路。会议通过了《中共中央关于经济体制改革的决定》，其中明确提出：加快以城市为重点的经济体制改革，改革的基本任务是建立有中国特色的社会主义经济体制，以促进社会生产力的发展，即社会主义商品经济的建设。

（二）1985~1992 年：调整期

这一阶段是我国城镇化发展在经历了恢复期之后的调整阶段。虽然《中共中央关于经济体制改革的决定》明确了以城市为中心的经济体制改革，但是在商品经济和市场经济关系的讨论上仍不甚明确，在思想争论尚未尘埃落定的情况下，实践中的探索明显受到了影响，但改革的步伐仍然是向前的。随着商品生产的扩大，1985 年我国开始在经济领域及部分社会领域实行双轨制。在市场上的表现就是价格的双轨化，一轨是计划的价格，另一轨则是市场的价格。一般来说，计划的价格较低且稳定，而市场的价格则有明显的波动。虽然双轨制的改革备受自由主义经济学家的诟病，但是在改革开放初期，双轨制为后来的市场经济发展打开了前进之门，并在一定程度上有效地促进了国内各类资源的流动，运输、仓储、邮政等行业获得了空前的发展，生产总值从 1985 年的 421.7 亿元飙升至1991 年的 1420.3 亿元，相对于 1952 年（29 亿元）至 1984 年（338.5 亿元）的发展成果，这个阶段的发展成果是非常显著的（国家统计局国民经济综合统计司，2010）。同时，国内生产总值首次突破万亿元大关，1986年达到10275.2亿元，1991年突破2万亿元达到21781.5亿元。第二产业和第三产业都获得了快速的发展：第二产业由1985年的3866.6亿元攀升至1991年的9102.2亿元；第三产业由1985年的2585.0亿元攀升至1991年的7337.1亿元（国家统计局国民经济综合统计司，2010）。

伴随着第二产业与第三产业的发展，城市的数量也明显增加，由1985年的324个增加到1991年的427个，新增103个（国家统计局城市社会经济调查司，2016），城市人口由25094万人增加到31203万人，城市化率则由23.71%增长至26.04%，年均增长0.39%，比1978~1984年有所减缓（国家统计者，2016）。在这一阶段，也出现了新中国成立以来第一次国家许可的人口自由流动浪潮。在1984年以前，我国的人口流动受到国家的严格控制，新中国成立后的上山下乡运动虽然产生了大量的人口流动，但是，这些人口流动都是在国家规划下展开的。而1984年以后，"中央放松了对农村人口进入城市尤其是中小城市的控制，当年，全国流动人口猛增到2000多万人，从此以后，人口流动的增长更是势不可挡"（段成龙，1997：62）。在我国城镇化发展的过程中，流动人口产生的影响日渐增强。

总体上说，这一发展阶段的城镇化已经开始逐步走向市场引导城市发展的一般化道路。虽然在各类资源的配给上仍然带有强烈的计划经济的色彩，但是城市的发展已经逐步与国际城市发展的道路接轨，并随着国家政策的逐步放开而日渐壮大。

三 快速发展阶段：1992年至今

1992年1月19~23日，改革开放的总设计师邓小平同志第二次赴深圳并发表了著名的南方谈话。这次谈话进一步廓清了当时党内外关于市场与计划的争论，提出了要坚持党的十一届三中全会确立的"一个中心、两个基本点"的基本路线，改革的胆子要大一些，要大胆地试、大胆地闯。邓小平同时指出，计划多一点还是市场多一点，不是社会主义与资本主义的本质区别；抓住时机，发展自己，关键是发展经济，发展才是硬道理。

1992年10月12日，江泽民同志在党的十四大上宣布，我国经济体制改革的目标是建立社会主义市场经济。自此，有关市场与计划的讨论最终明晰。市场推动经济发展的引擎获得了更加强劲的动力，城镇在市场的推动下获得了更加健康的发展。

1992～2016 年，我国国内生产总值从 27194.5 亿元飙升至 744127 亿元，城镇居民家庭人均可支配收入由 1992 年的 2016.6 元升至 2015 年的 31790.3 元，农村则由 784.0 元上升到 10772.0 元。全国居民的恩格尔系数由 1992 年的 56% 下降到 2016 年的 30.1%，城市化率则由 1992 年的 27.46% 上升为 2016 年的 57.35%（国家统计局，2016）。[①] 在这一阶段，从中央到地方都认识到了城市在经济发展中的重要价值和作用，政府对城市发展的介入也达到了前所未有的程度，在政府引导下，城市发展的规模和速度都明显高于以前各个阶段，但是城市的快速发展也带了各种问题。

这一阶段可以分为三个次发展阶段：1992～2002 年的转折期，2002～2006 年的快速发展期以及 2006 年至今的协调发展期。

（一）1992～2002 年：转折期

这一阶段可以称为承前启后的转折阶段。1978 年第三次全国城市工作会议确立的城市发展导向在这一阶段得到进一步的延续。1993 年 11 月，中共十四届三中全会召开，朱镕基总理提出了建设 10000 个新市镇、将几亿人口引入这些新市镇的建议，当时的城市发展重心仍然是改造小城镇，建设小城镇。到 1999 年的十五届四中全会以及 2000 年 10 月的中共中央"十五"计划建议中，小城镇、中小城市仍是发展的重点，而大城市规模则是被严格限制的。虽然当时人们对小城镇因分散而带来的问题已经有所警觉，但并未引起广泛关注。人口向大城市的流动受到一定程度的限制。

社会主义市场经济体制建设目标的确立毕竟在制度建设上打开了一扇前所未有的大门，为经济与社会的发展创造了更为优越的条件。国内生产总值从 1992 年的 27194.5 亿元增长到 2001 年的 110863.1 亿元，增长了 83668.6 亿元，其中第二产业产值由 1992 年的 11699.5 亿元增长至 2001 年的 49512.3 亿元，第三产业则由 9357.4 亿元增至 44361.6 亿元。在这一阶段，第一产业在国内生产总值所占比例中第一次低于 20%，由 1996 年的 21.3% 降至 2001 年的 14.0%。城市家庭人均可支配收入由 1992 年的 2026.6 元增加至 2001 年的 6859.6 元，增加了 4833 元；同期，农村家庭人

---

① 《中华人民共和国 2016 年国民经济和社会发展统计公报》 http://www.stats.gov.cn/tjsj/zxfb/201702/t20170228_1467424.html，最后访问日期：2018 年 10 月 8 日。

均纯收入由 1992 年的 784.0 元增加至 2001 年的 2366.4 元，增加了 1582.4
元，城乡居民的消费结构也发生了明显的变化（国家统计局，2016）。

这个阶段的城镇化发展速度大大超过了以前几个阶段，城市数量由
1992 年的 517 个增加到 2001 年的 662 个，增加了 145 个；城镇建成区面积
由 14011.1 平方千米增至 24026.6 平方千米，增加了 10015.5 平方千米，
年均增长 1112.8 平方千米。城市人口则由 1992 年的 32175 万人增加至
2001 年的 48064 万人，城市化率由 27.46% 增加至 37.66%，年均增加
1.13%，增长速度超过以前任何一个发展阶段的均值（国家统计局城市社
会经济调查司，2016）。

（二）2002~2006 年：快速发展期

2002 年中共十六大报告提出 "要逐步提高城市化水平，坚持大中小城
市和小城镇协调发展" 是中国特色的城市化道路。这标志着中央对于城市
化发展有了新的思路，原来强调的对中小城市，特别是小城镇的发展的倾
向性为大中小城市的协调发展所取代。2005 年十六届五中全会报告把 "加
快城镇化进程" 改为 "促进城镇化健康发展"，要 "坚持大中小城市和小
城镇协调发展，提高城镇综合承载能力，按照循序渐进、节约土地、集约
发展，合理布局的原则，积极稳妥地推进城镇化"。

城市发展思路的变化，对城市的发展产生了明显影响。城镇建成区面
积由 2002 年的 25972.6 平方千米增加到 2006 年的 33659.8 平方千米，4 年
间增长了 7687.2 平方千米，这一增长幅度比 1981 年到 1991 年的增幅
（6573.1 平方千米）还要多。在这一阶段我国国内生产总值从 2002 年的
121717.4 亿元增长为 2006 年的 219438.5 亿元，增长了 97721.1 亿元，4
年的增长率高于 1992~2001 年的数值，其中第二产业增加值由 2002 年的
54105.5 亿元增长至 2006 年的 104361.8 亿元，第三产业则由 51421.7 亿元
增至 91759.7 亿元（国家统计局城市社会经济调查司，2016）。城市家庭
人均可支配收入由 2002 年的 7702.8 元增加至 2006 年的 11759.5 元，增加
了 4056.7 元，城市家庭人均收入首次超过万元；同期，农村家庭人均纯收
入由 2002 年的 2475.6 元增加至 2006 年的 3587.0 元。这一阶段我国城市
的数量保持了相对稳定的状态，城市化率由 2002 年的 39.09% 上升到 2006
年的 44.34%，城市化发展速度保持了 1% 以上的高增长率（国家统计局，

2016）。

城镇化的快速发展，一方面大大拉动了 GDP 的增长，增加了城乡居民的经济收入，同时，也使城市病在我国提前出现且呈现比发达国家更为复杂的局面。城市病不仅表现在城市自然生态方面，而且表现在经济、社会等各个方面。

（三）2006 年至今：协调发展期

2007 年之前，我国政府已经开始关注经济、社会与生态环境的协调发展问题，1994 年的《中国 21 世纪议程——中国人口、资源与环境发展白皮书》，1996 年"九五"计划的可持续发展战略，2003 年十六届三中全会的科学发展观，2006 年十六届六中全会提出的建设资源节约型社会与环境友好型社会的主张等，都是我国政府在生态环境领域做出的积极努力。

2007 年 10 月 15 日至 21 日，中国共产党第十七次全国代表大会在北京召开，会议提出了建设生态文明的目标，要求"基本形成节约能源资源和保护生态环境的产业机构、增长方式、消费方式……生态文明观念要在全社会牢固树立"。这次会议之后，生态城市建设开始在全国引起高度关注。城市化的发展不再仅仅关注 GDP 的增长，城市发展的质量逐步取得与规模化城市发展同等重要的地位。2007 年 11 月至 2012 年 10 月，住建部相继发布了 6 项与绿色、低碳、可再生能源有关的支撑性政策文件。2012 年首批获得国家财政补助的 8 个绿色生态示范城区得以建立。2012年 11 月 8 日至 14 日，党的第十八次全国代表大会在北京召开，会议提出了"大力推进生态文明建设"的战略决策，把"美丽中国"建设作为生态文明建设的目标。近年来，绿色城市、海绵城市、智慧城市建设的步伐正在逐步走向常态化。

2007 年，国内生产总值为 246619 亿元，而 2016 年这一数据已经攀升至 744127 亿元。受到 2008 年世界范围内经济危机以及我国经济转型的影响，自 2008 年以来，国内生产总值的增长速度有所减缓，但是这 10 年间，国内生产总值的增加值仍达到了 497508 亿元。2013 年，第一产业增加值占国内生产总值的比例为 9.2%，首次降到 10% 以下；而第三产业所占比例则明显增加，2013 年第三产业增加值占国内生产总值的比例为 46.1%，增加值占比首次超过第二产业。① 在国内生产总值保持了较高增长速度的基础上，城市化亦保持了较快的发展速度，城市化率由 2007 年的 45.89%增长为 2016 年的 57.35%，年均增幅为 1.27%，而 2016 年流动人口的数量也达到了新的高度，为 2.45 亿人（国家统计局，2016），相当于两个日本、四个法国的人口。伴随着城市化快速发展的是我国建设用地的快速增长，2007 年建设用地占用耕地 18.83 万公顷，2013 年达到最高值为 73 万公顷，2014 年有所回落，2016 年为 52 万公顷。② 10 年间，建设用地占用耕地共计 479.49 万公顷，如果以 50 公顷为一个村庄计算，相当于 95898个村庄被建设用地占用（国家统计局，2017）。

作为世界上最大的发展中国家，我国城市化的发展对世界的影响是非常巨大的。正如斯蒂格利茨所言，中国的城市化将会对世界经济产生重要的影响，而巨大贡献的背后，则是一个巨大的挑战。在认知层面上，我国中央政府对于城镇化带来的挑战已经非常明了，但由于种种因素的交叉叠加影响，城镇化的健康、可持续发展仍任重而道远。

第二节　我国城镇化发展的特点与走势

我国城镇化的真正发展起步于新中国成立之后，而城市与市场的合力最终得以实现则是在 20 世纪 90 年代中后期。从世界城市化发展的基本规律看，直到 1996 年我国城市化率才突破 30% 的关口，迎来城市化快速发展的阶段。1996～2006 年的 21 年间，我国城市化率以年均 1.34% 的增速提升，从世界范围看，亦属于发展较快的行列。

虽然世界上多数国家的城市化与现代化、工业化的发展是伴生同行的，但也有如希腊、意大利南部等地区并不完全遵从工业化、现代化与城市共同发展的规律，甚至有些地方还出现了有城市化而无发展的境况。所以，作为人类文明重要象征的城市并不一定总承载着发展与文明的进步。城镇化的发展只是在利用城市的聚集效益，最大限度地利用人类集体行动

① 《中华人民共和国 2016 年国民经济和社会发展统计公报》http://www.stats.gov.cn/tjsj/zxfb/201702/t20170228_1467424.html，最后访问日期：2018 年 10 月 8 日。

② 《中华人民共和国 2016 年国民经济和社会发展统计公报》报》http://www.stats.gov.cn/tjsj/zxfb/201702/t20170228_1467424.html，最后访问日期：2018 年 10 月 8 日。

的智慧通过节约交易成本的路径而促进文明的进步，如果不能如此，城市亦可能产生出各种村庄时代所没有的社会问题。对此，理论界与实践界应给予高度关切。

世界上没有两片树叶是一样的，也没有两个国家的城市化发展特征会发生重叠，作为一个高度复杂的发展实体，城市承担的发展任务及其能够获取的经济、政治、社会资源都是独特的，这一点不会因为城市数量的增加而发生改变，即便是全球化使城市面对的外在环境日渐一体化，但是每个城市、每个国家所面对的仍然是不同的发展机会和发展资源。本书在第一节中已经对我国城镇化的发展历程进行了梳理，这个发展历程也是我国城市共同体所独有的，每一个城市的发展都不能离开其独特的时空网络位置，而每一个国家的城市体都不能离开其所处的世界城市体系，正因为如此，各国的城市化皆有特点。

一 我国城镇化发展的主要特点

（一）我国的城镇化是政府政策与经济发展联合推动的成果，但是其作用方式与地位明显不同

从世界范围看，城市化的发展从来不是单一力量作用的结果，在现代城市发展的初期，资本对其他各类资源的整合是推动城市化发展的最原始力量，但随着资本发生场域的扩展，市场的自发性并不能自动地解决市场扩展带来的平等竞争难题，政府的介入不是一种选择而是一种必须，况且在市场发展的过程中，社会的公平、自然生态的可持续发展皆不是单纯依靠市场的力量能够解决的。城市既是人类生产的集中地，亦是人类生活的交汇场。政府介入城市的发展，就是要在市场之外寻求城市发展的健康和生态、社会发展的可持续。但是政府介入的范围却深刻地受到各自的历史与当时环境的深刻影响。我国政府介入城市化的发展，有其深刻的历史传统，这种传统与秦代以来建立的中央集权制历史有关，亦与新中国成立之后的制度继承相连。纵观我国城镇化发展的历程，即可发现，我国城镇化发展的每一个阶段的始末皆与政府的政策变迁紧密相连。历史制度主义所言的"观念"对制度变迁的影响在我国城镇化发展的过程中一览无余。

但是城市不是意识形态的产物，城市是钢筋混凝土、信息渠道、人群

的共生体，这些可见与不可见的存在都以各类利益的凝结与发展为根本前提。自近代以降，经济的发展，工业化、信息化的发展已经成为各类资源聚集的根本性基础。如果说政府的政策推动是道路，那么第二、第三产业的发展则是行驶于道路之上的各类车辆，道路的质量和方向影响着车辆的行驶路途与行驶速度，而车辆的行驶需求则追打着道路建设的推进。双方的合作实现了寄托于道路与车辆之上的城市的发展与人类文明的进步。在我国城镇化发展的过程中，可以看到，国内生产总值提升最快的时期往往是城镇化发展速度提升的时期，但并不总是如此，特别是在改革开放之前，这一点表现得尤为明显。

即便是在城镇化发展已经接近其快速发展尾声的今天，政府仍然是我国城镇化发展的重要推动者。城市就像是一个体积庞大而自理能力依然不足的"半成年人"，政府一直的"照料"，已经使城市的发展迥异于完善市场经济下的其他城市共同体，但是，随着我国城市体系日渐融入世界城市体系，政府的"照料"亦日渐显示出"力不从心"。

（二）城镇化发展速度快，人口流动规模巨大

1949 年，我国城市化率仅为 10.64%，当时全国人口总数为 54167 万人，城市人口为 5765 万人，而 2016 年我国城市化率为 57.35%，当年大陆人口总数为 138271 万人，其中城镇常住人口为 79298 万人，68 年间城市人口增加了 73533 万人，仅是增加的人口就比世界上除印度以外的国家的人口数量还要多（国家统计局，2017）。2016 年当年的 2.45 亿流动人口就比世界上绝大多数国家的人口数量多出数倍。[①] 虽然流动人口主要流向东南沿海及经济发达的地区，但是流动人口创造的财富却不仅仅在东南沿海。作为我国特殊的文化现象，特别是第一代流动人口，他们把在城市获得的财富源源不断地输送回相对贫困的地区，以分散的个体的方式实现财富的地区转移。由于我国的人口基数大，每年 1% 左右的城市化提升速度就意味着数千万人口的城乡迁移。这种发展速度不仅产生了大量的消费性需求，亦产生了大量的生产性需求，而扩大的需求又在进一步推动着城市的扩张。

---

① 《中国流动人口发展报告 2017》，http://shanghai. xinmin. cn/xmsq/2017/11/10/31332612. html，最后访问日期：2018 年 11 月 13 日。

（三）城镇化建设的成效显著

城市建设的成效主要表现在人民生活的改善、城市建成区面积的扩大与基础设施的完善、基本公共服务与社会保障的完善等方面。在人民生活改善方面，按常住地分，2016 年我国城镇居民人均可支配收入为 33616 元，而 1978 年这一数值仅为 343.4 元，增幅近百倍；同时消费支出也由 1978 年的 311.2 元增长至 2016 年的 23079 元；城镇居民家庭人均恩格尔系数也由 1978 年的 57.5% 下降到了 2016 年的 29.3%，下降了 28.2 个百分点；1978 年城市人均住宅建筑面积为 6.7 平方米，而 2016 年这一数值为 36.6 平方米，增长了近 30 平方米。[①] 城市数量由 1978 年的 193 个增长到 2016 年的 656 个，增加了 463 个；城市建成区面积则由 1981 年的 7438 平方千米增长至 2016 年的 40941 平方千米，增长了 33503 平方千米。在城市基础设施建设方面，城市交通、供水供电、绿化、环境卫生等基础设施建设不断完善，1981 年我国城市道路面积为 26022 万平方米，2016 年则达到了 550789 万平方米，增长了 524767 万平方米；人均道路拥有面积则由 1.81 平方米增长至 12.34 平方米，增长了 10.53 平方米；1986 年城市每万人拥有公共汽车数量为 2.5 辆，2016 年增长至 10.66 辆。1949 年全国城市供水管道长度为 6587 公里，日供水能力为 240.7 万立方米，直到 1981 年城市的供水率也仅是 53.7%，而至 2016 年城市日供水量则达到 12967.8 万立方米，比 1949 年增长了 53 倍；2016 年城市绿地面积为 2153559 公顷，建成区绿化覆盖率为 38.15%，而 1986 年这一数值仅为 16.90%；2016 年污水处理率为 87.9%，生活垃圾无害化处理率为 99.8%，而 1991 年时污水处理率仅为 14.86%（国家统计局城市社会经济调查司，2016；国家统计局，2016）。[②]

城镇化建设的成效不仅表现在城镇空间，亦通过城镇的辐射作用表现于乡村建设，特别是近十年来，城镇对乡村的反哺作用逐步显现。

综上，我国城镇化的发展展现出的是一幅后发国家经济社会快速发展

---

① 《中华人民共和国 2016 年国民经济和社会发展统计公报》http://www.stats.gov.cn/tjsj/zxfb/201702/t20170228_1467424.html，最后访问日期：2018 年 10 月 8 日。

② 《中华人民共和国 2016 年国民经济和社会发展统计公报》http://www.stats.gov.cn/tjsj/zxfb/201702/t20170228_1467424.html，最后访问日期：2018 年 11 月 8 日。

的典型画卷，其间也带有明显的东亚发展模式的特色。

二 我国城镇化发展面临的问题

城市是人类文明发展的产物，也是人类不断尝试新的生存、生产与合作方式的产物。在城市发展的过程中，不同的国家、地区、组织都在积极地探索适宜当时环境的行动策略，但是囿于时代与认知的局限以及利益格局的限制，城市的发展与其他一切为人类涉入并产生影响的事物一样，在产生积极的服务于人类发展成果的同时，也产生了一些不利于可持续发展的问题。

从城市化发展的基本路径看，越早开始城市化的国家，其城市化发展的时间跨度越长，如英国，其大规模的城市化始于18世纪中叶的工业革命，英国用了90年的时间完成基本城市化的过程，城市化率在1851年达到了50%，然后用了约70年的时间完成城市化的成熟阶段，即城市化率达到80%左右，而完成这个过程美国用了约100年的时间，日本则仅用了50年的时间。究其原因无外乎两点：第一，越早开始城市化越无其他国家经验可以借鉴，城市发展摸索前行，无经验又无计划的城市发展容易引发叠加的城市问题，如英国的伦敦烟雾事件造成了4000多人丧生；第二，在城市化发展的过程中积累了经验亦积累了技术，后发国家不仅可以借鉴经验更可借鉴技术，从而实现城市化发展的飞跃。

但是这并不意味着在早发城市化国家出现的问题就会在后发城市化国家得以完全的避免。城市不仅仅是各类文明形态增长的集散地，更是各类资源配置与再分配的盛宴。人类对资源的争夺并不仅以他国的经验教训为谈判的标准，而更以利益的获取与让予为交流的准绳。他国经验在提供教训的同时，却无法割断本国资源分配的历史轨迹，更无法规划未来资源分配的格局。同时，由于各国的资源类型、产业结构、政治制度的差异也会影响城市化发展所面临的具体问题。如虽然同为资本主义国家，但是英美等国的城市化发展教训并未完全使日本避免20世纪60年代的环境污染问题，其中熊本县水俣湾因甲醇水银污染引起的"水俣病"、新潟县阿贺野川流域的"新潟水俣病"、三重县四日市的硫化物大气污染引起的"四日市哮喘病"、富川县神通川流域镉污染引起的"疼痛病"等造成的人类生存困境至今仍历历在目。

城市化发展进程中出现的问题具有多重复杂性特点，对此学界与实践界都应该有充分的认知。作为社会主义国家，我国的城市化已经在一定程度上避免了英美等国早期城市化发展出现的一些问题，但是仍然出现了一些应引起广泛关注的城市问题。

（一）城市规模扩张迅速，缺乏科学合理的城市发展规划

我国城镇化发展的速度是有目共睹的，城市规模的扩张在一定程度上与城镇化发展的速度有关。但是，在城镇化发展的过程中，摊大饼式的城市扩张与拆迁式的城市扩张结合使得我国的城镇化出现了重城市规模而轻城市发展规划的倾向。这种倾向在大中城市的表现是城市不断侵占周边郊区的土地，乡村被城市吞并的同时，城市内部的基础设施建设却不能跟上时代发展步伐，城市内部不可见的基础设施，如排水、排废管道与设施的建设明显滞后。这种发展态势，一方面导致了大量农田被侵占，城市周边耕地减少趋势明显；另一方面，城市内涝现象频发，很多大中城市，一到雨季就面临"洪水侵城"的危险。同时，在相当长的一段时间里，有些地方过度关注城市形象工程的建设，重复建设、样板建设工程明显，忽视了城市本身的特点和文化传承因素，一味追求城市发展的"现代化"，使得城市建设千城一面的现象非常突出。这些现象说明，我国有些地方政府在城市发展规划上缺乏持续稳定的科学态度，对城市发展规律缺乏长远的、可持续性的认知，短视现象比较明显，中途修改规划就是典型表现。

（二）大中小城市发展不协调

2002年之后，随着我国城市发展政策的调整，大城市迎来了快速发展的契机。北京、上海、广州等城市获得了快速的发展，吸引了大量的人力、财力、物力。北京的扩展、上海的跨江挺进，全国每年有2亿多的流动人口迁移都在说明大城市发展的巨大吸引力。大中城市如磁铁一般将各类资源吸引到自己的脚下，在促进自身发展繁荣的同时，也催化着小城镇的衰弱。同时，对城市发展的规划高度集中于城市而忽视了区域发展的协调，大中小城市发展不够均衡，特别是近年来这种现象更加明显，大城市的各项投入明显高于中小城市，城市按照行政级别投入的现象使得小城镇的发展明显落后，小城镇基础设施与基础公共服务的落后，更加重了人才的流失，人才与资源的流失反过来亦加重了小城镇发展的滞后性。2006～

2011 年，城市新增城区人口的 84% 是依靠 50 万人以上大城市吸纳的，其中 400 万以上人口的巨型城市占到 61.1%，而小城镇则在萎缩。①

（三） 城市病日渐明显，生态恶化尤其突出

城市病是指在城市发展的过程中，由于城市人口、工业、交通等过度聚集而造成的生态、社会病态。城市病主要表现为人口聚集度过高，交通不畅，自然生态退化甚至恶化，城市排泄系统不畅，就业、就医、就学困难等。城市病的产生与城市的过度聚集有关，城市过度聚集各类资源而违背了城市作为一个生态系统的基本规律，不能依托自然的、人造的循环系统实现城市内外资源的良性循环，从而造成城市内外资源循环的障碍，降低了城市运行的效率，甚至生发出一些严重影响人类生存的问题。

我的城市病主要发生在大城市，但是现在也有向中等城市蔓延的趋势。城市内部交通拥堵、空气质量下降、给排水及环保设施不能跟上城市发展的速度，各类大中城市房价高企，许多城市的房价已经不能使年轻的外来人口融入城市之中，就医、就学问题更是成为近年来各地城市面临的热点社会问题。特别是学区带动的房价上涨，更表现出了城市公共服务供给的不均衡。更为严重的是近几年来的雾霾围城已经不是个别城市的问题，雾霾的侵袭已严重影响了生活于城市及其周边的人口的健康，每到季节交替，特别是秋冬季的来临，我国大部分地区的城市雾霾就会促使成千上万的人到医院就医，这种状况甚至已经影响到城市周边的乡村。

城市生态的脆弱正在使城市生活的幸福指数迅速下滑。城市人不再是令人羡慕的身份，反而成为农村人不愿成为的那种人。

2015 年 12 月 20～21 日，时隔 37 年，中央再次召开城市工作会议。会议指出"要着力解决城市病等突出问题，不断提升城市环境质量、人民生活质量、城市竞争力，建设和谐宜居、富有活力、各具特色的现代化城市"。当年，城市环境问题已有改善的趋势，城市环境问责已经是城市管理者需要重点考量的问题。

---

① 《我国城镇化发展的历史与未来趋势》，http://www.cre.org.cn/index.php? m = content&c = index&a = show&catid = 19&id = 9084，最后访问日期：2016 年 9 月 16 日。

（四）城市管理规范化不足与僵化并存

我国城镇化的真正起步算来不过是 30 余年的时间，对于管理制度的发展来说，这个时间不算很长，但也不能算短。制度发展的不足一方面与我国城镇化发展速度较快、相关制度发展相对滞后有关，另一方面也与我国城镇化发展的基础薄弱、社会支持力不足有关。

现代城市的发展依托于市场化与工业化的进步，而我国市场化与工业化的发展，特别是市场的发展，直到 20 世纪 80 年代末期，对大多数国人来说还是一个陌生的词语，更勿论在市场中建立起来的陌生人之间的契约精神与合作意识。

城市管理说到底是对异质人群的管理，管理主体对管理对象来说是陌生人关系，大部分的管理对象之间也是陌生人关系。在处理陌生人关系上，我国明显缺乏深厚的历史传承，且自近代以来，亦未像早发的资本主义国家一样建立起处理陌生人关系的规范体系。这种社会历史背景明显地影响了改革开放之后，我国城市管理制度与规范的发展。因此，在当前的城市管理中就出现了规范不足与僵化并存的矛盾现状。

城市管理的规范不足在基层治理实践中更为明显，具体表现就是责权不清，协调缺乏平台，矛盾问题互相推诿，利益问题相互争抢。同时，在工具性的规范执行中，又存在明显的僵化现象。

三 我国城镇化发展的走势

城镇发展的基本方向以具体国情和世界发展的趋势为双向约束机制和动力机制。我国的基本国情是人多地少，人均耕地面积低于世界平均水平的一半。因此，在城镇建设国情中必须充分考虑到我国这一情况，以务实、科学的发展态度为指引，推动城镇化由追求规模向追求质量转变、由粗放型发展向集约型发展推进，坚持生态发展的均衡，提升城市治理的柔软度，使城市真正成为城市人喜爱的、归属感强烈的城市。2014 年，中共中央、国务院发布的《国家新型城镇化规划（2014～2020 年）》指出，新型城镇化是以城乡统筹、城乡一体、产城互动、节约集约、生态宜居、和谐发展为基本特征的城镇化，是大中小城市、小城镇、新型农村社区协调发展、互促共进的城镇化。当下，各省区市亦分别制定了自己的新型城镇化发展规划，城乡协调发展、生态均衡发展的方向由理论走向了实践。

（一）走科学控制规模、内涵式发展的城镇化之路

城市对乡村的侵吞是城市化发展的必行之路，但是这个侵吞的过程并不是要实现乡村的完全城市化，即便是那些已经实现 80% 以上城市化率的土地私有的国家，耕地、绿地、林地仍然是受到严格保护的。而我国的情况则不容乐观，虽然国家严格限制了 18 亿亩的耕地红线，但耕地保有数量及质量仍然不容乐观。因此，坚持科学控制城市规模，走内涵式发展之路必然是我国城市未来发展的重要趋势之一。

但科学控制城市规模，走内涵式发展之路不仅是对大城市而言的，对中小城市亦是如此。当前，中小城市亦热衷于建设新城、经济开发区、行政中心等，而大中型城市则热衷于建立新的 CBD 和金融中心等。这些所谓的"新"，几乎无不以牺牲大片的耕地和村庄为代价。我国拥有世界上最大规模的人口，如果我国城镇化率达到 70% 以上，就意味着有 10 亿左右的人口生活在城镇之中。农村的发展是城市发展的基础，而农村发展的根本是农业的发展，农业发展的根本则是高品质的耕地的存在。城镇发展必须走科学发展之路，避免侵占土地和不科学利用土地的情况发生。同时，城市内涵发展的迫切性也正在逐步显现，即便是像上海、北京这样的一线城市，与其同等规模的国际大都市如东京、伦敦、纽约等相比，仍然有明显的差距。各类中小城市亦逐步认识到了内涵式发展的重要性，追求自身特色的发展道路已经逐步成为共识，共同的问题是如何找到自己的特色。

（二）走集约式城市发展之路，创造人与自然和谐共处的城市环境

"地大物博"的历史言说在很长一段时间内成为我国粗放式发展的说辞，"取之不尽、用之不竭"的说法已经很少再出现在对资源的描述中。从总体上看，我国当前的城市发展模式仍然是以粗放式为主的，但是对资源有限性的认知已经逐步成为各方的共识，普通民众对生态发展的要求也日渐凸显。近年来，在我国城市管理学界频繁出现的热点词语，如智慧城市、生态城市、海绵城市等，皆反映了实践界与理论界对城市发展未来走势的关注。

2007 年以前我国生态城市的建设还屈指可数，而 2007 年之后，特别是 2009 年之后生态城市的发展呈现高速推进的态势，我国与美、英、丹麦

等国家建立了合作共建关系，积极学习他国经验，推进我国生态城市的发展。据中国城市科学研究会李海龙博士的研究，在《国家新型城镇化发展规划（2014~2020年）》出台之后，64个新型城镇化试点城市相继建立，在城市生态文明制度、智慧城市、低碳城市建设上积极探索经验教训。海绵城市建设试点国家补助额为：直辖市6亿元，省会城市5亿元，其他城市4亿元；地下综合管廊试点工作国家补助额为：直辖市每年5亿元，省会城市每年4亿元，其他城市每年3亿元。

在国家层面加大对生态城市支持力度的同时，地方省市也都在积极探索新的生态化建设之路。共享单车的发展、城市花园的尝试、垃圾分类的细化等都在积极地推动人与自然的和谐共处。

（三）规范各类规章制度，创造人与人和谐共处的环境

城市说到底是人类超规模集体行动的呈现。人与人的和谐共处是城市发展的重要社会动力之一。在乡村时代，人与人的和谐共处是通过亲缘关系及准亲缘关系维系的，那是熟人社会的发展之道；而城市化时代，人与人的和谐共处受到各种异质性因素与流动性因素的影响而不能复制村庄时代的社会共处模式。也正是因为如此，不同人群之间的平等问题、民主问题开始影响制度发展的规程。

新中国成立后，我国城市的发展以牺牲乡村的发展为代价，至今，虽然各个层面的政策对乡村有所倾斜，但历史形成的制度惯性和资源累积的惯性所造成的剪刀差依然横亘在城乡之间。城镇化的发展过程，说到底是农村人变为城市人、农村地区变为城市地区、城市自身不断提升内涵的过程。当下，城乡间的差异已经开始影响我国城镇化的发展进程，且这一点已经为国家所认知，正是在这种情况下，乡村各类社会保障制度的建立、基础设施的完善与基本公共服务供给的提升才得以提上议事日程并获得良好的发展。

人与人的和谐共处是人与自然和谐共处的重要保障，没有人与人的和谐共处，集体性的生态维护行为的成本就会大幅上升，甚至不能达成。因此，在城镇化快速发展的当下，制度建设的同步跟进是保障城镇化健康发展的核心要素之一。

第三节　新型社区公共治理问题的出现

随着我国城镇化的快速推进，城市对乡村的影响逐步深入。这些影响一方面表现在城市对乡村的物理侵入，另一方面则表现为城市生活范式对乡村生活范式的替代。城市对乡村的物理侵入是一种典型的外延式城镇化发展范式，而城市生活范式对乡村生活范式的替代则是一种内涵式的城镇化发展范式。具体到我国的区域特点，特别是在城镇化受到明显的政府引导的情况下，上述两种范式就表现出更多的整体性与规范化并行的特点，这种特点的集中代表形式就是本书要探讨的主题：新型社区。

一　新型社区的出现

城镇化发展往往面临土地所有权的转移，城镇化发展得越快，土地所有权发生变化的速度就越快。由于土地所有权性质的国有及集体属性，我国城镇化的发展方式与欧美等国家存在明显差异。与欧洲早期市场化的推进方式不同，"新中国的城市房屋拆迁起始于20世纪50年代，至80年代提出城市危房改造，基本形成了'政府出资、定标准、安置住户，一切由政府包办'的模式"（杨建顺，2005：5）。这种旧城改造模式对城镇化发展的影响一直延续至今，政府在城乡土地征用中持续扮演着决策者、规划者、执行者与裁判员的四重角色。

政府的角色重叠在很大程度上加快了我国规划型城镇化的发展速度，并在实际上促成了众多新型社区的成型。20世纪90年代之前，乡镇企业对集体土地的占用已初具规模，进入20世纪90年代以后，招商引资的快速发展、城市规模的扩容，甚至城市生态景观地带的规划都在大规模地吞噬原有的耕地与村庄。张玉林认为"1990年代以来，席卷中国的征地拆迁浪潮，实质上是一场史无前例的大清场运动。从开发区建设到城市的扩张，从'撤村并居'到'土地整理'，都以消灭农村、驱逐小农为归结：迄今已经吞噬了8300多万亩耕地，清除了至少140万个自然村和1亿2700多万小农"（张玉林，2015：19）。城市征地情况如表1-1所示。

表1-1 城市征地情况

单位：平方，位

	2015年	2014年	2013年	2012年	2011年	2007年	2004年	2001年	2000年	1999年	1998年
全国城市征地面积	1548.5	1475.8	1831.6	2161.5	1841.7	1216.0	1612.6	1812.2	447.3	340.5	515.5
山东城市征地面积	86.4	88.1	100.1	150.7	141.6	140.9	208.5	67.8	36.6	26.28	38.5
山东城市征地面积在全国的排名	6	6	7	4	3	2	2	5	4	3	6

资料来源：根据国家统计局2016年《中国统计年鉴》整理。

2001年是城市征地的一个重要转折点，在这一年，全国征地面积达到1812.2平方公里，比1998年、1999年、2000年三年的总和还要多508.9平方公里。自此之后，全国范围的城市征地运动进入高速发展阶段，其中2012年更是达到了2161.5平方公里，最近两年城市征地数量才有所回落。就山东省的情况来看，城市征地面积一直居于全国前列，征地最多的年份为2004年，当年征地208.5平方公里，占全国征地面积的比例为12.93%，在所有省区市中排第2位。如此大规模的土地征用加上原来的乔迁安置模式，新型社区的出现就成为一种普遍存在的、具有中国特色的城镇化现象。

但是，土地集中征用、房屋拆迁只是结果，而拆迁的原因则各有不同。学者们对拆迁动因的分析亦各有千秋，部分学者认为土地财政与政府的政绩渴望是土地征用的重要诱因之一（周雪光，2005：132～143；彭小兵，2007：46～48），也有学者提出了新农村建设与城乡基础设施优化驱动集中拆迁的观点（阮荣平，2012：114）。应该说，当前学界对集体土地征用导致的拆迁动因的分析具有一定的解释力，但是从本书分析的客观对象来说，笔者认为应该从更加物化的视角来分析全国范围新型社区的拆迁动因，鉴于此种考虑，笔者将集中拆迁的动因归纳如下。

（一）城市（镇）工商业发展及城市扩容引发的集中拆迁

城市（镇）工商业发展及城市扩容往往是一个硬币的两个面，这种城市扩张方式更多地表现为摊大饼式的推进——城市逐步蚕食周边乡村。其根本的发展动力在市场，而通过政府的行为驱动表现出来。因此，虽然最后的村庄消失是以整村融入城市的方式出现的，但是村庄的拆迁过程却往往呈现阶段性的特点，具体表现为村内逐组拆迁，拆迁历时较长。在城市（镇）工商业发展迅速且城市扩容明显的区域，此种拆迁方式会比较突出。相对于其他两种方式而言，此类拆迁往往是农业、农村的生产和生活方式为城市的生产和生活方式让步，表现为工商业对农业空间的侵吞，在拆迁之前，当地工商业的发展已经储备了一定的人员就业空间并在现实中提升了土地转让的成本，拆迁对象得到的补偿往往会高于其他两类拆迁的补偿额度，同时，人为造成的产业接续困难与人员就业困难的问题也相对较弱。但是这种拆迁是逐步展开的，因而极容易造成原村/居民的分散居住和分散管理。所谓的分散居住就是原来一个自然村的村民不再居住在一个小区中，而是分散到两个以上的小区里，甚至归属不同的基层单位管理。这种状况引起的管理困境已经引起了部分学者的关注。

（二）基础设施建设及城市生态环境项目升级引发的集中拆迁

近年来，我国基础设施建设的规模比较大，2016年与2015年的基础设施用地规模皆是29万公顷，而2014年、2013年及2012年的数据则分别是31万公顷、32万公顷、32.7万公顷，可见近几年来，基础设施用地规模已经所有下降，但是相对于2010年的12.2万公顷、2009年的9.7万公顷（国家统计局，2016），用地规模仍然是非常庞大的。此类拆迁或是市政府的规划项目使然，或者是省级政府甚至国家的基础设施规划使然。由于项目规划与城市中心地带的商业区块并不一定完全接续，特别是在跨地区的基础设施建设上更是如此，这就使得原村在拆迁之后不仅保留了部分耕地，还有部分原村/居民留居原地。在这种拆迁方式下形成的新型社区或者坐落于所在区的镇中心，或者与镇中心有一定的距离，因此，拆迁安置与工商业的发展并不同步，村民在失去土地的同时，并没有获得新的就业机会。但是由于村民仍然拥有部分土地，而这些土地并没有因为村/居的拆迁而改变集体属性，从而使其成为村/居拓展集体经济的基础之一，并为原村自治组织承担新型社区的公共事务提供了一定的物质发展基础。

（三）城乡建设用地增减挂钩及土地平整项目引发的集中拆迁

城乡建设用地增减挂钩的"地方经验"首先在上海出现，然后在江苏得到进一步扩散并引起其他地方的关注。2004 年 10 月，国务院下发的《国务院关于深化改革严格土地管理的决定》则在国家层次首次提到城乡建设用地的"挂钩"问题，提出了"鼓励农村建设用地整理，城镇建设用地增加要与农村建设用地减少相挂钩"的政策导向。2010 年 8 月，山东省土地资源厅与财政厅联合发布了《山东省土地综合整治项目指南》，明确了土地综合整治采用整乡（镇）集中推进型、城市中心社区聚集型、小流域综合治理型、重要交通沿线和重点旅游区环境改善型等四种方式。城市中心社区聚集型的方式形成的集中居住社区往往是在原村址或邻近村址上整村搬迁形成的，原村的社交网络受到的影响相对较小。但是土地增减挂钩形成的新型社区往往是在典型的农村区域，原村拆迁之后，新建的社区是要占用部分耕地或者是数村合并在一个村的原址之上。村民原来的就业结构并未发生明显变化。村庄拆迁的补偿也明显少于第一种拆迁方式。

二　新型社区面临的治理问题

社会转型是一系列制度的延续、跳跃、中断和改变。在转型过程中，外在的制度，即通过正式程序确立的法律、法规、政策、规章等正式制度，可以通过政府的法令、政策及相关的惩罚措施保障其执行；而内在的制度，即那些依靠人们的经验、价值体系、习惯长期确立的非正式制度，却往往不能在短期内速变，尤为关键的是"外在制度的有效性在很大程度上取决于它们是否与内在演化出来的制度互补"（柯武刚、史漫飞，2000：36）。集中拆迁下形成的新型社区是在广泛且多层的社会转型背景下规划性制度变迁的产物，制度变迁的收益和成本不均衡地浓缩于社区之中，被动的适应和调整衍生出一系列问题：集中化的空间转移打破了村庄原有的连续式发展轨迹，"被提升"的状态割裂了原来深植于村落空间中的社会交往方式及附着于这种交往方式之上的公共治理架构。社区私域与公域的重新组合要求有新的治理制度产生。

（一）作为核心公共资源的土地及其衍生问题的治理

土地，特别是耕地，其产权较容易确定，在西方公共经济学中极少存在公共治理的难题，而在我国，即便是耕地，由于其产权的集体性色彩，也带来了不同于西方的公共治理难题，涉及城镇化进程中的集体土地问题时，情况更是如此。集体耕地，是新型社区最重要的公共资源，很多集中后的社区都存在如何处理集体土地及其衍生问题的难题。这些难题表现在以下几个方面。第一，土地如何耕种的问题。许多学者曾对集体土地的产权、流转制度展开过深入的探讨，但是从社区微观治理的角度而言，明晰的产权、完善的流转制度并不意味着治理问题的解决。任何一种制度都有其适用条件，土地制度亦是如此。新型社区的部分居民在土地权属明确的情况下，仍然面临集体土地弃荒的问题，其主要原因在于：迁入地远离原住地，耕种成本普遍提升，以老年人为主的土地耕种者无法返回原地照料土地；同时，旧村所属集体土地多为山地，土质偏差，无人愿意租种。第二，粮食晾晒引发的公共安全问题。在经历了商业开发之后，许多新型社区剩余的集体耕地数量比较小，且较为分散，无法实现大规模土地流转，仍由原居民耕种，如此产生了粮食晾晒问题。拆迁前，村庄皆有自己的晾晒地点，如村里的麦场、各家平房的屋顶、院里的空地，甚至村内硬化的道路等。而集中居住以后，小区内规划的草坪和绿地已经不允许大面积的晾晒粮食，因此，只能将粮食晾晒于公共道路上。对此，区政府及其派出机构毫无办法，而交通部门亦不能时时监控，安全隐患极大。第三，拆迁后原村复耕的问题。土地增减挂钩的补贴，是许多新型社区拆迁资金的重要来源，而原村建设用地要复耕则需要付出极高的成本。

（二）社区公共安全问题

公共安全是典型的公共物品，国防是其典型代表，而作为微缩型公共安全的社区安全则往往被学界所忽视。由于居住空间的转移嵌套着各类资源的重新分配及周边社会关系的重新组合，新型社区公共安全的负面影响就在维度上分化为两个方面：其一是可见物质财产与人身安全的焦虑，其二则是心理安全的失守。如果上述两个维度都产生了较大的振幅，则社区的稳定就会受到极大的干扰，进而可能会发酵并引发危害社会安定的事件。因此，重视社区的公共安全，建构适宜的公共安全维护机制就成为新型社区治理的重要问题之一。

一般来说，多数新型社区都分布在城市边缘或镇中心地带，居住成本的低廉吸引了大量流动人口。而且当前的新型社区多为开放型小区，小区边界不够清晰，进出社区的成本几乎为零。同时，受到管理成本的限制，

多数村/居未在小区各入口设置身份辨识系统。因此，新型社区存在较大
的公共安全问题。其中，合村并居式社区中的公共安全问题尤为突出：每
个村/居独立管理自己的楼区，各个独立管辖的楼区之间缺少基本的协调
机制，公共安全认知差异较大，社区内发生的偷盗事件随着社区及人员规
模的扩大化而有增加的趋势。

"就社区的安全来说，公民是重要的协作生产者。"（奥斯特罗姆、帕
克斯、惠特克，2000：10）但是社区居民尚未在如此短暂的时间内形成稳
定的社区认同，对那些合村并居的多元化社区而言，居民的认同度更低。
在居民并没有成为无时不在的"社区之眼"的情况下，社区内的公共安全
问题就更加明显。

（三）公共卫生问题

新型社区的公共卫生主要涉及社区内的公用道路、楼栋内的公用区
域、社区的公共活动区域（主要是活动室、运动场、健身场所）等。新型
社区在规划上是按照城市社区的标准设计的，小区建成以后，多数村/居
也都参照城市物业管理的规范建立了自己的物业服务组织。现在影响新型
社区公共卫生的因素主要包括以下几个方面。第一，燃烧秸秆引发的环境
问题。新型社区居民多保留有部分土地，土地的产出及其秸秆、藤蔓会以
各种方式进入社区，并堆积于社区内，晾干的秸秆、藤蔓就成为部分居民
的炊事燃料，每到下午，小区内就会升起燃烧秸秆的炊烟，空气质量受到
极大影响。第二，圈占楼道，影响了楼内公共卫生质量。新型社区的居民
对于楼道的公用部位并没有清晰的认识，部分小区的居民在自家门口"圈
地"，将不用的家具、农具堆放于楼道中，甚至有的居民还会在楼道里圈
养家禽、家畜，楼内公共卫生大受影响。第三，改变小区内绿化类型，破
坏小区的规划效果。小区规划的绿地需要持续的养护，其投入成本较大，
在生活习惯与经济约束的双重影响之下，部分小区将绿地铲除，在原绿地
上种植蔬菜、瓜果，花坛变成了菜畦，菜畦周围的道路上则堆积着清理菜
畦留下的杂草。

上述问题虽然只是零散地分布于新型社区之中，但是在某种程度上展
现了过渡期社区治理的短板。

（四）集体收益的再分配制度

在现有文献中没有发现对农转居集体收益的再分配进行深入探讨的研

究成果，从以往的研究习惯来看，集体收益的分配在公共产品供给的讨论中亦不占据显要位置。从宏观层次看，再分配制度是一种重要的公共事务，社区虽小，集体收益的再分配制度却是牵涉社区治理问题的重中之重。不同的社区在集体收益上会有明显的差异，好的村/居集体年收益多在百万元以上甚至千万元以上，而差的村/居集体年收益不过几万元人民币。随着各地"村账镇管"制度的逐步完善，村/居收支受到镇、街经管站或记账中心的监督和管理的情况日渐普遍。在村/居集体收益的分配上，绝大多数新型社区都在延续原来的村集体收益再分配的制度。即便如此，我们仍然了解到当前的"村账镇管"及村/居的"理财小组"监督制度并没有从根本上防止村/居集体收益"被侵吞"的状态，虽然有部分村/居居民采取通过比较强势的集体行动将原村/居干部"拉下马来"，但是村集体收益再分配的制度仍然缺乏稳定、有力的监督机制。

外在制度与内在制度的矛盾需要时间的疗救，在这个过程中，基层公共治理的运行机制明显不足，制度的执行者与承受者都能不同程度地感受到制度割裂带来的创痛。

三 快速城镇化对新型社区公共治理的后续挑战

规划性城镇化以空间转移的方式急剧改变了局部社会的制度运行方式，达到了快速社会转型的目的。但是这种转型因过度偏向形式价值，而忽视了制度变迁的内在联系，从而为制度执行过程中的制度创新与制度扭曲留下了空间。这些空间在短期内更强烈地表现为一种对现存制度的挑战。

（一）对集体土地的依赖性持续走强，要求基层治理制度的微调

作为城镇化发展的过渡形式，新型社区在经历了一段时间的转型与适应之后，将会完全融入城镇的空间布局，并从社区的各个层面完成制度上的转型，不再具有"亦城亦乡"的双重性特点。但是从当前我国社会转型的具体背景来看，新型社区的土地依赖依然非常强烈，这种依赖并非来源于劳动者对土地产出的渴望，而是将土地作为一种财富和身份边界的象征，或者更准确地说是对土地使用权占有所带来的回报预期的强烈渴望。

新型社区居民与城市居民的明显差异于不在是否拥有土地，而在于其接受社会转型冲击的能力。广泛而深入的社会转型直接冲击着人们的认知能力、技术能力及社会活动能力，受到各种综合性因素的影响，新型社区的居民在上述方面尚无法与城市居民相比，在社会转型中处于明显的弱势，这种弱势的状态使他们更加珍惜已有的资源，特别是土地这种不可再生性资源，附着于土地上的权利就成为他们必须牢牢抓在手中的权力之一。同时，拥有土地不仅仅是个体权利得以维护的屏障，更是他们区别于其他地缘群体和业缘群体的身份标识。这种身份标识使得集体土地拥有者可以享有集体的公共收益，而成为"类单位组织"的福利拥有者，进而获得更为稳定的群体性认同和可见的物质收益。

从国家宏观政策导向看，依附于土地使用权的各项收益有发生分化的倾向，这种分化一方面是试图保障拥有土地使用权的"农民"的权益，从而更好地维护社会的稳定，另一方面则试图通过制度的微调保障农业的产出效益。但是不管这种分化的制度细节如何设定，对集体土地的末端管理从短期看仍需依托于社区组织。按照《中华人民共和国城市居民委员会组织法》的规定，居委会并没有管理集体土地的职责，集体土地引发的其他问题也有待基层自治组织治理模式以及相关各层制度法规的微调，从而为社区多样化治理模式的发展提供制度基础。

（二）小而全的割地治理格局

新型社区必然是复合型的。从我国农村的人口构成来看，绝大多数自然村的人口不超过 1500 人，整合了多个自然村的行政村人口也多在 2000 人以下，而新型社区的规划与建设多是能容纳 5000 人以上的楼区，甚至有的农转居社区可容纳 10000 人以上，从当前新型社区居民的身份组成看，居民身份单一的社区极为少见，它们或是组合了几个村庄的多元型社区，或是在一个村庄的基础上渗入了多元外来人口的复合型社区。不管是前者还是后者，社区小而全的管理模式都大同小异，割地而治的特色表现得非常明显：各村/居仅管理拥有本村户籍居民的公共事务，大有将本村/居发展为一个封闭型完整单位的趋势。

对于小而全的割地治理格局，基层政府及其派出机构亦敏锐地感知到了其可能导致的后续问题，并试图在社区发展的实践中找到一条整合各方力量的合适的路径，但地方政府及其派出机构还是小心维系社区现有资源的治理格局。基层自治的传统、身份与财产权的高度凝合使得小而全的割地治理模式成为新型社区的阶段性特色，这种格局会在短期内安抚集中化带来的阵痛，提升社区户籍人口的幸福指数，但是也会在不久的将来成为影响社区人口自由流动、延滞社区发展的重要因素之一。

（三）强规划性的制度变迁模式深化了新型社区居民对政府的依赖

新型社区的变迁多是在政府直接或间接规划下完成的，在社区发展的过程中，政府是主导性的推动力量，许多村庄的拆迁都是在政府的动员之下完成的。在村民看来，他们之所以搬到集中化的社区居住，是与政府签了协议的，是政府让他们住进迁建小区的。这种变迁模式，使得新型社区的居民在自我行动力上与自发性变迁的社区居民有明显的差异。在调查中，我们了解到，几乎全部的本地搬迁居民都认为他们没有解决的公共治理难题应该由政府来解决，只有极少部分的居民愿意为社区的发展出钱出力。甚至，对于集中化以后需要交纳的物业费、水费等属于严格意义上的私人物品而言，许多居民也不认为是他们应当承担的义务。在经济条件好的新型社区，都由集体经济组织代为承担，但是这种状况并不能长期延续。就调查的情况来看，新型社区的集体收益中，有很大一块是给集体的补偿款，这些补偿款一部分直接给了村民，另一部分则留在村集体账户中，用于解决公共治理问题。这些补偿款是分期分批下发的，到期下发完就没有了。若是没有了这部分收入，政府或会再次成为新型社区寻求经济支持的目标。

我国新型社区的变迁多是在政府的规划与推动下完成的，社区建设的被动性加剧了社区后续治理的难度，但社区治理制度的完善能够在更为宽广的层次上提升社区的环境质量和居民的幸福指数。

当前，随着新型社区建成面积及迁入居民数量的扩大，正确认识新型社区面临的问题，并结合我国实际创造性地探寻社区治理的新路径已经迫在眉睫。虽然自治是社区发展的趋势，但是我国社会文化传承向来与欧美国家不同，"被变迁"的心理会在很长一段时间内影响社区转型的推进，而实质上的断裂状态则需要过渡性的制度适应，从"理论预设"与"理想范式"的角度规划社区自治是不现实的。我国新型社区的发展必须正确面对过渡性的特点，采用阶段性的社区发展规划，在社区居民完成整体搬迁之后，采取稳健而舒缓的过渡性制度创新方略，同时积极发现居民参与社区治理的合适路径，采用更具操作性的制度设计引导居民参与社区治理。

第二章

新型社区发展的现状及公共治理的效果

从现有文献看，第一个新型社区到底出现在什么时间及什么地方已无从考证，亦无考证的必要。但进入 21 世纪以来，对新型社区的理论探讨却有日渐增长的趋势，可见近年来新型社区的增加及其引发的治理问题正在逐渐凸显开来。新型社区到底发展到什么程度？社区的形成和发展有阶段性吗？各地的新型社区发展有无差异性？社区变迁之后居民的生活发生了哪些变化？社区的公共供给能否满足居民的需求？这些问题，都有待考察和分析。本章的目的就在于展示我国，特别是山东省关于新型社区的上述情况。

第一节　调研社区概况及形成背景

虽然新型社区不是最近几年才出现的社会现象，但是它的快速发展及引发的治理问题在近年来引起了理论界与实践界的高度关注。笔者对此类问题产生了浓厚的兴趣，这源于一次普通的乡镇调研。2013 年夏，笔者与课题组的几位老师到山东邹平一个乡镇调研，当时该乡镇已经开始规划建设两个全镇规模的大型社区，计划将全镇村民集中到这两个大型社区中，虽然该乡镇的经济发展比较好，但是集中拆迁的成本和后续管理的问题仍然是困扰镇政府和各村两委（党委和村民委员会）的重要问题，社区如何拆迁、拆迁后如何管理就成为基层最为关心的问题。而邹平这个乡镇的情况并不是一个特例，在我国城镇化快速发展的过程中，许多镇/村的发展都面临这一问题。

如第一章所示，与其他省份相比，山东省每年的土地征用面积都位居全国前列，甚至在个别年份位居第二。这种状态说明山东省在新型社区的数量上也应该位居全国前列，虽然在统计数据上我们尚不能找到具体的数字。新型社区的形成多与城镇的发展、基础性公共设施的建设、土地增减挂钩等因素密切相关。在具体的执行政策，特别是牵涉到社区拆迁补偿的政策规定上，成因不同的社区，其标准也会有明显的差异，而补偿的差异会在一定程度上影响社区发展的状态。

一　调研社区概况

本次调查，涉及了山东省济南市、枣庄市、滨州市的 7 个社区，其中 2 个位于济南市，3 个位于枣庄市，另外 2 个属于滨州市。由于受到调查时间、调查对象具体情况等因素的影响，各个社区的深入程度存在差异，在此我们主要介绍其中的 5 个。

（一）M 社区

M 社区位于济南市东部，现为 ZY 街道所在地。M 社区东临 XY 风景区，有纵横两条省道分别从社区南、东两侧穿过，交通方便，地理位置十分优越。M 社区现有的常住居民主要由原 NG 村村民组成，另有少部分铁路、公路拆迁户。近年来，随着 ZY 街道经济的发展及社区公共设施的完善，外来务工人员租住社区居民房屋明显增加，社区内外租房人员与常住人口比例有追平的趋势。

2004 年 10 月以前，M 社区所在地基本属于农田，社区建设以临近铁路、公路的拆迁安置为起点。2008 年前，先后两次建设社区公寓 14 栋；2010 年以后，特别是 2012 年 XY 风景区改造工程，直接引发了 NG 村的整体拆迁。现在，M 社区占地 218 亩，有楼房 43 栋，有高标准幼儿园 1 处，建筑总面积为 186800 平方米，可安置人口 5000 余人。

NG 村原有的 3000 亩土地多被征用，现只有 350 亩耕地分散于各户手中。集体土地资源稀缺，为发展经济、增加集体收入，社区注册成立了有独立法人身份的物业管理公司。社区物业公司不仅承担着社区物业服务的职能，还在春耕、秋收等环节为拥有土地的居民提供耕种、浇灌、收割服务。另外，为节约社区支出，社区物业公司还承担着部分社区基础性公共设施施工与维护的工作。

当前，M 社区内的各类公共设施及居民服务点建设已经非常齐全，有各类室内、室外健身设施与健身房、棋牌室、篮球场、休闲广场等公共娱乐空间，有会议室、图书室、书画室等文化娱乐空间，还有菜市场、超市等生活用品店及诊所等医疗空间。社区发展的各项制度也在慢慢步入正轨。

（二）Z 社区

Z 社区位于济南市东部的 GZ 镇西部，南依 309 国道，交通便利。按照原建设计划，Z 社区将整合 WJ、CS 等 5 个村入住，涉及 1850 户 5910 人，但因后期各村发展的变化，最终入住社区的只有 WJ 和 CS（一部分）两个村。目前，Z 社区建有多层公寓 36 栋，小高层分 A、B 两座，占地 400 亩，其中 CS 村搬迁安置楼共 6 栋 180 户，整个社区已完成入住 1658 人。虽然社区在物理形态上是一个整体，但是内部却按照行政村划分为两个管辖单位。一个管辖单位是 WJ 村，另一个管辖单位则是 CS 村的一部分，其现名称为 QY。

在 WJ 村部分，Z 社区投资 530 万元建成了"居家式养老"公寓一栋，并安排了专门的管理和服务人员负责老人的安全和卫生等，同时，社区还设立了老年保健室、老年活动室、孝心大舞台和孝心大讲堂，为老人之间的交流创造了条件。在社区南部，建设了 CG 广场，居民可以在晚饭后到此跳广场舞，这丰富了社区居民的业余生活。社区成立以后建立了村两委领导下的物业服务队，制定了各种适合本社区的管理规章制度。综合服务楼内不仅有书画室，还有小型健身房和会议室。虽然公共空间建设比较完备，但是使用频率不是很高。

Z 社区另一部分的 CS 村，公共设施与物业服务的水平则明显偏低，因为其不具备行政村自治的条件，在公共设施供给与物业服务供给上明显缺乏较好的组织性。该片区甚至没有路灯，社区公共设施很少，居民的生活状态受到明显影响。

（三）D 社区

D 社区位于山东省枣庄市 XG 镇镇政府驻地，2005 年在新农村建设后期转为社区，当前 D 社区有居民 430 户 1525 人。社区周边有国有大型煤矿 XL 矿及 SL 焦化公司。社区拥有独立的办公楼一栋，主要用于村两委办公。

虽然社区已经转化为居委会，但是，其仍然沿用了原来的村庄管理模式。社区内分为6个居民小组，集体耕地400余亩，由于社区周边都是煤矿，耕地呈现小而分散的状态，没有实现土地流转，而由集体耕种小麦、玉米等农作物。

D社区创立了独立的运输公司，采用居民购车入股、社区集体管理、利益提成的方式经营。同时，社区采用房屋租赁与土地租赁结合的方式经营餐饮公司，规模较大时可容3000人同时就餐。

（四）Q社区

Q社区位于山东省枣庄市XG镇中心区的XS花园，该花园规划区域3平方千米，规划建筑面积180万平方米，总投资21亿元人民币，采取"政府主导、村/居主体、企业参与、市场运作"的建设模式，计划搬迁安置19个村/居。XS花园一期工程于2010年8月动工建设，拆迁了镇驻地2个村/居及9家企事业单位，建成和在建多层住宅楼共133栋、小高层2栋以及商业设施，建筑面积共80万平方米，可安置5个村/居，3个村/居已回迁入住，其中包括Q社区。

新中国成立后，Q社区原村最早的土地丈量面积在6000亩左右，但是由于煤矿占用、土地塌陷、周边城镇工商业发展等因素，现在的土地面积已经不足2000亩；2010年以来，由于XS花园的建设，社区的集体耕地又有一定程度的缩减，现在耕地面积在1000亩左右，所有耕地已经实现了土地流转，社区居民为2600余人，近1000户，主要从事交通运输、小商品加工等行业。社区转化为居委会之后，保持了大部分的原村庄管理模式，同时亦增加了一部分城市社区的功能，自办了物业服务队，对本社区行政区域提供物业服务，同时，社区经营综合农贸市场，每年的集体收入在100万元左右。

（五）X社区

X社区位于山东省枣庄市XG镇中心区的XS花园对面，是一个微型社区，共5栋住宅楼，2014年刚刚上楼，原村尚有部分居民没有完成拆迁，仍居住于原村旧址，新的社区尚在建设中，物业服务、保安服务等仍不健全。社区虽然已经转化为居委会，但是仍然保留了部分集体耕地，社区居民有 600 余人，每人有耕地 1 分，但是具体耕种事宜已经由社区集体负责，各户只是在收割时到场。

X 社区没有集体收益，其公共支出与社区两委的工资津贴主要来源于镇里的财政补贴，物业收费、水电收费差价等。除了社区两委等，社区还建立了物业服务队，物业服务人员全部聘任自本社区居民，其工资由物业收费支付。

二 案例社区形成的背景及适用政策

调研社区的形成时间主要在 21 世纪初叶至今，确切地说是最近 10 年左右的时间。本次调研所涉社区，基本是在 2005～2015 年形成的。虽然各社区形成的具体原因有些许差异，但是基本可以分为两类，一类是因为基础性公共设施建设与发展促成的社区变迁，如 M 社区；另一类是农村新型社区建设接续新型城镇化发展形成的社区，如 Q 社区、X 社区，这类社区往往是在城乡建设用地增减挂钩项目的支持下完成的，因此，此类社区的情况会较前者更为复杂。

（一）基础性公共设施建设与发展促进的社区变迁——M 社区的实践

M 社区的变迁并不是一步完成的，但是其变迁的三个阶段皆与基础性公共设施的建设有关。前两次变迁只涉及很少一部分居民，本地人将其称为铁路、公路拆迁，意思是因为铁路、公路建设而引起的部分居民的搬迁，而这两次搬迁的政策文件笔者并未见到。从居民的描述来看，这两次拆迁的补偿额度明显低于第三次拆迁。而第三次拆迁则与 XY 河风景带的建设密切相关。XY 河风景带的建设是济南市 Z 区城市生态建设的重要工程之一，河流两岸的村庄，皆按照统一的标准进行拆迁安置。

此次拆迁安置以当时的 Z 区区长为总指挥，以两位副市长、区法院院长、检察院检察长、公安局局长、住建委主任为副总指挥，包含了区纪委、民政局、土地局、卫生局、信访局等成员单位，可以说此次拆迁将区内各行政机关甚至部分国有单位都纳入了拆迁队伍。可见，XY 河风景带建设的重要性。

在补偿安置办法上，主要分为两个部分进行。

一是旧村改造补偿。建筑物的补偿：在补偿标准上，房屋的补偿价格按照房屋建筑面积每平方米 500 元确定；砖混结构一等每平方米 663 元，砖混结构二等每平方米 481 元；砖木结构一等每平方米 559 元，砖木结构二等每平方米 416 元，砖木结构三等每平方米 338 元。成新率根据房屋建造年限、房屋现状等因素由房屋评估机构评估确定。房屋建筑面积补偿单价＝结构等级单价×成新率＋500 元。其他附属物的补偿，按照相关补偿标准进行一次性货币补偿，具体补偿价格由物价、林业等部门进行评定。

二是旧村改造安置。安置标准按照人均建筑面积 40 平方米的标准进行优惠安置（选择高层、小高层的每人奖励建筑面积 5 平方米），被安置人应就近选择安置房户型和大小，上下浮动最高不超过 40 平方米。选择的安置房面积小于应安置面积的，小于部分每平方米按 1000 元给予补助；选择的安置房面积大于应安置面积的，超出部分按照市场价格购买；放弃安置的，除对原有房屋进行正常补偿外，按对应享受安置房面积每平方米 1000 元进行一次性货币补偿。达到分户条件的，由被安置人提出申请，经所属街道办事处、村/居确认并公示无异议后，可增加 40 平方米安置房，因分户增加的安置房面积按照成本价购买。安置房的安置均价为 1100 元/平方米，成本价为 1800 元/平方米，市场价格为 3000 元/平方米。配套房为 700 元/平方米。

在人口确定上，此次安置采用以人为主的办法，按照人口进行安置，人口核定以 2012 年 2 月 10 日零时前的户口档案为准。

（二）农村新型社区建设接续新型城镇化发展形成的社区

此类社区的建设皆是在土地增减挂钩政策下展开的，但是在具体执行上又有所不同，笔者将其分为两个次级类型展开描述。

1. 政策支持与自筹款结合——Z 社区

这种社区类型，原村的发展状态往往是比较好的，在当地属于模范村、示范村一类，在社区建设之前，其往往已经是新农村建设的典范。在社区是否集中居住的问题上，主要还是受到政府政策的引导，如果村/居愿意参加城乡建设用地土地挂钩项目，则向所在镇、街道提出申请，镇和街道负责汇总相关材料向省里相关部门提交。经省国土与建设部门同意之后，集中建设项目方能启动。由于此类项目属于政府支持的土地项目，在行政性收费和事业性收费上都有一定程度的优惠。就 Z 社区而言，其行政性收费全免，事业性收费减半，这在一定程度上降低了社区建设的成本。

Z 社区的拆迁安置政策是按照山东省的城乡建设用地增减挂钩项目兑现的，因此，其拆迁安置的标准明显区别于 M 社区。2008 年社区建设之初，按照镇里下发的拆迁补偿标准，土地是 25000 元一亩，具体就是指宅基地的院子，一般是二分地 5000 元。另外，房子的补偿标准，砖瓦房是 380 元/平方米，土坯房是 300 元/平方米，没有年份限制；再好的，最高浮动 30%，即新房且带有二层的最多不超过 450 元/平方米，这个标准是按照建筑面积算的。2011 之后房子的补偿标准延续原来的政策，院子的补偿标准有所提高，价格涨了一倍，成了 50000 元一亩。同时，按照拆迁协议签订的不同时间和拆迁完工的具体时间还有不同程度的奖励政策。在安置房价格上，最初的安置标准是 900 元/平方米，后来随着成本的提高，每平方米增加了 30 元。

2. 政策支持、企业参与、自筹款结合——XG 镇

本课题组调研了 XG 镇三个社区，其拆迁安置政策采用了同一个标准，拆迁安置的时间也基本在同一个时间段内。XG 镇的拆迁安置又被称为压煤搬迁，即村庄建设用地的地下藏有煤矿，为了保障煤矿企业的顺利作业及村民的安全，对村庄进行整体性搬迁。历史上，XG 镇已经因为煤矿开采出现了面积较大的地面沉降。村民对地面沉降深有感受，加上压煤搬迁本身的资金是由煤矿企业垫付的，新社区的建设并不需要居民提前交纳房款，社区建好了，村民愿意搬迁就签协议搬迁。但是企业垫付的运转资金并不是无限期的，社区建设完成，居民交纳房款后，原来的建设用地改为耕地，政府验收完成后，城乡建设用地增减挂钩项目的资金到位，两方的钱汇总再用来还企业垫付的钱。

在补偿标准上，补偿范围以主房、配房为主，两层楼房补偿标准为 500 元/平方米，一层混砖结构为 450 元/平方米，砖木结构为 350 元/平方米，土木结构为 220 元/平方米，附着物（厕所、院墙、门楼、迎门墙、树木等）按主房、配房补偿总额的 15% 进行补偿，其他一律不予补偿。

安置房为多层及小高层公寓，新房面积按摸底丈量登记的主房、配房面积之和为对等安置面积，双项作价，各自找差。

从拆迁安置政策的具体内容来看，较之其他社区，M 社区的补偿标准

具有明显的优势，其拆迁补偿的额度大致等于安置房的购买额度。另外，按照当时的户籍情况，不同的社区还会享有程度不同的人口安置补偿金，加上这部分费用，绝大多数的拆迁安置居民能够达到拆旧房换新楼的经济均衡。

在城镇化与新农村、新社区建设推动下展开的这一波拆迁安置与历史上我国城乡拆迁安置的重要不同之处在于，此次拆迁安置只是从经济上计算补偿，虽然从全国来看，频频出现有关拆迁致富、"拆二代"等的新闻报道，但是不管拆迁补偿的额度是如何确定的，都只是经济上的补偿，而不会涉及工作转型与工作补偿的问题。在 20 世纪中后叶，我国城市近郊、城乡结合部的拆迁往往伴随着户口性质的转变及工作安置问题，当时的城市户口和城市工作对于农村人口的吸引力非常巨大，许多人愿意花钱买城市户口，认为在城市里拥有一份工作就为自己的后半生找到了出路。时至今日，城市对人口的吸引力仍在，但是农村户口与住宅的价值也在不断攀升，人们已经不再如 20 世纪后期一般热切地向往城市，城市只是许多农村人谋利与消费之所，但不会是家园所在，在这种情况下，拆迁而不发生户口的转变甚至成为许多农村人的愿望。

第二节　新型社区公共产品供给的基本状态

新型社区是我国城镇化过程中出现的一种过渡性的社区存在状态，这种社会现象既有农村社区的特点，又融入了部分城市社区的元素，因此，其公共产品的供给也富有混合性的特点。

一　社区的概念

社区概念的引入，对我国的影响首先是理论性的。在 20 世纪初，社会学先驱吴文藻先生、费孝通先生在翻译滕尼斯的《共同体与社会》一书时，对 Gemeinschaft 一词给出了新的理解，这一理解对后来国内的社区实践和理论发展都产生了深远的影响。虽然吴文藻先生未能在社区研究领域做出影响后世研究的具体案例，但是他对社区研究的定位，对社区类型的划分却对后来的中国社区研究做出了积极的引导，更勿论其学生所形成的燕京学派对中国社会学的影响。

从国际上看，社区的概念并不包含地域的因素，在更强烈的意义上，Community 一词表达的仍然是人们对于传统生活方式的向往和追求，表达着一种温存、互助、和谐的生存渴望。所以，我们在西方文献中看到的社区，或者在西方实践中看到的有关社区的表述，都是没有具体的边界限定的，其可以是一个国家、地区、城市、村庄，甚至只是意识中存在的一个地方。如此，对社区的研究就显得非常宽泛。如果以社区为核心词，借鉴西方发达国家有关社区治理的经验，往往会无从下笔。但从社区建设特别是社区发展的世界经验看，我们会发现，乡村社区研究比之城市社区研究有更多的借鉴价值，特别是在我国将社区更普遍地定位为村委会、居委会辖域时更是如此。

项飚在其编著的《跨越边界的社区：北京"浙江村"的生活史》一书中，在整理了马林诺夫斯基、吴文藻等人相关研究的基础上提出了有关社区的内涵问题，他认为社区在中国情境下可以概化为以下几个内涵："一，在结构上构成一个整体；二，在功能上是自足的；三，有一定的边界；四，是大社会的具体而微。"（项飚，2000：19）但是这一界定并没有使项飚的社区研究得以顺利推进，正如他本人所言，"我们需要换个视角，换个观察和描述的方法"（项飚，2000：22）。

现代社区，除了那些深嵌于传统乡村的村庄社区之外，与外界的勾连已经不能使其保持相对的自足，更勿论大社会的具体而微。社区与社会其他单元的连接不仅表现在人力与物力的频繁输入、输出上，亦表现在更广泛的文化渗透上。社区越来越多地包含了建构的色彩。

鉴于此，本书对社区的内涵做了一定程度的调整：第一，有相对确定的边界；第二，有一定的人口规模，且人们对于居住地有一定程度的归属；第三，有相对稳定的核心组织。

二 公共产品的认知及其发展

公共产品（Public Goods），又被称为公益物品，在社会学、公共管理学、经济学、政治学中都不是一个陌生的词语，虽然其经典的界定是从经济学而来。在传统的观念中，由于公共产品本身具有非排他性和非竞争性的特点，政府就成为公共产品的最佳供给主体。但是随着知识界对公共产品认识的加深以及历史熟稔度的逐步提高，公共产品的供给主体也在逐步发生变化。

对公共产品的认识可以追溯到历史更久远的过去，虽然人们对于公共产品的认知只是存在于"思想"的层面，甚至在某些更早的阶段，"公共产品"一词也未被发现，而使用一些具体的对象来表达那些对整个社会具有积极或消极影响的事物，这一点在各文明古国的历史中不乏范例。但是要作为一个具有精密分析价值的理论基石，公共产品的概念界定却显得十分必要。

在近代意义上，对于公共产品的早期描述是在斯密的《国民财富的性质及原因分析》一书出版之前的 30 多年，斯密的朋友休谟在其代表性论著——《人性论》中已经借由两位邻人的草坪排水工程提及了公共产品的供给难题。后来，斯密、李嘉图、马歇尔等人的研究进一步推进了人们对公共产品的认知，但是直到 1954 年、1955 年萨缪尔森的经典短文《公共支出的纯理论》《公共支出理论的图示探讨》发表之后，人们对公共产品的认知才逐步统一。简言之，公共产品就是具有非排他性和非竞争性的物品。

在萨缪尔森概念的基础上，学界开始集中探讨介于私人产品和公共产品之间的光谱，并在下列问题上达成共识：私人产品是那些可以分散于个体之间而为市场有效分配的物品，而公共产品则因利益的非竞争性和非排他性而不能按照市场的逻辑展开的物品，集体供给成为公共产品供给的首选。

后来随着奥尔森《集体行动的逻辑》以及布坎南《俱乐部经济理论》的出版，经济学家的研究开始聚焦于"非纯粹公共产品"的分析。这一概念几乎囊括了所有纯粹公共产品和所有纯粹私人产品之间的光谱序列。"俱乐部产品"是这个概念下的一个特殊类型，具体是指，为某一群体所共享而拥有拥挤和排他特性的产品。帕特南等人认为即便是俱乐部产品的供给需要付出一定的排他成本，但是在能够有效地获得收益且收益能够为成员按比例享有的情况下，其仍然是值得的。在这种情况下，俱乐部产品就可以通过市场而不是通过政府来供给。

俱乐部理论的发展让经济学家看到了公共产品理论发展的新空间，特别是当他们发现在地方层次、国家层次甚至国际层次都很少有纯粹的公共产品之时更是如此，就连传统所认为的国防这一经典的纯公共产品也开始逐步被认为并不完全具备非排他性，甚至是可以分割的（Cornes & Sandler, 1999：35 - 38 ）。这一认知的拓展为地方性公共产品的生产、供给提供了新的实践思路。20 世纪六七十年代在美欧发起，90 年代在全球范围内得到迅速扩展，并影响至 21 世纪，众多国家的新公共管理改革就受到这一理论认知的明显影响。

与俱乐部产品并列的一类非纯粹公共产品或准公共产品，就是公共池塘资源（Common Pool Resource）。公共池塘资源是指那些具有非排他性的准公共产品，多数情况下是指那些为公众所有，而容易遭到过度使用的自然资源。亚里士多德在其《政治学》中提到，属于最大多数人的公共资源往往得到最少的关注，每个人都仅仅思考自己的利益而忽视公共利益。哈丁在其著名的《公地悲剧》一文中发展了这一观点，他指出：当开发某一种资源的人足够多时，那些公共所有而又可以自由进入的资源就面临被耗尽的危险。公共资源属于社区每一个人，每个人都有利益驱动使用这种资源，但是没有相同的诱惑去维护、节省这种资源。在哈丁看来，如果这类资源归属个人所有，个人就会有动力去维护这种资源，从而保障这种资源的存续。虽然哈丁的观点对学界众多的研究取向产生了深远的影响，但是著名的公共经济学家，诺贝尔奖得主埃莉诺·奥斯特罗姆却提出了不同的解决路径。她认为无论是政府还是私人路径都不能长期解决公共池塘资源被滥用的问题，反而是社会自组织的自发制度设置提供了更好的路径（奥斯特罗姆，2000：10）。不管学者们的分歧如何，正如 Clark C. Gibson、Margaret A. McKean 等学者所言："忽视俱乐部产品带来的危害极少，因为它们是极容易生产且具有排他性和非竞争性的特点，而忽视公共池塘资源却往往会带来灾难，因为它们极难生产、容易破坏，却很容易进入。"（Gibson，McKean & Ostrom，2000：6）

三 新型社区公共产品的类型及供给状态

在谈及新型社区公共产品的类型具体如何之前，我们需要对社区公共产品这一学理概念做进一步廓清，以免后续论述的混乱。

（一） 社区公共产品的类型

社区内的公共产品往往具有俱乐部产品的性质，但是也包含了一些具有公共池塘资源特点的公共产品。由于我国对社区的空间定位多局限于村

/居层面，只有少数地市的局部区域将镇街或者介于镇街和村/居之间的地理范畴作为社区，社区公共产品的俱乐部色彩就更加明显。

一般来说，社区公共产品的俱乐部性质主要表现在：只有社区的居民或者具有社区法定身份（户口或居住权）的人才能享有，且具有社区法定身份的人为这种享受权支付了一定的成本。比如社区内的露天停车位、社区健身房、社区图书馆、社区内道路、社区清洁设施、社区公共福利政策等。但是还有一些社区资源具有明显的公共池塘资源的特点，如社区外围的草地、公共广场，甚至社区通向其他区域的自建道路等。

一般来说社区内的公共产品，其成本是由社区承担的，但是在非商业性的社区中，情况却不仅如此。社区一旦建成，内部的绝大多数公共产品在没有进入限制的情况下主要是本社区的俱乐部产品，例如路灯，虽然其他进入社区的人也会享有路灯带来的便利，但是社区本身并不是城乡的主要交通通道，何况许多社区都是道路的尽头，没有通行的功能，因此，社区内的路灯也就演化为社区的俱乐部产品。但是，也不尽是如此，比如社区的露天停车位，如果社区没有限制，在停车位资源日渐紧张的当下，社区很可能会发展为周边组织及人员的停车场。

但是，毕竟社区所有的俱乐部产品都是比较容易生产的，其生产的成本可以在一定范围内度量，社区可以做到完全地排他。但是社区的公共池塘资源，比如社区周边的开放草坪、林地，社区临时闲置的土地，社区的水资源等，却极容易被侵入，如果侵入的程度较低，社区可以通过恢复性措施使其回归原貌，但是如果发生了严重的污染问题，恢复原貌就成为一种成本极高甚至不能达至的目标。

另外为当前学界所忽视的一种社区公共产品就是社区的基本运行制度，这一点对于我国来说尤其重要。当前社区运行的基本制度主要分为三类：一类就是以社区两委为代表的带有一定政府色彩的公共服务与管理制度；另一类是以业主委员会为代表的物业自治制度；还有一类就是以物业服务公司为代表的市场运行制度。从上述三类制度的具体供给内容看，其都具有准公共产品的性质。

社区运行的基本制度对于社区的发展虽然没有更大范围的国家发展、区域发展那么明显，但是其也会在微观层面上对社区居民的日常生活产生深入的影响，它能够重塑居民对于社会互动与社会发展的认知体系和价值体系。而这一类公共产品的供给，比之物理性的公共池塘资源的供给显示出更多的复杂性特点。

根据赫勒等人的归纳，不同类的公共基础设施建成以后，其后续投入的 r 系数是不同的，具体如表 2－1 所示。

表 2－1　部分公共基础设施后续投入的 r 系数

公共基础设施	r 系数
林业	0.04
家畜	0.14
农业开发	0.08～0.43
小学	0.06～0.70
中学	0.08～0.72
大学	0.02～0.22
地区医院	0.11～0.30
总医院	0.18
农村保健中心	0.27～0.71
支线公路	0.06～0.14
干线公路	0.03～0.07

资料来源：埃莉诺·奥斯特罗姆等，2000。

从表 2－1 可以看到，纯粹的物理性公共设施的后续维护成本的浮动空间相对较小，如地区医院、总医院、干线公路等；而非纯粹的公共设施，特别是那些带有明显的社会公共设施性质的基础设施，其后续的维护成本则存在较大程度的浮动，如农村保健中心、大学等。可见，制度性公共设施的建设与维护比物理性公共设施更为复杂，也更考验社会的耐心和长远发展的能力。

新型社区的发展，在物理性公共设施的投入上已经有明显的成效，但是在制度性公共设施的投入与发展上却没有显见的成果。这在一定程度上表明我国新型社区的建设还停留在初级发展阶段，但是也正在步入攻坚战中，只是跟其他具有明显广泛影响的社会问题相比，这场攻坚战的紧迫性没有那么剧烈而已。

在国家进入新时代的当下，社会的各项改革已非仅靠大胆尝试即可取得成效，当下的改革，特别是社会领域的改革需要理论的指引，更需要合理的制度设计。

（二）新型社区公共产品的供给状态

新型社区是介于城市社区与农村社区之间的过渡形态，虽然从行政属性上看，它们可能分别属于农村或者居委会群落，但是从外观上看，它们并没有明显的差异性：居民皆住进了公寓式楼房，社区拥有一般性的健身设施和大小不一的会议室、图书室甚至书画室等公共空间，社区水、电、煤气都实现了统一供给，不同的社区都在街道、镇一级拥有废水处理设备等。但是从具体的公共产品供给与使用情况来看，社区之间还是存在一些细微的差异。

1. 物理性公共设施的供给情况

社区内物理性公共设施的供给情况存在一定程度的分异，在课题组的问卷调查中，有关于调查对象经常使用的社区公共产品的问题，调查结果如表 2-2 所示。从统计的具体数据看，社区部分公共产品的供给具有普遍性的特点，如室外健身器材、垃圾桶、路灯等，但是也有部分公共产品存在普遍缺乏的现象，如邮筒、自行车棚等。总体上看，M 社区与 Z 社区的 WJ 部分物理性公共设施的供给状况要好于其他几个社区，居民的使用频率也比较高。但是，其中 M 社区的情况比较特别，M 社区是建有图书室的，而且有专门人员负责图书的整理和借阅，但是居民的使用频率却不高，很多居民甚至不知道他们是有图书、读报室的。

表 2-2　各社区公共设施的居民使用情况

单位：人，%

		社区 ID					总计
		M	WJ	CS	D	Q	
室内运动场地及器材	计数	46	43	0	1	5	95
	占社区 ID 内的比例	46.0	58.1	0	2.4	8.3	32.2
室外健身器材	计数	75	64	15	32	36	222
	占社区 ID 内的比例	75.0	86.5	75.0	78.0	60.0	75.3

续表

		社区 ID					总计
		M	WJ	CS	D	Q	
球场	计数	45	44	1	4	1	95
	占社区 ID 内的比例	45.0	59.5	5.0	9.8	1.7	32.2
图书、读报室	计数	5	33	1	30	0	69
	占社区 ID 内的比例	5.0	44.6	5.0	73.2	0	23.4
垃圾桶	计数	90	52	20	34	55	251
	占社区 ID 内的比例	90.0	90.3	100.0	82.9	91.7	85.1
自行车棚	计数	0	2	0	0	0	2
	占社区 ID 内的比例	0	2.7	0	0	0	0.7
儿童专有活动场地	计数	5	28	1	0	15	49
	占社区 ID 内的比例	5.0	37.8	5.0	0	25.0	16.6
老人专有活动场地	计数	37	50	1	6	2	96
	占社区 ID 内的比例	37.0	67.6	5.0	14.6	3.3	32.5
路灯	计数	77	46	0	31	48	202
	占社区 ID 内的比例	77.0	62.2	0	75.6	80.0	68.5
凉亭	计数	1	25	3	0	2	31
	占社区 ID 内的比例	1.0	33.8	15.0	0	3.3	10.5
邮筒	计数	0	2	3	1	0	6
	占社区 ID 内的比例	0	2.7	15.0	2.4	0	2.0
总数		100	74	20	41	60	295

注：计数表示对应社区的调查对象中有多少居民知道并使用了社区相应的公共设施，百分比表示使用该项设施的居民占社区调查对象总数的比例。

根据问卷调查的结果，居民希望增加的公共设施如表 2-3 所示。要求增加的公共设施居第一位的是儿童专有活动场地，有 90 人次提及此项；居第二位的是图书室，有 70 人次提及此项；居第三位的是老人专有活动场地，有 68 人提及此项；后续依次是室内运动场地及器材、室外健身器材、自行车棚、路灯等。其中儿童与老人专有活动场地、室内运动场地及器材的增加是一些较为普遍的存在需求，同时，虽然各个社区皆建有室外运动器材，但是要求其增加的愿望仍然比较强烈。虽然图书室的增加需求占据第二位，但是其中 M 社区的 45 人占了一大半的比例，而 Q 社区的 17 人也占了相当的比例，其他社区的需求则比较弱。自行车棚的需求也有 44 人次之多，鉴于 D 社区的特殊情况，另有三个社区在此项设施上有明显的需求。在表 2 - 2 中，虽然自行车棚与邮筒、凉亭都表现出极低的使用率，但是与自行车棚的需求不同，社区对于增加邮筒和凉亭的需求则明显较弱。值得注意的是，Z 社区 CS 部分的路灯需求，高达 90% 。在调查中我们了解到，CS 部分与 WJ 本不是一个行政村，只是因拆迁而居于一个社区。至今，CS 的行政归属仍是其原来的村庄，处境相对尴尬。社区居民"上楼"后已经多次反映路灯的事情，但是至课题组调研时（2014 年 10 月），路灯的问题仍然没有解决。

表 2 - 3　希望增加相应公共设施的居民数及占比

单位：人，%

		社区 ID					总计
		M	WJ	CS	D	Q	
室内运动场地及器材	计数	1	9	5	21	18	54
	占社区 ID 内的比例	1.0	12.2	25.0	51.2	30.0	18.3
室外健身器材	计数	6	29	4	3	6	48
	占社区 ID 内的比例	6.0	39.2	20.0	7.3	10.0	16.3
篮球场	计数	2	4	0	11	12	29
	占社区 ID 内的比例	2.0	5.4	0	26.8	20.0	9.8
图书室	计数	45	7	1	0	17	70
	占社区 ID 内的比例	45.0	9.5	5.0	0	28.3	23.7

		社区 ID					总计
		M	WJ	CS	D	Q	
垃圾桶	计数	0	14	0	0	9	23
	占社区 ID 内的比例	0	18.9	0	0	15.0	7.8
自行车棚	计数	18	12	0	0	14	44
	占社区 ID 内的比例	18.0	16.2	0	0	23.3	14.9
儿童专有活动场地	计数	22	26	1	27	14	90
	占社区 ID 内的比例	22.0	35.1	5.0	65.9	23.3	30.5
老人专有活动场地	计数	5	10	4	25	24	68
	占社区 ID 内的比例	5.0	13.5	20.0	61.0	40.0	23.1
路灯	计数	5	4	18	1	8	36
	占社区 ID 内的比例	5.0	5.4	90.0	2.4	13.3	12.2
凉亭	计数	10	2	1	0	10	2
	占社区 ID 内的比例	10.0	2.7	5.0	0	16.7	7.8
邮筒	计数	4	5	5	0	2	16
	占社区 ID 内的比例	4.0	6.8	25.0	0	3.3	5.4
其他	计数	6	7	0	0	18	31
	占社区 ID 内的比例	6.0	9.5	0	0	30.0	10.5
总数		100	74	20	41	60	295

注：其中计数表示对应社区中要求增加某一类公共设施的调查对象的人数，百分比则是该人数占社区总调查人数的比例，以下其他表遵从同样的解释原则。

2. 社区内公共服务的供给状态

（1）社区两委的服务内容及工作侧重点

新型社区公共服务的供给主要是以社区两委和社区物业服务组织为主，山东省的情况尤其如此。在课题组调查的几个新型社区中皆没有建立业主委员会等居民组织，对于业主委员会建立的必要性，许多村民都持可有可无的态度。为了解社区居民对社区两委服务的评价，课题组以问卷的方式对社区两委的服务供给状况进行了调查，其中居民对社区两委服务内容及其侧重程度的调查结果如表 2 - 4 所示。

表 2 - 4　居民对社区两委服务内容及其侧重点的评价

单位：人，%

		社区 ID					总计
		M	WJ	CS	D	Q	
谋取更大的村/居集体收入	计数	61	41	13	34	20	169
	占社区 ID 内的比例	61.0	55.4	65.0	82.9	33.3	57.3
解决各类矛盾和纠纷	计数	77	48	17	23	23	188
	占社区 ID 内的比例	77.0	64.9	85.0	56.1	38.3	63.7
完成政府安排的各项任务	计数	56	62	17	33	35	203
	占社区 ID 内的比例	56.0	83.8	85.0	80.5	58.3	68.8
忙着自己的"副业"，满足自己家的经济需要	计数	1	0	1	1	11	14
	占社区 ID 内的比例	1.0	0	5.0	2.4	18.3	4.7
着力提升社区的公共设施与环境水平	计数	82	68	18	31	21	220
	占社区 ID 内的比例	82.0	91.9	90.0	75.6	35.0	74.8
不知道	计数	2	0	0	1	4	7
	占社区 ID 内的比例	2.0	0	0	2.4	6.7	2.4
其他	计数	2	0	0	0	1	3
	占社区 ID 内的比例	2.0	0	0	0	1.7	1.0
总数		100	74	20	41	60	295

总体上看，社区两委的日常活动主要围绕"谋取更大的村/居集体收入""解决各类矛盾和纠纷""完成政府安排的各项任务""着力提升社区的公共设施和环境水平"来开展。其中"着力提升社区的公共设施和环境水平"是绝大多数居民认可的社区两委积极从事的服务，有 220 人持有此

种观点，其次是"完成政府安排的各项任务"，再次是"解决各类矛盾和纠纷"，最后是"谋取更大的村/居集体收入"。

从各个社区的具体情况来看，M 社区在上述四项主要工作上的居民认知较为均衡，但"着力提升社区的公共设施和环境水平"仍是最多数居民认可的社区两委的工作重点。Z 社区两个组成部分在上述四项工作上的居民认知存在的差异较小，除了"着力提升社区的公共设施和环境水平"得到多数居民的认可外，"完成政府安排的各项任务"在 Z 社区居民的认知中比例明显上升，达到了 80% 以上，所不同的是，CS 部分有超过 85% 的居民认为社区两委在忙着"解决各类矛盾和纠纷"，这种结果与我们访谈中获得的数据基本一致。CS 部分因拆迁遗留问题较多，居民对拆迁政策的落实多有争论，这些争论不仅影响到了社区内部的管理，而且牵涉到了社区与上级政府部门之间的关系。对于 D 社区来说，居民认为社区两委最为突出的工作是"谋取更大的村/居集体收入"，其次则是"完成政府安排的各项任务"。由于 D 社区拥有数个社区经营的类股份制公司，社区两委忙于谋取更大的集体利益也在情理之中。而 Q 社区的情况则有明显差异，除了"完成政府安排的各项任务"获得 58.3% 的居民认可外，其他都不超过40%，同时，"忙着自己的'副业'，满足自己家的经济需要"的选项则有18.3% 的居民认可，Q 社区亦是居民凝聚力最弱的社区。

（2）社区物业类公共服务的供给效果

社区物业类公共服务虽然是在社区两委的组织甚至领导下进行的，但是每个社区的物业服务组织都是相对独立存在的，有专门的负责人和工作人员，因此，我们对社区的物业服务供给状况亦进行了调查，主要包括社区公共卫生与社区安全两个方面。

如表 2-5 所示，社区经常出现的不卫生现象，总体上不多。M 社区与 Z 社区的 WJ 部分的情况从数据上看保持了比较好的状态，而 D、Q 两个社区的情况则不是很好，尤其是 D 社区。D 社区出现这种情况的一个重要原因是它至今仍然没有实现整体上的社区搬迁。但是居民们反映的情况与我们的调查在这里出现了一定程度的差异。从社区外观上看，M 社区与 Z 社区的 WJ 部分的确是保持了较好的公共卫生维持状态，但是 Z 社区的 CS 部分及 Q 社区的情况则明显不如 M 社区和 Z 社区的 WJ 部分。在 CS 部分，经常会有一次性的塑料袋及废纸在绿化带中出现，社区居民在楼下生火做饭的情况比较普遍，课题组进入社区调研时，几家居民正在忙着做晚饭，用于生火的玉米芯堆在车库前。而 Q 社区的许多居民都把他们的绿化带转化成了私人菜地，原来的常绿型植物被铲除，课题组调研时正值冬季，花坛中很多地方都裸露着黄土。

表 2-5　社区中的不卫生现象

单位：人，%

		社区 ID					总计
		M	WJ	CS	D	Q	
地上经常有乱飞的纸屑	计数	0	0	0	1	1	2
	占社区 ID 内的比例	0	0	0	2.4	1.7	0.7
垃圾房的垃圾收集不及时、不干净，周围有污水	计数	0	0	0	6	3	9
	占社区 ID 内的比例	0	0	0	14.6	5.0	3.1
小区里有居民丢弃的水果皮，无人及时打扫	计数	1	0	1	1	2	5
	占社区 ID 内的比例	1.0	0	5.0	2.4	3.3	1.7
污水清理不及时，滋生蚊虫	计数	0	2	0	15	5	22
	占社区 ID 内的比例	0	2.7	0	36.6	8.3	7.5
居民把垃圾堆在楼下而不放入垃圾箱	计数	3	3	0	1	4	11
	占社区 ID 内的比例	3.0	4.1	0	2.4	6.7	3.7
没有以上各项内容，小区卫生良好	计数	95	69	19	23	50	256
	占社区 ID 内的比例	95.0	93.2	95.0	56.1	83.3	86.8
其他	计数	2	0	0	0	4	6
	占社区 ID 内的比例	2.0	0	0	0	6.7	2.0
总数		100	74	20	41	60	295

同时，相对于社区公共卫生而言，社区公共安全的服务供给则有明显的差异。如表 2-6 所示，在课题组调查的社区中，每个社区都有维护公共安全的巡逻活动，但是各个社区的情况却明显不同。

表 2 - 6　社区中保安巡逻的频次

单位：人，%

		社区 ID					总计
		M	WJ	CS	D	Q	
没有安排巡逻人员	计数	0	0	0	3	13	16
	占社区 ID 内的比例	0	0	0	7.3	21.7	5.4
有巡逻人员，偶尔看到	计数	0	18	8	30	35	91
	占社区 ID 内的比例	0	24.3	40.0	73.2	58.3	30.8
经常会看到	计数	100	56	12	8	12	188
	占社区 ID 内的比例	100.0	75.7	60.0	19.5	20.0	63.7
总数		100	74	20	41	60	295

本次调查还涉及了保安巡逻的时间安排，各个社区的具体情况如表 2 - 7 所示。结合表 2 - 6 及其数据，可以总结如下：M 社区是 24 小时巡逻，而且巡逻的频率较高，为社区居民所熟知；Z 社区的两个组成部分存在一定的差异，WJ 部分的巡逻频率要更高一些，而且白天巡逻和晚上巡逻的差异不大，夜里巡逻的频率略有下降，CS 部分晚上与夜里巡逻的频率都有明显下降（见表 2 - 7）；D、Q 社区的巡逻比之前三个调研对象有明显的下降，经常看到巡逻的比例在 20% 左右，Q 社区甚至有超过 20% 的人认为社区没有巡逻人员（见表 2 - 6），且 D、Q 两社区居民对夜里巡逻的感知度明显偏低。

表 2 - 7　社区中保安巡逻的时间

单位：人，%

		社区 ID					总计
		M	WJ	CS	D	Q	
白天巡逻	计数	83	70	20	24	35	232
	占社区 ID 内的比例	83.0	94.6	100.0	63.2	74.5	83.2
晚上巡逻	计数	99	69	12	36	28	244
	占社区 ID 内的比例	99.0	93.2	60.0	94.7	59.6	87.5

续表

| | | 社区 ID | | | | | 总计 |
		M	WJ	CS	D	Q	
夜里巡逻	计数	100	65	12	8	20	205
	占社区 ID 内的比例	100.0	87.8	60.0	21.1	42.6	73.5
总数		100	74	20	38	47	279

社区中保安巡逻的目的是增强社区的安全感，各个社区的保安巡逻情况有一定的差异，在这种差异下，社区的整体安全感如何？偷盗事件是否有所差异？课题组以问卷的方式对上述两个问题做了调查。

如表 2-8 所示，感觉天黑后在社区散步会非常安全的比例，以 M 社区为最高，D、Q 两社区的安全度也表现得非常好。而同在一个社区的 WJ、CS 两个部分，明显地受到巡逻时间及巡逻频次的影响，WJ 部分居民的安全感更好。由此，可以预测社区安全与否更多的是受到社区所处外部环境的影响。在社区外部环境相对复杂的情况下，社区物业服务的保安服务将会在很大程度上决定社区居民的安全感。M 社区位于所在街道的中心地带，即便是晚上也有很多人在周边活动，可以说，其"城市眼"的存在是比较明显的；WJ、CS 两个部分则处于远离镇中心的纯粹乡村地带，处于主要交通干线上，周边除了农田，就是部分外来人口集中的开发区，"城市眼"的存在相对较弱；D、Q 社区距离镇中心较近，而且是大片社区连接的区域，社区并不与主要交通道路相连。

表 2-8　天黑后在社区里散步的安全性

单位：人，%

| | | 社区 ID | | | | | 总计 |
		M	WJ	CS	D	Q	
非常安全	计数	100	72	11	36	55	274
	占社区 ID 中的比例	100.0	97.3	55.0	87.8	91.7	92.9
需要一两个伴儿才会安全	计数	0	2	1	3	1	7
	占社区 ID 中的比例	0	2.7	5.0	7.3	1.7	2.4

续表

		社区 ID					总计
		M	WJ	CS	D	Q	
说不好	计数	0	0	8	2	4	14
	占社区 ID 中的比例	0	0	40.0	4.9	6.7	4.7
总数		100	74	20	41	60	295

社区安全感的另一指标是社区偷盗事件的发生频次，如表 2 - 9 所示，Q 社区居民反映的偷盗事件的发生频次是最高的。Z 社区及 D 社区也有部分偷盗事件发生，其中 Z 社区的 CS 部分没有居民认为他们社区没有偷盗事件。而 M 社区与 D 社区都有 60% 左右的居民认为他们社区是没有偷盗事件的。从整体上看，M 社区的偷盗事件是最少的，居民感知度弱于其他社区。

表 2 - 9　居民感知到的社区偷盗事件

单位：人，%

		社区 ID					合计
		M	WJ	CS	D	Q	
没有发生过	计数	62	10	0	23	1	96
	占社区 ID 中的比例	62.0	13.5	0	56.1	1.7	32.5
5 件以下	计数	2	40	18	18	5	83
	占社区 ID 中的比例	2.0	54.1	90.0	43.9	8.3	28.1
5 件至 10 件	计数	0	16	0	0	3	19
	占社区 ID 中的比例	0	21.6	0	0	5.0	6.4
10 件以上	计数	0	0	1	0	26	27
	占社区 ID 中的比例	0	0	5.0	0	43.3	9.2
非常多，记不清楚	计数	1	0	1	0	16	18
	占社区 ID 中的比例	1.0	0	5.0	0	26.7	6.1

		社区 ID					合计
		M	WJ	CS	D	Q	
不知道	计数	35	8	0	0	9	52
	占社区 ID 中的比例	35.0	10.8	0	0	15.0	17.6
总数		100	74	20	41	60	295

据课题组了解，社区自治组织与社区物业组织不仅供给社区公共产品和公共服务，也在一定程度上介入了社区众多的私人事务，例如，为社区居民代缴医疗保险，替居民收割、播种庄稼等。这些活动将在后续章节中进一步介绍。

从客观上看，各个社区的物理性公共设施的供给存在一定程度的差异。M 社区与 Z 社区的 WJ 部分在公共设施供给及使用上占有一定优势，这一优势也同时表现在社区公共服务的供给数量和供给质量上，尤其是 M 社区的公共产品与公共服务的供给情况明显好于其他社区。而与之相对的则是 Q 社区，Q 社区在物理性公共产品与公共服务的供给上往往处于被调查的几个社区的最末位。Z 社区的 CS 部分的情况也不是很乐观，尤其是其公共设施供给和社区安全中的人身安全方面。

但是新型社区与一般农村社区及城市社区的主要差异在于，新型社区是经历了相对剧烈的社会、经济、空间变革而形成的，其物理性公共设施与公共服务的供给只是在一个层面上表达了他们当前的生存状态，而影响其生活满意度的因素比一般社区更为复杂。因此，本章下一节将通过具体数据探视这些社区居民各方面的满意度状态。

第三节　新型社区公共治理中的居民满意度

从时代背景与时代需求看，新型社区是为了进一步改善我国农村/居民的生活满意度、推进城镇化的快速发展、最大限度地节约土地资源等而由政府规划、社区配合推进的产物。虽然各个社区最初的拆迁动因各不相同，结果也存在一定程度的差异，但是以课题组的调查数据看，大部分居民对拆迁后的生活保持了较为满意的态度。但是这种满意也不仅仅是由物质补偿的超出常态所致，因为从课题组调查的补偿情况看，拆迁安置补偿使拆迁户成为经济上富足到余生，甚至儿孙一代都不用担心经济问题的案例毕竟还是少数，大部分拆迁安置社区基本上是拆迁补偿与安置支出大致平衡。另外，部分区域房地产市场近年来的过热表现，拆迁后住房升值空间带来的资产增值，只是一种市场反应，与拆迁本身关系不大。

一　对社区整体状况的满意度

如表 2 - 10 所示，在问卷调查的 295 位居民中，有 240 位居民对目前社区的生活持"满意"或者"很满意"的态度，占到所有有效调查对象的81.3%，其中"满意"者所占比例为 48.1%，"很满意"者所占比例为33.2%。就各个社区的具体情况来看，M 社区"满意"及以上者占比为98%，是五个调查社区中满意比例最高的；其次是 Z 社区的 WJ 部分，"满意"及以上者占比为 94.6%；再次是 D 社区，"满意"及以上者占比为80.5%；D 社区跟 CS 部分相差不大，而 Q 社区仅有 68.2% 的人对当前的社区生活表示满意。同时，Z 社区的 CS 部分与 Q 社区都有部分居民对当前的社区生活表示"不满意"，其比例分别是 10.0% 和 15.0%。

表 2 - 10　社区整体满意度

单位：人，%

		社区 ID					合计
		M	WJ	CS	D	Q	
非常不满意	计数	1	1	0	0	0	2
	占社区 ID 中的比例	1.0	1.4	0	0	0	0.7
不满意	计数	0	0	2	0	9	11
	占社区 ID 中的比例	0	0	10.0	0	15.0	3.7
一般	计数	1	3	3	8	27	42
	占社区 ID 中的比例	1.0	4.1	15.0	19.5	45.0	14.2
满意	计数	65	17	11	28	21	142
	占社区 ID 中的比例	65.0	23.0	55.0	68.3	35.0	48.1

续表

		社区 ID					合计
		M	WJ	CS	D	Q	
很满意	计数	33	53	4	5	3	98
	占社区 ID 中的比例	33.0	71.6	20.0	12.2	33.2	33.2
总数		100	74	20	41	60	295

对社区生活是否满意不仅取决于社区硬件与软件的建设情况，还极可能受到周边环境的强烈影响，因此，课题组对社区改变的情况进行了调查，具体调查结果如表 2-11 所示（特别注意的是这个问题没有涉及 D 社区，因为其尚未完成拆迁）。从整体上看，绝大多数居民都认为他们的社区生活得到了改善，这个比例占到了 91.7%。其中，居民认为有很大改善的，高度集中于 M 社区和 Z 社区的 WJ 部分，而认为有一些改善的则高度集中于 Z 社区的 CS 部分和 Q 社区。同时，在 Q 社区有 26.6% 的居民认为社区生活没有改善甚至变差，这个比例在 CS 部分为 10%，而在 M 社区则为 1%。

表 2-11　社区生活改善度

单位：人，%

		社区 ID				合计
		M	WJ	CS	Q	
有很大改善	计数	89	64	1	7	161
	占社区 ID 中的比例	89.0	86.5	5.0	11.7	63.4
有一些改善	计数	10	8	17	37	72
	占社区 ID 中的比例	10.0	10.8	85.0	61.7	28.3
没有什么变化	计数	0	1	1	6	8
	占社区 ID 中的比例	0	1.4	5.0	10.0	3.1
有些变差了	计数	0	1	0	8	9
	占社区 ID 中的比例	0	1.4	0	13.3	3.5
变差了很多	计数	1	0	1	2	4
	占社区 ID 中的比例	1.0	0	5.0	3.3	1.6

续表

	社区 ID				合计
	M	WJ	CS	Q	
总数	100	74	20	60	254

所以从表2-10和表2-11的数据看，M社区与Z社区WJ部分居民的满意度和社区生活改善度较高，而Q社区虽然有超过70%的居民认为他们的生活有所改善，但是其仍然是调查社区中居民对社区的整体感受最不满意的。

到底是哪些因素使社区居民感到不满，居民感受到的最为不满的因素是什么？课题组的调查结果如表2-12所示。在列出的5个基本选项中，总体上看"房屋质量"是占比最高的不满意因素，有82人选择此项，占到调查对象总数的27.8%；其次是"人际关系"，有62人选择此项，占比为21.0%；再次是"基础设施"，有53人提到这个选项，占比为18%。就各个社区的具体情况来看，Z社区的CS部分在基础设施上的不满意人数占比最高，占到85%；而M社区的居民则在人际关系上感觉最不满意，占到42%；对房屋质量最不满意的是Q社区，有78.3%的居民对拆迁安置后的房屋质量表示不满意；而D社区则对自然环境表示最不满意的频次最高，达到48.8%。同时，M社区与Z社区的WJ部分均还有27%左右的人认为他们没有最不满意的事项。

一般来说，如果社区居民对某一项目的不满意高度集中，就会导致他们在其他选项上的比例降低，比如Z社区的CS部分，其在基础设施上的最不满意人数占比达到85%，这使得他们在其他选项上的比例相对较低，而WJ部分没有一个选项的占比占27%，则各个选项之间的占比比较均衡，选项比较均衡的社区则意味着没有特别突出的矛盾激发点。

表2-12 最不满意的社区项目

单位：人，%

		社区 ID					合计
		M	WJ	CS	D	Q	
基础设施	计数	2	18	17	13	3	53
	占社区 ID 中的比例	2.0	24.3	85.0	31.7	5.0	18.0

续表

		社区 ID					合计
		M	WJ	CS	D	Q	
公共服务	计数	2	7	0	2	9	20
	占社区 ID 中的比例	2.0	9.5	0	4.9	15.0	6.8
人际关系	计数	42	15	0	5	0	62
	占社区 ID 中的比例	42.0	20.3	0	12.2	0	21.0
房屋质量	计数	19	14	1	1	47	82
	占社区 ID 中的比例	19.0	18.9	5.0	2.4	78.3	27.8
自然环境	计数	8	0	2	20	1	31
	占社区 ID 中的比例	8.0	0	10.0	48.8	1.7	10.5
其他	计数	2	0	0	0	0	2
	占社区 ID 中的比例	2.0	0	0	0	0	0.7
无	计数	25	20	0	0	0	45
	占社区 ID 中的比例	25.0	27.0	0	0	0	15.3
总数		100	74	20	41	60	295

同时，我们对社区中最令人满意的项目也进行了调查，具体结果如表2-13所示。总体上看，"公共服务"是获选人数最高的项目，有110位回答者选择此项，占比37.3%，说明整体上，社区的公共服务是得到居民较高认可的；其次是"基础设施"，有73位回答者选择此项，占比为24.7%；再次是"自然环境"，有63位回答者选择此项，占比为21.4%。其中最为矛盾的是"基础设施"，其是最不满意的第三名，又是最满意的第二名。但是具体来看，最为矛盾的是Z社区的WJ部分，他们有24.3%的居民认为基础设施是最不满意的，同时又有32.4%的人认为基础设施是最满意的，所占比例都比较高。

就各个社区的具体情况来看，M社区最为满意的选项中，选择人数最多的是"公共服务"，Z社区的CS部分也是如此；WJ部分占比较高的三个选项之间比较均衡，"自然环境"略高；D 社区最令人满意的是"房屋质量"，但是这个不具有可比性，因为其没有完成拆迁，房屋主要是新农村建设活动中居民自己建造的；Q 社区最为满意则是"自然环境"。

表 2-13　最满意的社区项目

单位：人，%

		社区 ID					合计
		M	WJ	CS	D	Q	
基础设施	计数	30	24	1	4	14	73
	占社区 ID 中的比例	30.0	32.4	5.0	9.8	23.3	24.7
公共服务	计数	67	20	12	4	7	110
	占社区 ID 中的比例	67.0	27.0	60.0	9.8	11.7	37.3
人际关系	计数	0	4	2	8	6	20
	占社区 ID 中的比例	0	5.4	10.0	19.5	10.0	6.8
房屋质量	计数	1	1	0	23	3	28
	占社区 ID 中的比例	1.0	1.4	0	56.1	5.0	9.5
自然环境	计数	2	25	5	2	29	63
	占社区 ID 中的比例	2.0	33.8	25.0	4.9	48.3	21.4
无	计数	0	0	0	0	1	1
	占社区 ID 中的比例	0	0	0	0	1.7	0.3
总数		100	74	20	41	60	295

二　对社区公共设施的满意度

居民对社区公共设施的总体满意度如表 2-14 所示。认为社区公共设施在"比较好"以上的，M 社区和 Z 社区的 WJ 部分占比较高，其中，M 社区有 94 人，占比为 94.0%，而 WJ 部分有 68 人，占比为 91.9%；CS 部分对社区公共设施的评价在"比较好"以上的占比 65.0%，D 社区为56.1%，而 Q 社区仅有 20.0%；同时，Q 社区还有 13.4% 的调查对象认为其社区公共设施"不好"或者"很不好",有66.7%的调查对象认为社区公共设施"一般"。

从社区居民对公共设施的总体评价看,评价情况与社区公共设施的供给状态基本相符。M社区与WJ部分的公共设施供给状态要好于其他几个调查点,而Q社区公共设施的供给是最为短缺的,其评价也最低。课题组在Q社区的调查中曾向居民了解社区公共用房的情况,一般来说,拆迁安置社区都会建设供社区自治组织办公及居民集体活动使用的公共用房,但是Q社区却一直在租用商业街上的房子作为社区两委办公用房,而集体活动用房则没有着落。其实,Q社区是配有公共用房的,据居民们介绍,社区一直没有启用已经建好的公共用房,是因为这个建好的独栋小楼,从外形上看不是很吉利,社区主要负责人一直不愿搬入这个预定的办公场所,因而连带社区的公共活动空间也一直没有进行相应的安排(从其他社区的情况看,社区在拆迁完成之后,都会安排一定面积的社区公共用房,这些公共用房用来实现社区两委及物业办公、社区会议室、居民活动室、图书室等公共职能)。由于社区共建的小楼至今闲置,所以社区的许多活动都不能顺利展开。

表2–14 居民对社区公共设施总体评价

单位:人,%

		社区 ID					合计
		M	WJ	CS	D	Q	
很不好	计数	0	0	0	0	1	1
	占社区 ID 中的比例	0	0	0	0	1.7	0.3
不好	计数	0	0	0	0	7	7
	占社区 ID 中的比例	0	0	0	0	11.7	2.4
一般	计数	6	6	7	18	40	77
	占社区 ID 中的比例	6.0	8.1	35.0	43.9	66.7	26.1
比较好	计数	32	19	9	17	3	80
	占社区 ID 中的比例	32.0	25.7	45.0	41.5	5.0	27.1

续表

		社区 ID					合计
		M	WJ	CS	D	Q	
很好	计数	62	49	4	6	9	130
	占社区 ID 中的比例	62.0	66.2	20.0	14.6	15.0	44.1
总数		100	74	20	41	60	295

三　对社区公共服务的满意度

社区公共治理的重要目的之一就是提升社区居民对公共服务的满意度，虽然社区居民对公共服务的满意度与公共服务的供给状态有关，但是也会受到其他一些因素的影响，在其他因素不非常明确的情况下，对公共服务的满意度进行客观描述也是有积极的社会价值的。为了解这一情况，课题组对社区两委及物业服务的满意度进行了问卷调查，其中针对社区两委工作满意度的调查情况，结合课题组获取的其他信息，将原问卷中的"说不好"一项归入"不满意"后，具体情况如表 2 - 15 所示。

在"满意"以上水平上，M 社区与 Z 社区的 WJ 部分居民的满意度占比最高，分别是 92.0% 和 93.3%；然后是 D 社区，占比为 82.9%；最后是 CS 部分和 Q 社区，分别是 50.0% 和 43.3%。

CS 部分居民在最满意的社区项目的测量中，选择"公共服务"的比重最高，为什么他们会对社区两委服务的满意度给出这样出人意料的结果？在社区调查中我们发现，各个社区的居民面对不同的环境，社区居民感觉最满意的项目也只是相对于其他选项而言的，在一个社区中感觉最满意的项目并不必然比其他社区的供给水平高。同时，还有一个明显的差异是，CS 部分并没有自己的社区两委，其在行政上归属于 QY 村，但是 QY 村的主体部分并没有一起搬过来，占 QY 村人口多数的居民跟 CS 不是一个自然村，其村委对于 CS 部分原本就不是很关注，课题组在与居民的访谈中经常会听到村民提到"不管事""不作为"等描述村委的词。这个状况在一定程度上解释了居民对社区两委服务满意度较低的成因。而 Q 社区两委宁愿选择占用集体资产租房也不愿破除迷信的观念，让已经建成的办公用房空置，这也能看到其服务的态度和能力。

表 2 - 15　居民对各村/居两委工作的满意度状况

单位：人，%

		社区 ID					合计
		M	WJ	CS	D	Q	
非常不满意	计数	1	1	0	0	0	2
	占社区 ID 中的比例	1.0	1.4	0	0	0	0.7
不满意	计数	3	1	3	0	15	22
	占社区 ID 中的比例	3.0	1.4	15.0	0	25	7.5
一般	计数	4	3	7	7	19	40
	占社区 ID 中的比例	4.0	4.1	35.0	17.1	31.7	13.6
满意	计数	67	21	10	33	24	155
	占社区 ID 中的比例	67.0	28.4	50.0	80.5	40.0	52.5
很满意	计数	25	48	0	1	2	76
	占社区 ID 中的比例	25.0	64.9	0	2.4	3.3	25.8
总数		100	74	20	41	60	295

从课题组的调查看，社区物业服务与社区两委服务基本上是一体化供给的。一般情况下，社区两委的状态将直接决定社区物业服务的水平。对社区物业服务满意度状态的调查结果如表 2 - 16 所示。

对社区物业服务满意度在"满意"及以上水平的数据显示，M 社区与 Z 社区的 WJ 部分满意度最高，分别有 97.0% 和 93.2% 的居民选择了"满意"或"很满意"，CS 部分与 D 社区相近，分别是 65.0% 和 75.6%，而 Q 社区的满意度最低，仅有 21.7% 的居民选择了"满意"和"很满意"。这种调查结果与我们实地调查的情况非常接近。

可以发现，居民对社区两委服务的满意度与对社区物业服务的满意度是直接相关的，各社区居民对社区两委服务满意度的排名基本与物业服务满意度的排名重合或近似。

表 2 - 16　居民对各社区物业服务的满意度状况

单位：人，%

		社区 ID					合计
		M	WJ	CS	D	Q	
非常不满意	计数	0	0	0	0	3	3
	占社区 ID 中的比例	0	0	0	0	5.0	1.0
不满意	计数	1	1	1	0	12	15
	占社区 ID 中的比例	1.0	1.4	5.0	0	20.0	5.1
一般	计数	2	4	6	10	32	54
	占社区 ID 中的比例	2.0	5.4	30.0	24.4	53.3	18.3
满意	计数	68	22	11	28	12	141
	占社区 ID 中的比例	68.0	29.7	55.0	68.3	20.0	47.8
很满意	计数	29	47	2	3	1	82
	占社区 ID 中的比例	29.0	63.5	10.0	7.3	1.7	27.8
总数		100	74	20	41	60	295

第四节　社区公共产品与公共服务供给状况比较及总结

社区公共产品与公共服务的供给状态在前两节的数据分析中已经较为明确地呈现一定的差异性，但是为了更清晰地展示各社区之间的差异，本节主要针对上述调查内容进行排序比较，以获知各个社区在整体上与其他社区的比较结果。

一　社区公共产品与公共服务供给的排序比较

（一）社区公共产品供给状况排序

我们对社区公共设施的使用比例进行了加总，各个社区在调查中显示的各类公共设施的使用比例加总的情况是：M 社区是 381.0%；WJ 部分是 525.8%；CS 部分是 226.0%；D 社区是 338.8%；Q 社区是 273.7%。

　　同时我们也对需要增加的公共设施的情况进行了比例加总，情况如下：M 社区是 124.0%；WJ 部分是 174.4%；CS 部分是 195.0%；D 社区是 214.6%；Q 社区是 253.2%。

　　各个社区公共设施使用情况及需要增加的公共设施比例加总排名显示：M 社区与 WJ 部分的公共设施可供使用比例较高，且要求增加公共设施的比例加总相对偏低；CS 部分的公共设施可供使用比例较低，但是其要求增加的比例并不是很高；Q 社区则是公共设施可供使用的比例较低，同时，要求增加公共设施的比例最高（见表 2 - 17）。

表 2 - 17　公共设施加总排序

测量情况及排名		M	WJ	CS	D	Q
公共设施使用情况	比例加总（%）	381.0	525.8	226.0	338.8	273.7
	排名	2	1	5	3	4
要求增加公共设施	比例加总（%）	124.0	174.4	195.0	214.6	253.2
	反序排名	1	2	3	4	5

（二）社区公共服务供给状况排序

　　我们对社区内出现的不卫生现象的观察比例进行了加总，具体结果如表 2 - 18 所示。M 社区是 4.0%；WJ 部分是 6.8%；CS 部分是 5.0%；D 社区是 58.4%；Q 社区是 25.0%。在五个调查地点的比较中，M 社区仍然居第 1 位，Z 社区的两个部分从居民观察的角度看 CS 部分略好于 WJ 部分，而 Q 社区位列第 4，D 位列第 5。

　　我们对"经常看到巡逻人员"的比例、"天黑以后在社区里散步非常安全"的比例进行了排序；同时，对社区里偷盗事件的情况进行了重新计算，以"没有发生过"＝5、"5 件以下"＝4、"5 件至 10 件"＝3、"10 件以上"＝2 和"非常多，记不清"＝1 计算各社区的平均值（见表 2 - 18）。

表 2 - 18　公共服务供给加总排序

测量情况及排名		M	WJ	CS	D	Q
不卫生现象	比例加总（%）	4.0	6.8	5.0	58.4	25.0
	反向排名	1	3	2	5	4

续表

测量情况及排名		M	WJ	CS	D	Q
经常看到巡逻人员	比例（%）	100.0	75.7	60.0	19.5	20.0
	排名	1	2	3	5	4
天黑后在社区里散步非常安全	比例（%）	100.0	97.3	55.0	87.8	91.7
	排名	1	2	5	4	3
社区内偷盗事件	均值	4.90	3.91	3.75	4.56	2.00
	排名	1	3	4	2	5

在社区各项公共设施及服务的满意度排名上，我们以"很满意"＝5，"满意"＝4、"一般"＝3、"不满意"＝2和"非常不满意"＝1进行了均值计算，计算结果和各社区排名如表2－19所示。

表 2 – 19　社区公共服务满意度排名

测量情况及排名		M	WJ	CS	D	Q
社区整体满意度	均值	4.29	4.64	3.85	3.93	3.30
	排名	2	1	4	3	5
社区生活改善度	均值	4.86	4.82	3.85	—	3.65
	排名	1	2	3	—	4
公共设施评价	均值	4.56	4.58	3.85	3.71	3.20
	排名	2	1	3	4	5
社区两委满意度	均值	4.16	4.59	3.75	3.84	3.68
	排名	2	1	4	3	5
物业服务满意度	均值	4.25	4.55	3.70	3.83	2.93
	排名	2	1	4	3	5

（三）各社区整体排名状况

我们对上述调查的排名进行归纳，结果如表2－20所示。M社区在11个排名项目中有6项居第1位，5项居第2位；WJ部分有5项居第1位，4项居第2位，2项居第3位；CS部分、D社区、Q社区没有第1位的项目，CS部分与D社区各项的排名累积几乎相同（D社区缺少一项数据，只有10个项目排名），而Q社区则有6个第5名、4个第4名、1个第3名。因此，总体上看，M社区的公共设施与公共服务的供给是最好的，其次是Z

社区的 WJ 部分，CS 部分与 D 社区的整体供给状态及满意度近似，而 Q 社区的情况最差。这种排名情况与课题组在调研中的整体感受是一致的。

表 2 - 20　各社区整体排名累计情况

单位：个

排名	排名累积				
	M	WJ	CS	D	Q
第 1 位	6	5	0	0	0
第 2 位	5	4	1	1	0
第 3 位	0	2	4	4	1
第 4 位	0	0	4	3	4
第 5 位	0	0	2	2	6

二　社区公共产品与公共服务供给状况总结

虽然多数新型社区是在政府规划下推进的，社区供给的各类公共设施是政府和社区联合生产的结果，尽管政府和社区各自承担的责任不同，但是在实际供给效果上，各个社区的情况有明显的差异。从逻辑上讲，社区物理性公共设施的供给与社区组织的公共服务并不存在直接的相关关系，因为物理性公共设施基本上是由政府在社区建设之初就由规划方案设定的，而社区组织供给的公共服务则与社区本身的制度建构有关。但是从调查的具体结果来看，排名靠前的社区往往是在物理性公共设施供给和社会性公共服务供给上同时领先，那些物理性公共设施较差的社区，社会性公共服务也往往不尽如人意。

虽然新型社区在设计之初已经对社区的未来发展留有一定的空间，但是对社区人群的组成却没有充分的考虑，这种情况使社区中的老人和孩子缺少充分的活动空间，而社区愉悦的情感感受主要是在孩子和老人的联结中产生的。这一点与国外的社区发展主要关注社区中的弱势群体、老人、孩子、妇女近似。在我国的社区实践中，社区是居民的生活空间，是家的所在，是工作中的激烈竞争与紧张劳作之后的舒缓之地，因此，社区公共空间的开拓应该考虑到社区居民的情感需求。

设有专门图书室的新型社区并不少见，但是能够得到高效利用的并不多。像 M 社区，图书室竟然只为少数居民所知，可见平时很少有人光顾图书室。笔者调研时发现，这种情况的出现在很大程度上与社区图书室的藏书种类有关，当前图书室的藏书主要是农业科技用书、党的文件等。党的文件主要是党员学习所用，而每个社区的党员在社区中占比不会超过20%；农业科技类用书对于新型社区的大部分居民来说并没有很大的吸引力。图书室本来可以发挥更大的优势，社区很多孩子都是图书室潜在的读者，而将图书室发展为小型电影院也会为社区居民提供更多的文化娱乐服务，但是当前在社区文化建设中很少看到此类发展趋势。与之形成对比的是社区老年人的书画室，在笔者调查的济南市两个社区中皆有中老年人的画室，其组织活动已经比较规范，且有相关的向社区儿童开放的培训活动。

虽然部分新型社区的居民对他们当前的生活表示不满意，但是即便是在满意度较低的 Q 社区，大部分居民也认可他们的生活是有所改善的。这一点从各个社区与 D 社区的对比中也可以发现，作为一个没有拆迁完毕的社区，D 社区的各类公共设施和公共服务都受到了明显的影响，即便是社区两委免费为社区居民提供耕种服务，联合社区居民建立各种服务公司，为社区集体经济的发展提供各类便利，但是社区居民对社区两委的满意度、社区公共设施的满意度及物业服务的满意度都偏低。

但是，社区房屋质量又是社区居民表示明显不满的问题。在我们调查的几个社区中，就有三个社区的居民或自治组织成员向我们提到房屋质量不过关的问题，有的房子刚刚入住不到两年，墙体外的瓷砖就出现脱落现象，对社区行人造成了伤害，而有的社区房屋出现轻度倾斜、屋内渗水等问题，这些问题虽然已向相关部门反映，但是最终都需要社区居民自己解决。社区的生活是改善了，但是房屋的质量却不是可以通过居民自己的努力就能改善的，而房屋质量越差，物业、社区两委越是不能解决这个问题，居民的不满程度就越高，比如 Q 社区的情况就是如此。

新型社区的建设或延续新农村建设的成果或以城镇化发展为契机，其目的是全面提升当地经济社会发展水平、提升居民的生活质量。从课题组调查的情况看，社区转型后，基本公共服务的供给和居民的满意度都表现出较好的发展趋势。本次调查的社区并非全部是地方政府认可的模范社区，部分社区的选择是课题组随机抽取的，所以社区的整体情况并不是优选的结果，这能在一定程度上反映当前山东省新型社区公共产品与公共服务供给的水平。

　　虽然社区周边的环境、社区初建时固有的资源种类及数量、社区发展的历史等因素都会影响社区治理的现实效果，但是社区发展的状态在很大程度上受到社区组织运行状态的影响，尤其是社区的外部环境和内部资源已然确定下的情况更是如此。对新型社区中社区组织运行状态的分析将在第三章具体展开。

第三章

社区组织及其运行

新型社区或者在拆迁之前就已经由村委会转化为居委会，或者在拆迁完成之后仍然保持着村委会的建制，不管名称如何，社区组织的身份是不变的。虽然村委会作为自治组织出现的时间要晚于城市社区居委会，但是村委会的自治功能却毫不逊于城市社区居委会，甚至在很多方面占有优势，村党组织的权威更是远远超过城市社区党组织。

新型社区的社区自治组织与一般的村委会或居委会相比具有明显的不同，这些不同一方面是由拆迁带来的空间差异导致的，另一方面则是由社区本身的经济、社会结构变迁所引发的。本章要探讨的主要问题就是，在社区安置完成之后社区自治组织是如何发挥自治功能促进社区治理发展的。

第一节　社区自治的理论与实践

自治理论的发展是晚近政治学发展的产物，虽然自治实践的产生几乎与人类社会实践的历史一样久远。

一　自治的概念及其发展

自治，在 *Merriam Webster's Collegiate* 词典（第 11 版）中有两种表达方式，一种为 Self-governance，另一种为 Self-government。前者的解释是同Self-government，而 Self-government 的解释则包括两个内涵：一个是自控（Self-control），另一个是在一个政治单位内居民控制和引导其管理而不是为外来的权威所管控（Government under the control and direction of the inhabitants of a political unit rather than by an outside authority）。而 Autonomy 则表达了一种通过自治（Self-government）而达至的状态，Autonomy 的本意是自主，是建立在个体及集体独立的前提下的自主。

"本初的自治（Self-government）概念含有一个逻辑前提：在众人生活的法律秩序下，每个人都拥有相同的选择权。"（Przeworski，2010：17）也正是在这个意义上，民主成为自治实现的基本工具之一，即通过民主实现自治。如何通过民主实现自治呢？密尔是较早提出这个问题的学者，虽然希腊曾经使用轮流的办法解决民主的问题，但是在人口数量与复杂性日渐增大的现代社会，古希腊式的直接民主显然是有明显缺陷的，于是代议制民主就成为民主的制度选择，直至今日。由于民主的观念在较长的时间跨度内都是在宏观层次上推进的，即民主是一种国家制度。因此，在许多欧美学者的视野中，Self-government 表达的是一种完全独立自决的管理，而不存在程度上符合哪一个标准的问题。第二次世界大战之后，许多国家为解决独立之后部分区域的国家认同问题，自治又成为区域范围内自决权的制度标志，此时的自治包含了更多的"求同存异"的价值。于是地方自治的论题日渐成为自治讨论的热点话题。这一话题在 20 世纪中后叶的理论阐释中日渐发展为对各国地方自治制度的探讨，而不局限于民族自治地方或国家新并入地区。由于讨论背景的差异，西方理论界对自治的关注往往强调自治不受外来权威的干涉，而我国学界对自治的强调则有所不同。自清末至今，在国家独立自决层面上，我国学界很少使用"自治"一词，只有在地方层面使用自治的表达方式。"自治"一词，在我国古代文献中几乎难觅踪迹，在清末方由日本转译入我国，清末宪政改革中的地方自治改革是受约于中央政府的，国民党统治时期，其地方自治更是强调自治在官制之下（吕復，1943：1）。

但无论哪个层面的自治，皆是与民主紧密相连的，甚至作为自治手段出现的民主，在讨论热度上已经超过人们对自治的关注。自治成为法律文本及公共政策关注的问题，而民主则成了理论界的宠儿，进而对政党的讨论也成为民主制度讨论的核心问题之一。

从世界范围看，20 世纪上半叶的国家权力渗透在 70 年代的金融危机面前受到严重挑战，权力下沉与地方特色的回归反映了基层社会对国家权力渗透地方的反动。同时，随着信息技术的发展及普通大众受教育水平的提高，传统的民主制度已经不能满足实践的要求。"协商民主"理论应运而生，并在全球范围内再次掀起了公民参与的热潮。

从表现形式上看，此次公民参与热潮并未在全球范围内表现出一致的发展形态：发达国家"公民参与"的新形式未能实现公民作为"咨询者"的制度突破，而发展中国家却以主体身份的转移突破了制度发展的瓶颈。这种实现虽有部分的被动性，但颇有意味地强调着"本地人"在涉及自身利益时的主体身份（Nelson & Wrigh，2001：2）。

我国的居民自治实践从时间上要略晚于世界范围内的"公民赋权"运动，而且两者发展的背景也有明显的差异。从形式上看，世界范围内的"公民赋权"运动更加强调社区发展，而我国的村民自治与城市社区建设更强调社区自治与社区服务。

二 社区自治的概念

新中国成立之初，杭州市政府就开始了居民委员会取代保甲制度的地方尝试，后来，在彭真同志的推动下，城市居民委员会和农村村民委员会制度得以建立。党的十七大则再次强调了基层群众自治的重要性。虽然我国基层群众自治在发展细节上有局部的自发创新，但是从制度发展的整体过程来看，规划性制度变迁是主要的制度创新形式。在这一点上，我国的村民自治和社区居民自治与世界范围内的"公民赋权"运动并无差异。

从村民自治的性质看，学界较为一致的看法是，村民自治与国家主权独立和地方自治不同，其并不体现人民主权的宪政理念，而属于社会自治的范畴，它不是外在力量授权产生的，而是内生的，体现了自治的最原始含义（杜乘铭，2011：30~34；崔智友，2001：129~140）。从治理的纵向划分及我国相关法律的约定看，村民自治与居民自治是在同一个范畴内的。因此，可以认为村民自治是社区自治在农村区域的呈现，社区自治的本质也是社会自治。因此，桑玉成在其社区自治的经典界定中认为"社区自治是政府管理之外的社会自治，即政府管理行政事务，而社区居民通过自己选举产生的自治组织来管理社区公共事务"（桑玉成，1992：48）。但是陈伟东对这一界定的过于宽泛提出了异议，并提出了新的社区自治的概念认定，他认为社区自治是指在一定的时空范围内居民采取集体行动自主表达、维护权利的制度安排和过程，凡是与居民权利有关的各类活动都应该纳入居民民主参与和民主监督之中。具体说来，社区自治的含义包括：①社区自治的主体是居民；②社区自治的核心是居民权利表达与实现的法制化、民主化、程序化；③社区自治的对象包括与居民权利有关的所有活动和所有事务（陈伟东，2004：65）。

在上述两个概念中，已经明确的内容是：社区自治是社会自治；社区自治组织或者社区居民是社区自治的主体；社区自治是要实现居民的权利并使之法制化、民主化、程序化。没有解决的问题是，社区自治有没有地域范围，社区自治有无基本框架，社区自治权利有无边界。

从欧美国家对社区的研究来看，学者们对社区的界定并没有强烈的地域限制，在具体实践中，地方政府甚至经常使用社区概念指称一个城市，而地方各类社会组织也经常会使用社区的概念表达邻里的意思。总体上说，在西方学术界，社区一词更多地表达了一种亲密的、相互扶持的、有一定价值认同的群体。而我国的社区，受到第一代社会学人对社区概念的初始界定的影响，是包含了一定地域的，这一点使我国的社区研究明显区别于西方。从国内学界研究的习惯看，社区的地域范畴更多的落在村/居层面。如果从社区自治的角度看，这个地域界定就更加的明确了，因为在我国各级行政组织中，通过法律明确规定的自治组织除了民族自治地方就是村/居自治组织了。从这个意义上，社区自治就是指村/居层面的自治。

鉴于上述认识，本书认为，社区自治是在相关法律与制度的支持与约束下，村/居层面的社区居民通过其选举产生的代理人或以直接参与的方式自主协调、管理社区公共事务，建构良好的社区秩序，建构居民喜好的生活方式，提升社区整体福利的制度安排。

这一概念体现了以下几点：第一，社区自治不是随心所欲的活动，必须在相关法律与制度的支持与约束下；第二，社区自治的主体是社区居民选举产生的代理人和居民自身；第三，社区自治的方式是自主的协调与管理；第四，社区自治的内容是社区公共事务，目的是社区居民喜好的社区秩序与福利的达成。

三 我国的社区自治实践

我国的社区自治包含了两个区域类型：农村社区自治与城市社区自

治。由于我国漫长的农业社会发展历程以及传统统治方式中乡绅阶层的存在，村庄自治是否存在以及以何种方式存在的问题受到学界的高度关注，即在我国漫长的社会治理发展史上，是否存在村庄自治的实践？这种实践是如何展开的？

吕復在其《比较地方自治论》中提出"地方有权可以自治，而吾国於古无之"的原因在于，当时的六乡"遂、县、鄙、乡、里、邻"皆是"受王命之官，而非地方所选"（吕復，1943：3）。胡清钧在其与吴晗、费孝通等人合著的《皇权与绅权》一书中的"两种权力夹缝中的保长"一章中也认为"保甲制度是法定设施的一类，我们可以把它叫做是法定的基层行政机构"（吴晗、费孝通等，1948：130）。而闻钧天在其《中国保甲制度》一书中，却提出了保甲制度是一种地方自治制度的观点，并认为其是一种"他动的自治"而不是"自动的自治"（闻钧天，1935：1~3）。徐勇在其《中国农村村民自治》一书中亦提出"在传统社会，农村的治理包含着国家行政权力和社会自治权两个方面……小农经济和宗族社会有一定的社区自组织功能。因此，如果从自治的一般意义上说，中国古代也存在自治，主要表现为在村的社区里与宗法关系联系的族民自治"（徐勇，1997：21）。赵秀玲在其所著的《中国乡里制度》一书中也认为中国的乡里制度具有一定的自治色彩（赵秀玲，1998：1）。

如果从西方对自治的界定来看，我国古代的确如吕復所言不存在自治制度，所谓的乡绅治理，也不是在个体自主基础上选举产生的结果，更勿论制定法律等问题。但是如果就此断定我国古代不存在社区自治的因素也是不合理的。社区自治说到底是一种社会自治，近代以来，政治制度的合法性往往以民主选举为基本前提和基础，但是从国家与社会的相对意义而言，不通过国家力量而实现社会的秩序亦是一种自治的方式。所以，笔者认为我国古代社会治理中是存在自治因素的，只是这种因素没有以稳定的正式制度的形式固定下来，且被国家力量所胁迫，一直处于从属边缘的位置。

但是从社区自治在本书中的界定来看，社区自治要有法定的基本框架，需要普通民众的选举确认，自治的目的是提升公共的福祉，从这个意义上看，我国当代意义上的社区自治只能是新中国成立以后的事情。

（一）学界对农村社区自治实践的梳理

社区自治实践在我国的真正铺开，应该是从农村村民自治开始的。村民自治从根本意义上亦是社区自治的一种，区分村民自治与农村社区自治并没有特别的意义，故在此，笔者将不再区分。20 世纪初叶，梁漱溟等人也曾试验过社区自治的农村模式，但是时代并没有给他们深入发展的机会，这个机会最终出现在 20 世纪 80 年代的改革时期。

徐勇认为，我国农村村民自治之所以在 20 世纪 80 年代出现制度创新，主要是由以下因素引发的：第一，我国基本制度规定农民享有管理国家和社会事务的权利，并有一定的制度安排；第二，当时的集体所有制，使土地等主要生产资料为集体所有，并为集体财产的产生和公共事务的建设创造了条件；第三，经过近代以来，特别是新中国成立以后农村经济社会制度的持续变革，长期以来在农村持续存在的宗法关系受到极大削弱（徐勇，1997：25）。

我国的第一部村民自治法《中华人民共和国村民委员会自治法（试行）》（以下简称《村民委员会组织法（试行）》）是 1987 年 11 月 24 日第六届全国人民代表大会常务委员会第二十三次会议通过，并于 1987 年 11 月 24 日以中华人民共和国主席令第五十九号公布的，自 1988 年 6 月 1 日起施行。该部法律共 21 条，约定了村民委员会是村民自我管理、自我教育、自我服务的基层群众性自治组织，其职责是办理本村的公共事务和公益事业，调解民间纠纷，协助维护社会治安，向人民政府反映村民的意见、要求和提出建议；规定了基层政府与村委会的关系是指导和被指导的关系；规定了村委会的产生方式、内部组成及管理集体土地和财产的权利等。

自此，全国范围的农村村民自治进入有法可依、逐步推进的阶段。但是由村民自己选择自治组织，在我国是前所未有之事。《村民委员会组织法（试行）》虽然对村民委员会主任、副主任由村民直接选举产生做了规定，但是在细节上应该如何操作却没有相关的说明，而对于在联产承包责任制已经推行了近十年的情况下，村委会如何发挥自治功能也处在摸索之中。

1998 年是《村民委员会组织法（试行）》颁布 10 周年，学界和实践界对其试行的情况进行了部分总结。吴贵民认为，在其试行的 10 年中，全国大多数村庄至少都在形式上完成了数届村民委员会的选举工作，并建立了村民大会、村民代表大会等制度，村干部应由村民选举产生的观念已经深入人心，村民对自治不仅没有抵制，相反他们希望更进一步地了解该法。同时，吴贵民认为由于历史积淀的思维方式和行为习惯，在村民自治上还存在一些地方抵制行为，如果将村民自治看作解决乡村矛盾的工具，则不能有效地实施自治行为（吴贵民，1998：18 ~ 20）。吴毅以湖南省临澧县合口镇白鹤村为例考察了该村近十年来的村民自治示范活动，对其两次村委会选举、规章制度建设、村民代表会议运行状态进行了框架性描述。吴毅认为，白鹤村的"村民自治的成长经历了一个从国家进入到社区内生的转换过程……村民自治可望从一种制度安排内化、积淀为一种村治文化"，虽然这种制度安排的主要驱动力来自地方政府，而且"一个地区村民自治的发展与当地党政领导对村民自治的重视与指导存在着正相关性……（但是）中国农村村民自治的生命力最终取决于广大村庄社区内部对自治的需求及自治水平的提高"（吴毅，2002：59 ~ 64）。徐勇则专门撰文针对村民自治过程中的村民自治与村级党组织领导的关系问题发表了看法，他认为，在村民自治实践中，村党组织和村民自治组织的协调仍然存在一些突出的问题，主要表现在：第一，两者的权限范围不够清晰；第二，一元化领导方式产生了部分负面影响；第三，党组织的领导权威面临挑战。同时，他提出了从制度上明晰两者的职责范围、改进党的领导方式、建立竞争机制、强化党的领导等措施以保障党在村民自治发展中的领导地位（徐勇，1997：89 ~ 92）。同年徐勇对村民自治进程中的村级公共财物有效治理问题亦发表了看法，他认为"以村民自治推进村级公共财物的有效治理，主要是建立财务公开、民主管理和规范收支的制度"（徐勇，1998：102 ~ 106）。在制度建设问题上，徐勇认为村民的内部创新很重要，但是外部环境的作用也不容忽视，在现阶段，只有有效规范政府的行为，创造良好的外部环境，才能使村民自治在村级公共财物治理中发挥更加积极的作用（徐勇，1997：102 ~ 106）。

此后，我国农村村民自治在实践中亦发展出一些积极的地方经验，比如村级公共财物的公开与政府监督的逐步制度化、村级党组织选举制度的逐步规范化等。村自治组织竞选的激烈程度在逐步提升，村民对选举的认知也逐步深化，但农村村民自治的困境依然存在。

这些困境主要表现在：村民对自治权利的相对冷漠，选举中腐败行为的滋生及制约机制的缺失，村级财务监督机制的不完善，政府与村关系的不协调等。

有学者指出要走出村民自治的困境需要从以下几个方面努力：第一，加强法制建设，完善村民自治法律体系；第二，加强农村的经济、文化建设；第三，探索加强乡镇人大对村民自治的监督机制；第四，激化基层党组织的活力；第五，坚持人民群众的基层民主的主体地位和发挥其积极作用（房正宏，2011：23~28）。但是这种叙事方式毕竟过于庞大，在具体指导价值上意义不大。

进入 21 世纪初叶以后，地方政府对于村民自治实践的探索已没有了 20 世纪末的热忱，学界亦出现了一些悲观的看法，认为村民自治在我国的发展没有实质性的推进，在研究氛围上倾向于认为村民自治已然处于失落的状态。但是，近年来，随着我国经济社会发展的快速推进，农村/居民生活水平的快速提高，特别是城镇化推动下的城乡一体化发展，农村各类资源的价值得到显著提升。村民的权利意识和行动能力得到普遍的增强和提高，村民自治的内在需求再度提升。"在广东、广西、湖北、安徽等地先后出现了在村委会以下的各种村民自治实现形式"（徐勇、赵德健，2014：1）。

徐勇教授提出，我国的村民自治要经历三个发展阶段：第一个阶段是以自然村为基础的自生自发村民自治阶段，这一阶段主要解决的是"治理真空"问题，其成就体现在确立了群众自治的性质，其内涵是自我管理、自我教育、自我服务；第二个阶段则是以建制村为基础规范村民自治，这一阶段以民主选举、民主决策、民主管理和民主监督为主要成果，但是以建制村为基础的自治也带来了一些显见的影响自治的因素；第三个阶段则是在建制村之下的内生外动的村民自治，这个阶段的自治则是在政府推动与自然社区回归的基础上开展的。"三阶段论"基本上在很大程度上反映了我国村民自治发展的实践历程，但是从总体上看，第三阶段的自治主体下沉还只是局部地区的实践（徐勇、赵德健，2014：3~6）。正因为如此，肖滨对第三阶段的提议表示了部分质疑，他认为，实践经验表明广东等地探索村民自治新形式的目标不是寻求实现民主与自治的连接，而是为了解决乡村治理中的多重权力关系问题，为此需要建构新的理论框架来解释我国村民自治的困境问题。同时，他提出了"五权"结构平衡论，他通过对广东各地的"一核主导、双重服务"、"政经分离"、"三元制衡、多层共治、上下联合、自治下移"以及"四权同步"的试验，以期解决领导权、行政权、自治权、经济权与参与权的平衡问题。他的研究认为广东等地的自治探索从形式上看是寻求"五权"结构的动态平衡，但就其实质而言是要把村民自治有机整合到以党政体制为基础的国家治理体系中，以实现"三元统一"，即将政党执政的权威性、国家治理的有效性、村民自治的参与性有机统一于中国共产党在乡村执政的合法性中（肖滨、方木欢，2016：77~90）。但是他的研究只是对广东各地的具体措施进行了理论梳理，并未展示其执行的具体效果，所以，亦不能就此判断政经分离、双重服务是否有利于村民自治困境的解决。

（二）学界对城市社区自治实践的梳理

城市社区自治概念的提出比农村社区早，而其主体组织的前身——城市居民委员会的出现也较农村村民委员会出现得早。1954年12月31日，第一届全国人大第四次会议通过了《城市居民委员会组织条例》，以法律的形式确认了城市居委会的名称和性质，其名称正式定为"城市居民委员会"，其性质是"群众自治性居民组织"。

城市社区自治的发展源于民政部对社区服务工作的推动，而我国社区服务工作的发展根源则在社会福利与社会服务体系的建设。1983年，民政部对城市社会福利工作的改革开始酝酿，以多种形式提供社会福利，构建国家与社会协作的福利供给体系的提法开始出现。此后，在漳州、上海等地陆续发展出多种形式的社会福利服务网络，更在此基础上，于1986年正式提出在城市开展社区服务工作的构想与要求。1987年9月，民政部在武汉召开城市社区服务座谈会，进一步明确了社区服务的内容及组织内部的关系，交流了武汉、上海、北京、天津、常州等地开展社区服务的经验。这次会议成为是我国社区服务兴起的主要标志。

1989年12月，第七届全国人民代表大会常务委员会第十一次会议通过了《中华人民共和国城市居民委员会组织法》，1989年12月26日以中华人民共和国主席令第二十一号公布，自1990年1月1日起施行。该法在一定程度上参照了当时已经颁布的《中华人民共和国村民委员会组织法（试行）》。该法第二条明确了"居民委员会是居民自我管理、自我教育、自我服务的基层群众性自治组织"，在基本职能上，居委会与村委会非常相似，不同之处在于村委会有更为广泛的经济职能和经济资源，而居委会虽有管理本居委会财物的权力，但由于城市居委会本身的资源有限，其拓展性的工作主要是"开展便民利民的社区服务活动，可以兴办有关的服务事业"。2000 年底，中共中央办公厅、国务院办公厅联合转发了《民政部关于在全国推进城市社区建设的意见》（中办发〔2000〕23 号）（以下简称《意见》），《意见》的发布，掀起了一场全国范围的社区建设试验高潮，相继出现了沈阳模式、上海模式、江汉模式、青岛模式、盐田模式等地方实践形态。

陈伟东在总结城市社区自治的历史轨迹时指出，"1999 年的'沈阳模式'回答了'社区是什么'这样一个基础性和根本性的问题"，提出了社区是其性质定位、功能定位与区域定位有机统一的整体，而社区的性质应该是一个以利益为纽带、以认同感和归属感为核心的自治共同体。但是沈阳模式也遗留了一些问题：如何保障社区自治，如何预防社区自治组织演化为政府附属物。陈伟东认为，江汉模式解决了这个问题。江汉模式以重塑政府与社区组织的关系为体制创新的出发点，确定了政府与社区新的职能边界，将行政权与自治权进行了再次划分，政府的人员、任务、经费、服务、考评等全部进入社区，做到政府权责一致（陈伟东，2004：63～64）。

可以说江汉模式开启了一场政府与社区分离的改革序幕，后来深圳的盐田模式就是江汉模式的升级版（侯伊莎，2006：15）。具体来说，盐田模式是通过三次制度创新逐步建立起来的。第一次制度创新是居—企分离。这一次制度变革实现了居委会与社区集体经济体的分离。第二次制度创新则是"议行分设"理念下的"一会（合）两站"。这次改革涉及政府相关部门的职责权限与工作成效的划分，建构了新的基层社会管理体制，新型社区体制主要由社区居民委员会、社区居民会议、社区党支部三部分组成；社区居委会下设社区服务站和社区工作站两个工作机构，社区工作站主要负责政府交办的各类事项，社区服务站则主要负责社区内的服务项目。区政府拨专款作为社区居委会社区建设的启动资金。同时建立了新的考评机制，对社区服务的发展做了新规定。第三次制度创新是以"会站分离"为理念构建"一会（分）两站"。这次改革是为了有效解决社区居委会去行政化的问题，在此次改革中社区工作站从社区居民委员会剥离出来，成为承担政府下沉到社区的行政工作的工作平台。而社区服务站则暂时放在了街道社区服务中心统筹管理，在性质上定位为民办非企业单位，并允许社区居委会主任兼任社区服务站站长（刘伟红，2008：70~72）。

虽然盐田模式在社区服务改革上做了较为大胆的尝试，但是从根本上说，其并没有解决社区自治的发展方向问题，且其改革的行政成本比较高，不是每一个城市都能承担的。

与上述改革模式形成鲜明对比的是上海模式。虽然沈阳模式、江汉模式、盐田模式都有明显的政府规划的痕迹，没有政府的主导，这些试验不可能发展成型。但是在发展导向上，上述三个模式的定位都是实现政府与社区功能的分化，从而保障社区自我治理能力的发展。但上海的社区治理更加强调的是服务，是政府服务在基层的落实，因此，上海模式就表现出迥异于其他模式的独有特点——政府扩权的社区治理模式。

上海模式最为人所知的就是"两级政府、三级管理、四级网络"。1997年前后，上海市在积极拓展社区社会服务发展方式的同时，将居委会主要职位纳入事业编制的范围，在全市范围招聘下岗职工到居委会任职。只是"到了2000年12月中共中央办公厅和国务院转发了民政部《关于在全国推进社区建设的意见》，要求进行居民自治的基层民主建设。此后，上海开始着手居委会委员的民主选举……"（郭圣莉，2004：34）。但是上海与上述其他城市在社区自治上的组织重点不同。"街道在上海社区建设中始终处于核心的地位，街道办事处的地位一再得到加强，直到获得一级政府的权能……由于长期以来居委会对街道的依附，居委会的重要性也得到迅速的提升。"（郭圣莉，2004：35）马西恒认为，"街居一体化"是上海社区建设模式的鲜明特征，也正因为如此，"上海的社区发展更多地体现出不断渗透的国家力量和不断滋长的社会力量交错并发的特点……上海社区建设在行政主导下逐步形成了'三层结构'、'四大系统'的社区发展新格局（街道、街坊、居民区三层复合社区结构和行政管理、社会服务、自治参与、党的工作四大系统），这是对上海社区建设模式特征的最基本概括"（马西恒，2013：88~89）。

不管是标榜为自治型的社区治理模式，还是行政型的社区治理模式，在我国社区发展的实践历程中，政府都是不可或缺的角色。从民政部到基层政府，皆是社区建设与发展的直接推动者，只是推动的方式有所不同。笔者在结束了对上海市社区建设的调研之后，曾接受卫计委的邀请到北京参与其一个小规模的社区发展调查，调查中，笔者发现，作为政治中心的北京与作为经济领头羊的上海，在社区建设上并无明显的差异，差异只是表现在细节上。在我国相对单一化的政府治理模式下，社区的发展更多的是政府社会治理功能的体现。

总结我国城乡社区建设与发展的实践，我国城乡社区自治在 30 年左右的发展历程中已经初步建立起社区发展的基本框架，自治组织由居民选举产生的意识已经深入人心，基层组织运行的基本规范框架业已搭建起来，各地在结合本地历史与现实的经济、社会、文化、自然的基础上也发展出一些富有地方特色的社区治理模式。应该说在围绕着社区服务为工作导向的公共平台建设上，社区发展已经取得了良好的成绩。但是由于我国社区自治的实践历程仍然处于基本制度创设与规范发展阶段，社区自治不仅在实践上而且在理论上都存在很多的空白点，这些空白点需要理论界与实践界的共同努力方能得以填补。

第二节　新型社区自治组织的产生及运行

在我国正式制度的规范框架内，被相关法律明确约定为群众性自治组织的基层组织只有两个：居民委员会和村民委员会。在对社区组织的理论探讨中，部分学者将城市业主委员会作为自治组织看待，但是在《物业管理条例》中并没有有关业主委员会为自治组织的规定，可以说当下，业主委员会的组织身份还比较模糊。

当下，在社区范畴讨论自治组织的文献只是将自治组织的研究对象局限于村民委员会、居民委员会、业主委员会及其附属性组织，且在讨论过程中对于自治组织与基层党组织之间的关系出现了局部的理论矛盾。笔者以为，在实践中，村/居两委皆承担着社区自治的功能，基层党组织在职责功能发挥上与村/居委员会并无明显的界限，试图在理论上将其分开的行为不仅是行不通的，而且没有必要。因此，笔者在本书中对社区自治组织的讨论将不限于村/居民委员会及其附属性组织，亦包括了党的基层组织。

一　社区两委主要成员的产生

社区两委主要成员具体是指村/居党组织书记、副书记，村/居委员会主任、副主任及各委员。

（一）相关法律与制度规定

《中华人民共和国村民委员会组织法（2010 修订）》第十一条规定村民委员会主任、副主任和委员，由村民直接选举产生；第十二条规定村民委员会的选举，由村民选举委员会主持；第十五条则规定"选举村民委员会，由登记参加选举的村民直接提名候选人……选举村民委员会，有登记参加选举的村民过半数投票，选举有效；候选人获得参加投票的村民过半数的选票，始得当选……选举实行无记名投票、公开计票的方法，选举结果应当场公布。选举时，应当设立秘密写票处"。

按照《中华人民共和国城市居民委员会组织法》第八条的规定："居民委员会主任、副主任和委员，由本居住地区全体有选举权的居民或者由每户派代表选举产生；根据居民意见，也可以由每个居民小组选举代表二至三人选举产生。"

《中国共产党基层组织选举工作暂行条例》对基层党组织的选举作了更为详尽的规定，具体包括以下内容。

党的基层组织设立的委员会由党员大会选举产生（第四条）；委员候选人的差额为应选人数的 20%（第十二条）；党的总支部委员会、支部委员会委员候选人，由上届委员会根据多数党员的意见确定，在党员大会上进行选举（第十三条）；党的基层组织设立的委员会的书记、副书记的产生，由上届委员会提出候选人，报上级党组织审查同意后，在委员会全体会议上进行选举；不设委员会的党支部书记、副书记的产生，由全体党员充分酝酿，提出候选人，报上级党组织审查同意后，在党员大会上进行选举（第十六条）。选出的委员，报上级党组织备案；常委、书记、副书记，报上级党组织批准（第十七条）。纪律检查委员会选出的书记、副书记，经同级党的委员会通过后，报上级党组织批准（第十八条）。进行选举时，有选举权的到会人数超过应到会人数的五分之四,会议有效(第十九条)。召开党员大会进行选举,由上届委员会主持。不设委员会的党支部进行选举,由上届支部书记主持(第二十条)。委员会第一次全体会议选举常委、书记、副书记,召开党员代表大会的,由大会主席团指定一名新选出的委员主持;召开党员大会的,由上届委员会推荐一名新当选的委员主持(第二十条)。

同时,《中国共产党基层组织选举工作暂行条例》对监票人的选举及相关程序也做了详细的规定。

在上述三个法规的基本框架下,各省份对村/居党组织及村/居委员会的选举亦做出了具体的规定。

按照山东省有关村/居选举的相关规定,村/居党组织及村/居委员会的选举实行任职回避制度,凡有夫妻关系、直系血亲关系(指祖父母、外祖父母、父母、子女、孙子女、外孙子女)或者兄弟姐妹关系的,不得在同一村两委中任职。

从选举程序上看,一般是先进行村/居党组织换届选举,再进行村/居委员会换届选举。其原因在于:一方面先换村/居党组织后换村/居委员会,有利于党组织主持推选村/居民选举委员会,通过依法推选村/居党组织负责人担任村/居民选举委员会主任,实现党对村/居委员会换届全过程的领导;二是先进行村/居党组织的换届,有利于发挥党组织的思想政治优势和群众工作优势,引导党员群众公正有序地参与选举。

在村/居党组织选举上具体采用"两推一选"的方式产生党组织成员。具体程序是:(1)街道、镇党委派人员主持,召开由现任村/居两委成员、全体党员和村/居民代表参加的会议,按照不低于应选人员35%的差额比例,民主推荐新一届村/居党组织成员候选人的初步人选;(2)街道、乡镇党委对候选人初步人选进行资格审查和差额考察,按照不低于应选人数20%的差额比例,研究确定村/居党组织成员正式候选人;(3)召开党员大会进行无记名投票,差额选举产生新一届村/居党组织委员,在新一届村/居党组织委员会全体会议上,选举产生村/居党组织书记、副书记。

村委会与居委会的选举规则相对详尽,程序亦非常相似。以下以村委会选举为例进行说明,村委会选举主要包括以下几个程序。第一,选举准备,主要是对村的经济责任进行审计;宣传换届选举的纪律、人选标准和不宜提名的具体情形，提交村民会议或者村民代表会议讨论；深入调研、摸清底子、逐村制定方案、建立工作台账，对重点村、难点村细化工作措施，制定工作预案，合理确定选举总体进度和顺序；推选村民选举委员会，由主任和委员5～9人单数组成，经村民会议、村民代表会议或村民小组会议推选并张榜公布。第二，登记参加选举的村民，主要是公布登记日；审核登记参加选举的村民名单；张榜公布登记参加选举的村民名单；处理申诉；发放参选证。第三，产生候选人，主要是直接提名确定候选人，如果直接提名的候选人较多则要经过预选确定候选人；张榜公布候选人名单、选举地点和选举时间。第四，组织选举，主要是确定投票方式，办理委托投票；印制选票、制作票箱、布置会场；候选人介绍履职设想；组织选举。第五，后续工作，组织新老班子工作移交，完善新一届村委会任期工作目标，做好退出班子人员的思想工作；建立村民委员会下属委员会，推选产生村务监督委员会和村民代表、村民小组组长；验收总结，立卷归档。

（二）党组织选举及选派

实践中，新型社区两委的产生，特别是村委会、居委会的产生在程序上并没有与同等层级的其他社区有明显的差异，但是新型社区的特殊环境对党组织人选的影响还是非常明显的。一般来看，如果村/居书记能够较好地处理社区公共治理问题的，在一定时期内会保持着相对的人员稳定性，社区拆迁的影响会比较小，但是如果村/居党委/党支部书记或村/居委会主任的人选经常发生变动，社区拆迁对社区两委产生的影响就会比较大。在课题组调查的社区中，大部分的村/居党委/党支部书记都是由选举产生的，我们把这种书记产生的类型称为选举型，但是也有例外，就是街道、镇为村/居选派书记，我们把这种书记产生类型称为选派型。

1. 选举型

新中国成立后，在农村社区管理实践中，村党委/党支部书记及其他委员在相当长的一段时间内是选派型的，但是考虑到特殊历史时期的要求，我们对农村两委选举制度普遍实施以前的情况不做分析。本书论述的选举型主要是指村党委/党支部按照选举的相关程序，由村民代表及党员选举产生的形式。

在笔者调查的数个社区中，除了 M 社区是选派型的书记，其他几个社区都是选举型的。选举型以村/居全体党员为选举人，首先经过村/居民全体党员的投票产生村/居支部的候选人，然后，由全体党员投票产生社区支部成员，最后由选举产生的新一届支部选举产生书记、副书记等。

由于相关的制度规定仅仅约定了差额选举的最低比例，即两次选举按照不低于应选人数的 35% 或 20%，但是并没有约定最高的差额。在调查中部分社区正是利用这个没有最高差额的情况，扩大党员选举的差额比例，并利用党员人数较少、说服成本较低的空子，赢得支部选举的成功。

党支部选举在社区治理中的影响没有村委会选举引起的村民关注度高，一方面是因为党支部选举的规模较小，绝大多数村民并不能参加支部的选举，另一方面是因为党支部书记的人选可以通过乡镇、街道委派的方式产生，社区对人选影响程度较低。

在笔者调查的社区中，选举型的党支部皆是上届书记连任，委员微幅调整，两届过度相对平稳。

2. 选派型——M 社区

M 社区是 ZY 街道中发展比较好的社区，但是在拆迁之前村内的情况并不乐观，原村党支部书记的工作没有得到多数村民的认可，村内财务状况也不乐观，导致拆迁工作不能有序进行。在街道和村民的联合干预下，社区更换了书记人选。

> 他就因为一点小事，因为一点小事闹大了……他来了就把他拥（推）出去，上大队（村委会办公室）来就把他（推出去），两个娘们儿架着他就出去了……（要是）男爷们儿（可能）就动手了，（因为是）娘们儿（所以）他（原书记）可不敢动手。你来就架出去，你不够格在这里……不合人心的，咱也是把他给请出去，能叫你上来也能叫你下去，哈哈……（M 社区居民付大爷）

现在这位前任书记已经不在社区居住了，按照居民的说法是他没法在社区里住了，虽然社区里也有他家的房子，但是全家都搬到其他地方住了，不再与社区居民联系了。

在村民选择"罢免"前任书记之后，ZY 街道亦认可了这一行为，并在本社区居民中选派了现任书记。调查中我们也了解到一些当时选派的细节。

> 做书记 3 年了吧。那个时候是村里搞拆迁，镇里让我来帮忙……说是让我干个管理区副主任，兼着这边的工作……当时就是没有人去做这个事情（书记），我知道什么事情应该做、什么不能做……咱是这个村的，每个人都爱自己的家对不对……这不，我就临时接了这个事情。（M 社区刘书记）
>
> 就是当时拆迁的时候开始主持村里工作的……后来街道正式任命他为 M 社区的党支部书记。（M 社区所属管理区刘书记）
>
> 这个书记是怎么上来的？这个书记是 M 社区已经到了落后的边缘了，前两任书记反反复复换了三四回了，就没有点成就……所以，镇上把他们撤了。新的书记是我们村管理区副主任，因为他是我们村的人，让他代管我们村的事务。二年代管，确实是做出成绩来了，他才正式当了（书记）。（M 社区村务监督委员会刘委员）

村/居党委/党支部书记由选举产生的历史毕竟相对短暂，现在很多村/居的党委/党支部书记都是在选举制度执行之前就已经在村里担任书记了。但是自选举制度执行以来，多数村/居的党委/党支部书记都是选举产生的，即便是当时选派的书记，很多也是要经历后来的选举方能继续担任书记一职。2014 年 11 月，M 社区迎来了拆迁安置后第一次党支部选举。选举前，社区居民对于书记的人选都非常确定。

> 你说农村，老百姓达到百分之百的满意很难，达到大部分的同意（就不容易了）。刘书记当书记，村里 90% 的人都同意，毕竟每个人的理解能力、思想水平也不一样，达到百分之百（满意）是不可能的。在农村生活，人人都有个不对劲儿的，不对劲儿他说话就是不客观，大多数群众都是公正的。（M 社区村务监督委员会刘委员）
>
> 保险选上了，百分之百选上了，嗯，他这是百分之百，这村主任不好说，但是你说书记是绝对保险。（M 社区居民付大爷）

正是由于现任书记在社区中的极高威望及村民对其继续留任的笃定，社区书记的选举才产生了一些更富民主价值的集体性行动。

2014 年 11 月 5 日，M 社区党支部换届选举。从程序上看，M 社区的选举是严格按照山东省的指导规章进行的，附加的就是对整个过程进行了录像。其目的主要有二：一是记录整个选举的过程，作为历史性资料加以保存；二是留存选举的细节以备各类监督的查询。

选举的第一步是街道组织部门宣读选举的基本程序，上届党支部书记发言。就在街道组织部门工作人员宣布上任书记不能参加此次选举，各位代表不能投票选举他时，相当一部分党员代表对这个决定表示不能理解，即便是工作人员解释了因为现任书记工作关系不在本社区，所以不能参加选举，仍然有部分党员表示他们还是要投票选举现任书记。会场里一度失序，但选举最终还是按照规定继续进行。党支部候选人第一轮投票后现场唱票，按照 20% 的比例确定了候选人，最后由党员选举产生正式候选人。

党员选举程序结束后，部分人员要离场时，被一些党员制止，并告诉他们"选举还没有结束"。笔者追问制止者为什么说还没有结束。"现在选举出来的这些人都不行，他们干不成事，还得是原来的书记，他的确是为社区着想，也有能力、有魄力"（选举现场一位代表）。

所以，在现场多数党员看来，所谓的选举没有结束，其实是指选举没有选出他们想要的书记，而他们想要的书记就在选举现场。那些认为选举已经结束的几个人，多是社区里有自己产业的私营业主，在他们看来，社区的福利并不是很重要。但是对大多数党员来说，他们仍然坚持会议没有结束，他们坚持现任书记留任。

街道组织部门的工作人员对党员们的要求表示赞同，并宣布现任书记留任，代表们鼓掌表示强烈支持。

M 社区的党支部书记最终还是以选派的方式产生的，虽然这期间经历了一些小的曲折，但是社区居民仍然以底层推动的方式获得了街道的支持。这一事件说明，政府对基层社区的干预，不应被片面地涂上消极的颜色而认为它不利于社区自治的推进。在基层治理的过程中，实践探索出的制度可谓品种多样、五光十色，关键的问题还是如何落实，如何通过合适的人落实。在制度推行的过程中，基层治理缺乏制度的完备性，但是更缺乏有执行能力的人。

（三）村/居委员会选举

村/居委会的选举一直被作为我国社区自治的重要衡量指标之一。孙小逸、黄荣贵更是将"最近一次居委会选举的投票率"作为社区治理绩效的两大指标之一（孙小逸、黄荣贵，2012：29～38）。虽然村/居自治在经历了30年的发展后，已经取得了众多引人注目的成就，但是由于各种历史的、文化的、制度的、执行的因素的影响，村/居自治尤其是其委员会的选举陷入了一定的困境，学界将这些困境归纳为："选举过程中的黑金化和宗族化使选举处于低层次、高烈度的常态；利益纠纷引起的派系斗争使村民自治常常举步维艰……"（肖滨、方木欢，2016：77）

虽然本次调查的新型社区有3个已经完成从村到居的改制，但是改制的影响并未在实践中表现出来，3个居委会的选举与村庄的选举并无明显差异，表现出的皆是村庄选举的典型特点。

第一，村/居委会选举表现出明显的家族影响。调查中笔者发现，不管是即将改为居委会的社区还是已经改为居委会的社区，家族对选举的影响依然非常明显。

> 村委会主任就是我这一票投给你，国家有这个选举法。那一般的宗族势力大了，他就占优势。（X社区闵书记）
>
> 现在就是这种情况存在，这是一种风气，什么风气呢？它是一种家族形式，或者说什么呢，一定范围之内的肯定有矛盾，这个矛盾怎么体现出来，它就在这个换届的时候（体现出来）。（D社区苏书记）
>
> 村里选举不像你们城里，姓氏这个还是很重要的，我们村现在有几大姓。你看啊，如果你是姓刘的，如果选举你能选别人吗？还不是得选自己家里人，要是选别人就有人说你。（M社区胡副书记）

家族势力不仅影响了居民选举的具体行为，还会对居民之间的关系产生明显的影响，在Q社区、X社区的选举中，都出现了程度不同的因选举引起的社区纷扰，甚至这些纷扰的存在也导致X社区的问卷调查无法收回。

第二，居民对村/居委会选举的制度是认可的，并认为这一制度能够选出合格的村/居民委员会成员。虽然村/居委会选举受到各种因素的影响，但是从整体上看，居民对于村/居的选举还是认可的，如表3-1、表3-2所示，有73.9%的调查对象"参加过，以后还想继续参加"选举，有77.0%的居民认为通过选举"有很大可能"和"可以"选举出合格的村/居委会主任及其他成员。

表3-1　村/居委会的换届选举

单位：人，%

		频数	百分比	有效百分比	累积百分比
有效	参加过，以后还想继续参加	218	73.9	73.9	73.9
	参加过，但以后不想参加了	13	4.4	4.4	78.3
	想参加但是没有参加	24	8.1	8.1	86.4
	没有参加过，也不想参加	33	11.2	11.2	97.6
	无权参加	7	2.4	2.4	100.0
	合计	295	100.0	100.0	

表3-2　选举出合格的村/居委会主任及其他成员

单位：人，%

		频数	百分比	有效百分比	累积百分比
有效	不可能	7	2.4	2.4	2.4
	有可能，但可能性不大	31	10.5	10.5	12.9
	有很大可能	56	19.0	19.0	31.9
	可以	171	58.0	58.0	89.8
	不知道	30	10.2	10.2	100.1
	合计	295	100.1	100.1	

第三，选举制度细节上的瑕疵也正在被实践者所认知。作为西方文化的典型呈现形式之一，选举传入我国的时间还相对短暂。村/居委会选举30年的历程不断推动着实践者对这一制度的认知。理论与实践层面对基层村/居选举的认识已经明显不同于20世纪初民主制度开始传入我国时的情境。人们对选举制度的不足之处亦有了相对深入的认识，这些认识主要有：选出来的是不是就是最好的、任期3年的时间是否恰当、人选的来源是否合理等。

这个人很优秀、很正派、很正直，工作也很有能力，口碑也很好，善服务、善协调，很强，但是他不一定能选上，各方面原因，但是村民选上的这个人比我说的差，他反而选不上，这就是问题。（X社区闵书记）

（选举）这个形式吧，除了（像）高考（一样），没有什么好法，对吧，这是唯一的方法。但是来讲呢，目前吧，这个三年一届，三年一届，这个时间忒短……你算算，假如说，像今年选上了，假如说有点思想，他们得像走路似的，一步步的。第一年，谦虚地说，学了个大概，不谦虚地（说）脑子一片空白，第二年想干点事……第三年结束了。这个机制，就是三年一届这个机制，就是忒短，就给人一种不稳定的感觉。目前来讲，就是五年（比较合适），五年怎么说呢，就是好的领导班子，就是很稳定的也不一定就是一直到换届，给老百姓实实在在干了事的，跟考核一样，通过各级考核，像稳定的，可以十年，可以随时调整……他这个人选的机制呢，就是说你现在只是说这个村委会换届，或是说（村党）支部换届，就说你只能在本村的范围之内，找这么一个人，但这个人很难找。（D社区苏书记）

村/居委会的选举一度受到国际政治学界的高度关注，现在关注的热度已经有所下降。而国内对村/居两委的理论讨论也不似前些年那般热情高涨，但是在实践上选举对于基层政府和村庄居民来说都是最大的政治事件。正如访谈中部分村/居两委委员所言，选举的时候是村/居前期问题得到"集中总结"的时候。对于一个没有现代民主历史的古老国度，加之普选仅在最基层村/居展开而没有宏观、中观的制度对比，基层选举的制度化与理性认知水平一直在经验归纳与制度引导中徘徊。这种徘徊的状态主要表现在两个方面：一方面是不断在经验中尝试新的制度并完善细节，另一方面则是深层次的问题始终纠缠在选举实践周边，不能得到有效的解决，比如宗族影响、合适人员的当选、贿选等。

（四）村/居两委人员的兼任

从地方政府的角度看，村/居两委兼任，特别是书记、主任兼任更有利于基层工作的开展。但是，在课题组调查的山东5个社区中，只有1个社区是书记、主任"一肩挑"的。从理论上看，书记与主任兼任有利于统一指挥、统一领导，有利于提高管理的效率，也与地方政府的倡导一致。但是，在课题组调查的几个社区中为什么会出现如此低的"一肩挑"的比例呢？

第一，社区书记可以通过镇、街道选派的方式产生，而这些选派的书记往往不能参加村/居居民委员会的选举。

社区书记不同于村/居居民委员会主任的地方在于，他们不一定是选举产生的，而且他们也不一定是社区的户籍居民。按照当前的《中华人民共和国村民委员会组织法》（2010 年修订）和《居民委员会组织法》，村/居委会由本居住区有选举权的居民或者居民代表选举产生。这个有选举权主要是指有本居住地的户籍，虽然村委选举可以通过申请的方式，经过村民会议或者村民代表会议审议，给予那些没有本地户籍的人以选举权，但是这种情况非常少见。实践中，经过街道、镇选派的书记也往往是在基层政府中或在集体、国有企业中有正式职务的人员，他们的主要身份并不是村/居党委党支部书记，亦不会主动申请村/居委会的选举。这种情况在一定程度上影响了"一肩挑"的比例。

第二，社区内利益的多元化发展，对书记、主任"一肩挑"式社区两委模式形成了较大的压力。

随着我国社会经济发展的逐步深入，农村、城乡结合部社区的利益多元化趋势亦日渐明显，而新型社区则是介于城乡之间的一种复合形态，其社区利益多元化水平高于乡村而不逊于城市社区。这种状态使社区中的利益代理机制发生了微妙的变化，这种变化通过纠合宗族、家族的纽带，使得"一肩挑"式的社区组织领导模式受到明显的挑战。

> 我不肩挑主任，一个是有自己的想法，特别是你（书记、主任）"一肩挑"的话，有很多东西你再公平、再公正，也不好解释……说你乱权。刚才说的那句话就是，宗族势力，造你的谣……你很难接受是吧。你再清白，你也弄得不清了，毕竟你老百姓没达到这个知识水平的。（X 社区闵书记）

第三，社区建成后，社区管理的公共事务明显增加。

新型社区是农村社区与城市社区的制度结合体，既有农村社区管理的特点，又有城市社区管理的特点，这既是社区管理的优势，亦是其劣势。从优势上看，社区可以拥有更多的集体资源，自由空间明显大于城市社区，有利于社区自治的开展；劣势是社区内私人空间的缩小与公共空间的相对扩大使公共事务明显增加，而社区却不拥有城市公共设施的供给水平。钱多了需要人管，事多了需要人干。

> 如果两个人干还有个回旋的余地，一个人就没有回旋的余地了。你知道吧，现在村里的小事太多，大事小事都来找你，很伤脑筋，你知道吧，如果两个人呢，你就可以只在一些大事情上花费精力。（M社区刘书记）

但是从山东全省的情况来看，书记、主任"一肩挑"式的社区领导模式，约占社区总数的50%左右。

Z社区是此次调研唯一的书记、主任"一肩挑"的社区，其书记已经在村党支部工作十余年了，是区人大代表，新型社区建设基本是在他的主持下完成的。

> （书记、主任）"一肩挑"的比较好，在村里一块儿工作，有时难免出现误会，有时因为没有及时沟通、及时商量，出现一些误会，时间一长就会影响村里的工作，所以（书记、主任）"一肩挑"会比较好。但是（书房、主任）"一肩挑"自己说了算不行，要征求大家的意见，先个别征求，再集体征求，最后再一起商量做决定，这样可以减少矛盾。你做支部书记，考虑问题也可能会不全面的。（Z社区张书记）

但是从发展趋势上看，社区书记与主任分开的模式更加符合社区发展的未来需要。在传统的乡村治理中，村庄内的人际关系、身份关系、公共事务相对简单，但是随着社区的发展，社区居民的异质化水平会逐步提高，这一点在新型社区中已经有所体现。笔者在浙江、苏南一带的调查亦发现绝大多数的社区是书记与主任分开的。虽然书记与主任分开的模式亦从一个侧面说明了"两委分歧"的存在，但是分歧恰恰是当前社区内部利益分化的现实表现。从世界范围内的社区发展实践看，将社区看作一个利益共同体而不区分内部利益差异的路径已经成为过去式（Nelson & Wright，2001），我国的社区研究已经对社区内部的利益分歧有所关注，但是在社区治理的分析中，将社区治理的目标定位为一个利益一致的共同体的观念仍然占主流地位。

二　社区组织的职能结构

随着我国城镇化的推进，新型社区组织职能结构的转化亦成为各地社区治理体系改革的重要内容之一。

就社区自治的角度而言，社区组织的职能结构应该由社区本身的公共需求决定，但是从实践上看，我国社区组织的职能结构皆是规划性制度发展的结果。在法律层面上，社区自治组织的职能是固定的，并没有在村/居之间设定过渡性的职能。从发生学的角度看，社区自治组织的职能会在外部环境及内部需求发生变迁的情况下发生改变，这种改变是外生性的，但亦是自发性的。但是在实践中，各地的社区转型实践往往是规划复合型的，所谓的规划复合型就是地方政府主导的结合地方实践的社区自治体系改革，这类改革由于受到地方政府的规划影响，社区自治组织的主动性并不强，但是社区自治组织在"解释并执行上级"决定的过程中会产生某种程度的"误读"，甚至是主动的"曲解"。这种状况的存在使地方政府"规划"的"理想社区治理架构"在最终的执行上表现乏力。但是迄今为止，学术界对农转居社区治理体系转型的研究，极少涉及"规划性制度变迁"与"自发性制度变迁"的绩效比较研究。这种状况，一方面与实践发展的复杂性相关，另一方面也与学术界对社区治理的绩效应如何衡量不甚明了相关。

就笔者调查的新型社区而言，在政府的规划性制度发展并不强烈而社区组织职能发展基本服从现实需求的情况下，同一社区的村/居转化对两委组织职能结构的影响并不明显，村庄时代的两委职能在社区时代得到了进一步的延续，一些已经转化为居委会的社区在两委职能上亦未发生明显的变化，两委之间组织职能的差异往往是由地区差异引起的。

下文将以 Z 社区与 D 社区为例进行分析。

　　如图3-1、图3-2所示，Z社区当前仍是村委会编制，但是Z社区位于济南市东部，虽然不是济南的行政中心，但深受济南省会城市辐射的影响，作为农村编制的Z社区在内部职能上表现得更像城市社区，其职能除了延续原来的民兵、宅基地、户籍等传统的不同于城市社区的职能，亦增加了科普、共青团等具有典型城市社区特点的职能。D社区位于枣庄市下属县级市的郊区，这种行政地位使本已经在身份上发生转型的社区居委会表现出更多的村委会特点。在一个为居委会一个为村委会的情况下，两个社区在集体经济管理和集体土地耕种上却有很多相似之处。两个社区的书记皆有全面负责社区工作的职责，而社区集体经济和社区集体土地经营都是重要的一环，两个社区的书记都是社区集体注册公司的法人，社区集体耕地的经营项目也以书记为负责人。从当前笔者调查的新型社区来看，社区自治组织负责社区集体土地的耕种是一种普遍存在的现象。虽然很多社区居民已经不再以农业作为主要的收入来源，且很多居民在集中居住之后已不具备独立耕种土地的"设备"，他们既不方便在楼房中存放农具，亦缺乏农作物收割的工具和晾晒的场地，但是土地无疑都还是新型社区最为重要的资源之一。这种重要性不在土地的生产价值上，也不是传统的农民思维在影响，而是因为土地特有的预期价值使得新型社区的居民倍加珍惜土地的长期使用权。这种状态使许多已经转化为居委会的社区高度珍惜自己的集体土地。

　　但是如果基层政府较多地涉入了社区自治的制度规划，社区自治组织的职能结构就会发生形式上的明显改变。与D社区同在一个镇的Q社区，其基本职能结构与D社区非常近似，但是在此之外增加了一些戒毒办公室、

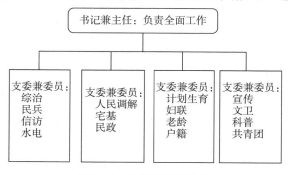

图3-1　Z社区组织结构

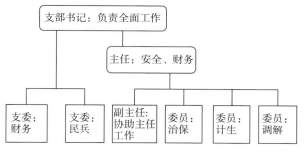

图 3 - 2 D 社区组织结构

乡村文明行动办公室、人口学校等叠加的职能和次级组织。叠加的职能和次级组织还包括各种服务中心和网格化管理片区的负责人等。从实质上看，社区的基本职能并没有发生明显的变化，流行的网格化管理也只是在原来的职能上增加了新的名称，所谓的网格组长一般还是村/居的负责人，网格化的片区负责人还是原来村/居下的各小组（小队）的组长或队长，只是在形式上更时髦了一些。从一定意义上说，社区职能的发展还是遵从实际需求决定组织结构的基本规律。

三　社区自治均衡运行的实践——以 M 社区为例

社区自治是社区组织发展前提下的自治，社区自治发展的状态受到社区组织发展状态的显著影响。从行政层面讲，我国的行政村与城市社区皆是最低一级的行政区，但是行政组织的配备在行政村与城市社区层面却一直是个空白。这一点与基层行政单位同为村的印度、日本等国家明显不同。我国对居委会与村委会的定位是自治组织，而不是政府行政组织。这种定位包含的另一个含义是，在我国自治组织与政府组织是两种性质的组织类型，在人员产生方式、工资福利、工作形式与工作配置上都有所不同。

正因为如此，近年来，我国社区自治的运行机制一直处于调整修订期，并试图找到一条适合我国国情与本地特色的发展道路。纵观近 30 年的社区建设历程，其发展轨迹明显地表现出社区服务逐步趋强的态势，而服务的规划、供给几乎完全是在政府的主导下完成的，而社区服务主导下的社区治理更易走向行政化而非社区自治。

2017 年 10 月 18 日至 24 日，中国共产党第十九次全国代表大会在北京召开，这次会议首次提出了我国社会主要社会矛盾已经发生转型的问题。党的十九大指出，我国社会的主要矛盾已不是人民群众日益增长的物质文化需求与落后的社会生产之间的矛盾，而是人民日益增长的美好生活需要和不平衡不充分的发展之间的矛盾。所谓的美好生活也就是对"民主、法治、公平、正义、安全、环境等社会其他方面提出了更高要求"。这种要求既表现为宏观的国家治理层面的均衡发展需求，亦表现为微观上对社区治理均衡的要求。具体而言，社区层面的主要矛盾可解释为社区居民对民主、公平、法治、安全等美好生活的向往与当前社区治理体系发展的不均衡、不充分之间的矛盾。

在我国，社区自治与社区治理皆是在 20 世纪末 21 世纪初引起学界高度关注的，相比而言社区治理更得学界青睐，究其原因主要与世界范围内学术研究的流行趋势及各地社区改革的实践推动有关。在 21 世纪初出现的有关社区治理的典型模式，如上海模式、盐田模式、沈阳模式、江汉模式等，其实践的重点皆在如何理清政府与社区的关系，但是在政府与社区的关系重新划定之后社区自治的实践到底如何，却不甚清晰。不管是从理论还是从实践角度看，多元参与方的独立和自决都是社区治理得以健康发展的基本前提，即社区自治是社区治理的前提之一。当下，我国各地在社区治理上虽屡有创新举措，但社区自治的主体独立性，即社区组织的行政性倾向，仍是一个没有解决的问题（孙玉刚，2011：52）。

笔者以为，上述问题的存在与实践的演进有关，但更重要的成因是学界与实践界对社区自治的运行应该如何铺陈并不明了，这种认知状态间接导致了社区在自治过程中被异化为行政的附属或市场的附属，沈关宝先生将其称为"体系对日常生活世界的殖民化"（沈关宝，2000：15～18），而其自治组织则演化为"准行政组织"或"准市场组织"。当下，党的十九大对我国社会主要矛盾转变的认知，对于我们厘清社区自治的目标有非常良好的引导性价值：作为国家社会治理机制的重要组成部分，社区自治亦是谋求社区均衡发展的重要实现路径，非均衡的发展务必要为均衡的发展所取代，唯其如此，居民对美好社区生活的向往和追求方能实现。

在实践中，社区自治的均衡发展是如何实现的？以笔者的调查经验看，越是看起来简单的治理道路，越是容易在现实中被忽视，这种忽视并不是因为社区不了解这些简单的道理是如何形成的，而是因为社区不知道这些简单的构成是如何建构成有序体系的。

在基层实践中，并不缺乏有思想的社区组织者，但是在系统层面上使地理层面的"小区"建成社会层面的"社区"的新型社区并不多见，而 M 社区是其中之一。

与笔者调查的其他社区相比，M 社区在集体资源及历史积累上并无特别的优势，甚至可以说上届两委的治理不良带来的治理难题在相当长一段时间里影响着社区治理的有序发展，但是在搬迁之后，经过重组的社区两委对社区治理的各类要素进行了综合性梳理，使经济的、物理的、社会的、文化的资源各归其所，现在社区自治的效果已初步显现。

在我国的社区自治实践中，并不乏对自治体系的全面认识，经济是基础、制度是保障、文化是纽带的认知甚至很难激起共鸣的浪花。因为它们太基础了，太简单了，甚至有些不屑被提及的意思在里边。但是这些自治的要素是如何在基层建构成为体系的？社区这一微型单元应如何解读这些要素？这些要素是最微小的分割单位了吗？笔者以为不尽然，M 社区的实践就是在重新分割这些要素的基础上，再生重建出了一个新的体系。

1. 经济自治、制度自治与文化自治的共生

（1）经济自治

经济自治是指在治理过程中，社区能够在整合社区内外各类资源的基础上，依靠自身的力量保持经济总量的提升并能独立决定各类经济资源的使用途径与使用范围。与同一区域其他发展较好的社区相比，M 社区的突出特点就是土地资源较少而社会资源相对丰富。在 20 世纪中后期 M 社区的集体土地陆续被各级政府征用，现在全社区只有 300 余亩的集体土地，且多数位于街道行政区的边角地带，商业价值较低。为解决社区经济发展问题，拆迁后的社区两委有意识、有规划地对社区自有资源进行了价值再评估，以极强的市场化思维重新激活了部分社区集体资源的潜在价值。具体表现在以下方面。

第一，明确社区自有集体资产的利益边界，并针对外部使用者收费。

作为城郊存在的新型社区，其集体资产的边界虽然是相对清晰的，但是边界收益权一直处于相对模糊的状态，以集体资产铺设的社区内及社区周边道路为例，许多社区周边的道路虽然是社区全资或部分出资修建的，

但是在使用上却外溢为社会共有，这种状态在当下的二元化城乡基础设施投资体系下是不公平的，是对社区利益的侵犯。M 社区两委敏锐地意识到了这个问题并有意识地通过协商的方式维护社区的集体利益。

在 M 社区外围有一条社区修建的混凝土公路 R 路，路头上有一家生产性企业，这一家企业生产所需的原材料及产品的运输皆依赖于 R 路。由于企业的日运输量较大，R 路损毁严重，影响了 M 社区居民的使用，很多居民对此表示不满。这一状况被 M 社区两委界定为企业对社区利益的侵害，并经过数次上门协商，最后以合同方式确定了道路使用年费。

由于 M 社区所在地为街道中心区域，部分企业所建办公楼、生产设施及其附属产品对社区的集体利益产生损害的，社区都在积极寻求解决路径，以挽回社区的利益。

> 你想外贸盖这个楼，给你遮阴了、遮太阳了就是，遮着咱那小麦不长了，（楼）超高了，超高没留出那地来，一共二亩多地，去找人家了，赔偿了二十万元（实际赔偿 19 万元）。（M 社区村民付大爷）

在社区与外贸部门签的合同上，明文约定外贸大楼因遮阴 2 亩 3 分地，一次性赔偿 M 社区 19 万元人民币。但是这 19 万元的合同也不是轻松拿到的，根据村民介绍，当时社区数次找外贸部商量赔偿的事，双方的冲突几乎就到爆发的边缘了。但是外贸大楼的确是给村里的土地收成造成了一定的损害，社区认为造成损害就应该赔偿，最终双方达成了协议，社区获得了应得的赔偿。M 社区的集体行动最后为社区带来了 19 万元的赔偿金。

第二，明确社区集体资产的产权属性及内容，根据产权内容及市场交易价格维护社区的集体利益。

在市场面前，刚刚从农村社区脱胎而来的新型社区可谓是"小学生"，很多势力强劲的市场型组织都把村/居两委看作"容易对付的新手"。而拆迁后，M 社区的两委却在与市场型组织的谈判中完全处于主动地位，他们对自身资产的所有权属性及其内容有更为清晰的认识，对市场的把握也非常到位，从而赢得了新的租金收益。

M 社区加油站租赁合同的签订就是一个很好的例子。在拆迁前，社区将 1 亩多的土地出租给加油站，租期 20 年，租金每年 2 万元。社区拆迁后，经过改组的两委对社区这项资产进行了再评估，认定社区加油站的冠名权、土地所有权、使用权等皆归村集体，根据市场价格，加油站的租金应该在 50 万 ~ 60 万元。

> 原先咱村里有个加油站，一年他给两万块钱的租赁费，有一亩多地，等他（刘书记）上来正好快到届了，因为 20 年到期再涨，他（刘书记）就和他（加油站）定了，再涨这俩钱儿是不行了，一年两万（元）这个租赁费，那个加油站，就加油的那个……叫他（加油站）一年交 50 万（元），这大差多少，就成倍地往上翻啊。不光这个，因为地基是我们村的，你这个打出牌子也得是 M 社区加油站，还得一切地上附属物都归社区，你不干了你这地上的东西就别想弄了。（M 社区村民付大爷）

笔者在 M 社区档案中看到了这份跟加油站签的合同，还有几份格式一样的合同，只是租金数不同，几份合同皆是当时双方谈判时讨价还价的依据。同样的情况还表现在社区存档的集体店铺出租等合同上。

第三，整合社区社会资源，发展富有时代特色的服务型产业。

新型社区最为充足的资源不是土地，不是集体性的工业企业，而是社区内未发生转移的劳动力，充分利用这部分劳动力方能为社区未来的发展注入持久的动力。在社区现有人力、物力资源的基础上开发新的服务性产业，为本社区及周边社区提供地方性服务，收取服务费。

在笔者调查的大部分社区都成立了物业服务队等，但是 M 社区则是建立的独立运营的物业服务公司，公司的人力全部来自本社区，同时社区物业还对外提供服务，不仅提供物业服务，还提供道路维护等相关服务，为社区居民就业和社区经济收入创造了新的机会。

> 就说目前作为我们来说，地都城镇化了，机关啊、政府啊都把这个地征没了，闲散老百姓也比较多，这部分闲散老百姓都没有什么生活保障，他们没有退休金，像我这种人干一天就有钱，不干就一分钱没有，这样考虑，咱成立个物业队伍还能安排一部分人……成立物业公司一开始的初衷就是安排村里的剩余劳力，因为年轻人都出去打工

了，像 50 多、60 多（岁）的人，他们身体都蛮好啊，大部分还都有手艺，这部分人在家吧都没地了。（M 社区物业公司胡经理）

社区经济自治并不是一件容易的事情，对新型社区而言更是如此，M社区虽然创建了自己的物业服务公司，但是公司的经营内容与经营收益并不能支撑公司的发展，其主要的职能还是服务社区，减少社区的对外支出。在社区发展的过程中，社区的经济自治是社区获得其他发展的基础，M 社区之所以能够在市场的夹缝中不断发现自身产权及资源的边界与经济独立的强烈要求有着密切的关系。

（2）制度自治

制度自治的提法容易使人产生某种程度的误读，认为在社区层面制度自治有理论拔高的嫌疑，实则不然。从理论界对制度概念的认知看，制度一词早已突破正式约定的法律、规章的范畴，现实社会生活中对人们的行为能够产生现实约束的规范皆可被称为制度。就社区而言，制度自治是比经济自治更为高阶的自治范畴，其标志着社区进入了自我意识觉醒进而达至了自我规范化的阶段。作为拆迁安置的新型社区，M 社区面对的不仅是空间的转型，更是人际互动的重新组合和文化认知的重新建构，这些都为新的制度建构提供了契机，而两委重组则为制度再建构的推进创造了良好的组织条件。M 社区的制度自治主要表现在以下三个方面。

第一，行政管理制度自治的建构。在村庄发展时代，M 社区没有成型的行政管理制度，社区事务的管理既缺乏组织运行的规范性约束，即组织行为缺乏预期性，又缺乏制度执行的监督机制，规章流于形式；在社区时代，M 社区建立了晨会制、档案制及即时反馈机制。晨会制即周一至周六每天早上八点两委成员及物业主要负责人在会议室集合，总结讨论已处理的、正在处理的、将要处理的社区公共事务；档案制主要用于记录社区公务性会议及晨会讨论各项事务，记录内容及结论由所有参会人确认后签名，以备后续查询；即时反馈机制则以社区两委及物业服务公司主要成员为网络成员，所有成员配备随身传呼机，社区公务即时反馈给每一位网络成员，以便及时解决。

原先领导一些大事小事他不让你知道，都不让一般人知道，像村委还有那支部，就主要领导知道就行了。现在他（现任书记）不行，大事小事你都得知道，谁不知道也不行，每天早上他（书记）就坐在那个地方，每天早晨开会，必须大事小事，有工作汇报工作，没有工作你今天要干啥，每天这样。（M 社区居民付大爷）

在笔者调查期间，社区两委办公室的即时反馈机制一直都在忙碌状态，社区发生的事皆通过这一通信网络告知所有两委委员及物业服务公司工作人员。

第二，规范严格的财务制度。在"乡政村治"基本框架下，村/居集体资金皆由街道或镇代管，村/居收入直接进入其在街道或镇的集体账户，支出则按相关程序到相应的财务代管部门报销。即便如此，村/居财务管理仍存在较多的虚报现象。M 社区建成以后，社区采取了"宽进严出"的财务制度，即社区所有收入一律进入社区的集体账户，深度沉掘社区一切潜在经济资源，充实社区集体账户资金；同时，严格限制支出，一切吃请、两委福利全部取消，文字材料打印等一律不得外包，社区村务监督委员会不认可所有形式的宴请及打印发票，社区对财务监督审核发票的过程进行全程录像，并接受村民监督。

> 开会吧，是村里有重大开支，说先召集我们（开会），看下这个开支合理不合理，对不对，花钱多和少。民主理财小组通过了，还得经过村民代表会议、全体党员再通过。每次都是这样，每次都是按照这个顺序来……通过大家伙议论，通过了，才花这些钱，而且是都签了字（才花）……都得签上名字，因为空口无凭啊，必须得签名字。而且是村里每次开会，不仅讨论，而且开会的整个过程都录下像来。村里有两个专门录像的。自始至终，开会自始至终都录下像来，作为历史的一个证据。真是按照步骤来的，不舍得花一分钱，每次花钱都特别慎重……我（们）在民主理财，一个月一次民主理财（会），理那些单子，盖了章，我们五个都得过目了，就没有吃喝，吃喝风一下子刹住了。原先那个民主理财就挂着这么个名字，现在的民主理财，它真的起了作用了。（M 社区村务监督委员会刘委员）

我们这里的人不怎么会用电脑，打字很慢，但是村里有规定，所

有材料都要自己打出来，不能到外边去花钱打印。(M社区胡副书记)

第三，两委固定工资制与助理人员聘任制。两委固定工资制，主要为解决两委成员在政府工作补贴以外的工作补贴问题，尝试化解两委向社区资产"伸手"的惯有问题。在农业税时代，村两委的工作补贴由村提留解决，在农业税取消之后，村两委的工作补贴则由镇、街道解决一部分，其他的则没有明文规定。但是这个补贴的额度非常有限，以M社区为例，街道每个月给两委的补贴分为三档：书记一档，主任一档，其他委员一档；书记每月630元，主任每月540元，委员每月430元。按照济南市的最低工资标准，ZY街道属于工资标准第二档区域，每月最低为1550元。结合社区工作的实际情况，经社区居民代表大会讨论，社区两委除了获得街道工作补贴外，书记、主任每月获得社区工作补贴1900元，其他委员每月1700元。在这个补贴之外，社区不再为两委成员发放任何其他形式的补贴和福利。聘任制则主要为了解决社区两委人员较少而社区公共事务较多的问题。社区聘任人员主要分为两类：一类是协助社区两委处理政府来文、来事及居民来电、来访等相关事项。聘任来源为往届村主任或小组组长，他们对村/居情况比较了解，能够在较大程度上解决社区细碎的日常性事务，其工作方式为坐班制，人员数为2人；另一类则是以物业公司为主体的社区综合服务部人员，这部分人亦全部来自本社区居民，综合服务部负责社区公共安全、公共卫生、社区集体土地耕种及收割、社区有机蔬菜基地管理及果品发放、社区公共设施修建及维护等，人数为11人，其工资在1300~2500元，由社区财务支付。

以前每年节日村里干部都发福利，过年过节更是了不得。这不(现在)八月十五什么的都不买，一点私利都没得。(M社区村务监督委员会刘委员)

最近山东省正在酝酿提高社区两委工资待遇，在当前的工资水平下，社区两委的后继问题已经开始呈现，两委补贴的提高是保障两委规范化活动的制度基础之一。

当地社区自治制度一经建立，在M社区就得到严格执行。执行过程不仅是制度落实的问题，也是社区民风建设的问题。

> 你看那开车的，你（自己去）加油不行，来，会计跟着，不能让他自己加油的……买东西会计得跟着（这是以前）。底下那物业上的那保管，就是锨、锄、蹶在那仓库里放着，你自己开门就拿，这不行，保管干啥的？你不给人开、叫他自己拿能行吗？这都是些制度，村里这一套（规定）挺严。（M社区居民付大爷）

> （我们）办一个学习班，无偿办学习班，不要本村里孩子的一分钱来办学习班，我们就是义务办学习班，也没有工资。……老年人都辛辛苦苦20天，我们最后办了一个书画展览，……这是结业的时候……结业完了吧，孩子们就走了，我们在书画室。他们上了年纪的都有喝酒的习惯，就想中午上饭店里喝点酒，……就觉得有成就感。……他们都推举我，找找书记，想叫村里（出钱）上饭店，哪怕是花200块钱呢……结果，我上楼上书记办公室，我和他说明了这个情况。他满脸笑容，非常同意我，但是从自己口袋里掏出500块钱来，我不拿吧，他自己掏钱让我们喝酒，俺这些人，这是个人的钱，不是公家的钱。我不拿，他给我个没脸，把钱往我口袋里放，我不拿，他不愿意，我跑不了，不要还不行，我就拿着那500块钱下去了。我拿着那500块钱下去，所有的人都不同意，都不同意拿他自己个人的钱喝酒，……（最后）我们去喝酒就是我们自己掏的钱。（M社区村务监督委员会刘委员）

（3）文化自治

文化维度的分析在很多时候会被学者合并到社会维度分析中，本节则是在文化维度下透视社会行为，从而将文化自治看作是社区能够在治理实践中树立起的适当的价值导向、身份认同机制及社区教育体系，其价值主要在于保障社区框架性制度的顺利运转。实践中，许多新型社区都学着城市社区的样子设置了不同的文化组织，如老年书画社、老年舞蹈队、读书会（社）、儿童书画班等，意在推进社区的整合，但效果非常有限。M社区对社区文化的重塑则基于对民风的重视，其具体措施如下。

第一，以领导行为示范，引导居民的自律与自尊。

实践中的社区建设往往简单而直白，没有理论分析的过度复杂性且能把传统不同阶段的"口号"加以整合，并达到社区内高度认同的程度。在基层治理中，模范的作用始终是不能忽视的重要制度参数，而社区中的领导模范则是其典型形态之一。M社区两委标榜的"为人民服务"口号并不是空洞的，还伴随着"当官不为民做主，不如回家卖红薯"的劝诫，在社区治理过程中，M社区两委严格遵循了区分公私差异、只为公不为私的组织文化原则。在具体的治理过程中，社区两委鼓励以具体事件讨论公共事务的处理原则和处理方式，但不鼓励社区组织无原则地满足各类居民的要求，主张以社区居民为主，政府、社区组织为辅，以公开讨论的方式解决社区内部争议，建构居民自然协商式民主下的价值共识，并使这种共识成为社区居民后续行为的软约束。

在调查中笔者能够感受到社区两委在社区民风建设上积极建构良好社区文化的基本价值导向。在社区办公楼，一楼门厅整面墙写的是毛体的"为人民服务"，两委办公室则悬挂着"当官不为民做主，不如回家卖红薯"的书法作品。在制度自治的基础上，社区打出的这两个"口号"，已不仅是号召，更是社区自治组织的文化导向。M社区在社区文化自治上做出的积极尝试就是对公民精神及社区意识的主动引导。在调查中笔者了解到这样一个事件。

我们村在路边上有块地。有一年风大，把树刮倒了，就砸到路边的玉米地里了，砸了玉米，这家人家就不愿意，就来我这儿找我，让我解决。我说这个怎么立即解决啊？这个到底是谁的？总得找到那个负责人才能解决，又不是村里的树。一来二去她就跟我吵起来，说我这点儿事都办不好，就不要干书记了，我说我也不想干了，她就说那我就别干了，我说那我就不干了，我辞职，她说好，我就真辞职了。我写了辞职信，然后开了一个党员扩大会议。我找了街道一个400人的大会议室，把街道的领导也都叫去了，当时村里的人呼啦啦去了一大群，还有带马扎去的。（不是扩大会议吗，怎么去了那么多人？）说的是一家一个，但不是还有拖家带口的吗。我就在会上把这个事情说了说，我说完我交了辞职报告就走了。当时街道的领导以为我只是开个玩笑，我说我不是开玩笑，我就是不想干了。他还说我闹大了，我就走了。他们在那里的人就开始埋怨、骂那个让我辞职的，大家都批评她。我想她也没有想到我真要辞职，她也就是说说气话，可我就是要这个效果，发动大家说理。后来我就回家不干了。（你真不干了？）不干了，在家里歇着。后来村里的人就去街道上访，说让我回来，后来又硬是将我从家里拉过来了。通过这个事，我就是让大家评理，我不说，大家自然会说。（M 社区刘书记）

实际上他（书记）就借着这个事（让大家如何对待社区事务有个讨论、形成共识），有一些别的事，当时那一些矛盾不知道，但是主要是因为这个事……当时的规模可是不小，可不小，因为全体村民签名，都是红纸，挺大，放在那桌上。要求镇里支持社区的工作，让他继续做我们的书记。（M 社区居民付大爷）

在这个事件中，社区居民对于书记辞职的事情，有清楚的认知，甚至部分居民也知道书记的做法很可能只是一个手段，但是他们对于事件发展的结果并非百分之百地确定。而现任书记领导下的社区两委通过制度形式建构起来的制度自治和社区福利，使社区居民对社区两委的支持进一步达到了相对稳定的状态。这种稳定的状态不仅表现在心理与言语支持上，更表现在行为支持上。从这个角度看，M 社区的自治实践是从原来就已经存在但没有激活的社会资本中生长出来的。

第二，实行社区利益平等共享机制，促进社区居民的身份认同。

社区利益共享的主要价值并不在于共享了什么，而在于平等地享有的过程，甚至有学者认为"公正"地享有社会资源是人类的生理需要，而不是后天习得的。在此，笔者更强调平等共享所带来的社会认同价值。在 M 社区，集体性公共支出除了用于发放两委及聘任人员的工资，皆用于社区福利发放和公共设施维护。凡社区合法居民（主要是指拥有社区户口且符合社区规范性约定的居民）皆按人头平等享有各类社区福利，包括自来水、物业服务、卫生服务、医疗保险、有机蔬菜等，可见"M 社区居民"的称呼已不仅代表个体的居住所在，更代表了一种团体的归属和社区的温情。

根据会计账户信息，2014 年 M 社区共为社区 1516 位居民缴纳了医疗保险，共计 121280 元。

　　　　总的来说不管分内分外，只要是老百姓需要的我们就去做、去干，再一个村里考虑属于 M 社区的，免收这个物业费、水费……这样我们物业既是一个单独的机构，又受村两委领导，就把村里的事全部都揽过来了。一些问题啊，领导就一些具体性的事找物业去，把烦琐的事都交给物业，耕地、锄割、浇水、吃水，有什么问题都是我们物业处理。（M 社区物业管理胡经理）

　　在笔者首次入社区调查的 2014 年秋冬季，M 社区的有机蔬菜基地还没有建成，只是有一个初步设想，而到 2016 年夏天，M 社区已经开始对本社区合法居民发放免费有机蔬菜，当下更是印制了以家庭为单位的蔬菜领取证，定量按家庭发放。免费蔬菜发放日成为社区定期的庆祝日。

　　第三，社区教育体系的建构。

　　在我国古代传统的社区治理中，社区教育一直都是社区团结的重要支撑性力量，甚至国家层面就有一套专事居民教育的体系，而社区则是在宗族及氏族的基础上细化了国家的教育体系，将家国理念与共同体理念整合在一起。现代社区建设则在很大程度上忽视了社区教育的价值，而 M 社区的社区教育在重拾传统教育的基础上进行了当代技术的再组合。M 社区的教育体系包含了两个方面的内容：其一为社区道德教育体系的建构，这一体系通过社区电子平台，不定期向社区居民推送优良道德行为的具体事例并配图说明，同时对破坏社区良好风气的行为提出批评和警示；其二为社区文化体育活动体系的建构，这一活动全部通过社区志愿者的志愿行为实现，社区只为之提供场地和相应的服务保障。

　　　　搬到这里来以后，（两委）在底下一楼（社区办公楼）给我们安排了一个房子，老年人中会写的、会画的给你一个房子，村里给你买笔、买纸、买墨，老年人来这里写、画，也在这里聊天，我们就成立了一个书画社。这个书画社今年夏季放暑假，俺那书记就跟我们老人讲："你们老年人每个人都会写、会画，这些学生跑出跑进的，家长还不放心，这里还有水库，还有河崖的，再出现危险（就不好了）。你们可以办一个学习班，无偿办学习班，不要本村里的孩子一分钱来

办学习班。"我们就是义务办学习班，也没有工资。（M 社区村务监督委员会刘委员）

在第二章中，笔者已对调查的几个社区进行了综合性评分，M 社区以 6 个项目排名第一、5 个项目排名第二的好评度优于于其他 4 个社区。这说明 M 社区的自治体系是有效的。

2. 三维共治的实践逻辑解读

自德国社会学家滕尼斯出版《共同体与社会》一书以来，学界对共同体或社区的讨论始终没有中断过。但是在西方语境中"Community"一词并没有包含"地域"的成分，而改革开放以来，当社区服务作为民政部推进基层社会服务发展的核心工作之时，社区在更一般的意义上是落到了村/居层面的。也正因为如此，我国的社区自治与社区治理很难在国际上找到类似的经验可以借鉴，各种近似理论的乱入也使得基层实践者在具体问题面前感叹理论指导的苍白。

在欧美各界，Community 的具体指向可以大到一个国家，小到一个居住邻里；而在谈到 Community Organization（社区组织）时，通常是指非营利性的、非政府性的组织，在特殊情况下也可能指营利性组织，特别是在公司伙伴关系的背景下。但是这些被称为社区组织的团体无论在何种情境下都不是一级行政单位的主体性组织。这些组织都有其特殊的、多元化经费来源，但是其主体职能是相对狭窄的，专业性非常突出。而我国的社区自治却与上述情况不同，在绝大多数情境下，国内学界的社区是指向最小的行政单位——村/居的，而社区组织则主要是指村/居两委及其附属性组织、业主委员会等居民组织。这个微型社区可谓"麻雀虽小，五脏俱全"，其需要处理的事务几乎涵盖社区内所有与公共利益相关的事项。在这种情况下，社区自治要发挥积极的作用，就需要像地方自治一样建构起各类自治的子领域，从价值建构到制度建构再到物质基础，节节相连而又互有勾连渗透。M 社区之所以能在自治上取得良好的成绩，就是因为它在各个自治的子领域取得了均衡的发展。

如图 3-3 M 社区自治逻辑所示，M 社区自治包含了经济自治、制度自治、文化自治三个维度的子领域，三个维度之间紧密相连，功能彼此交叉重叠，但并不完全覆盖。同时，在经济自治、制度自治、文化自治三个子领域下皆有三个或四个次属项目的支撑，除了经济自治的四个次属项目外，制度自治与文化自治的三个子属项目皆紧密相连，相互交叠但覆盖度较低。

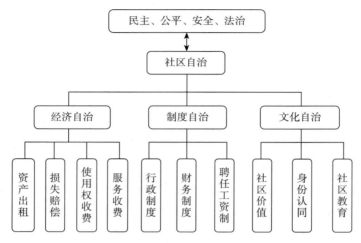

图 3 - 3 M 社区自治的逻辑

在子领域之间的逻辑关系上，经济自治是社区自治的物质基础，制度自治是社区自治的保障，而文化自治则是润滑剂。

从形式上看，社区经济自治主要解决的是社区发展的物质基础问题，但在实践逻辑上并不限于此。社区经济自治是指社区作为一个独立的经济单位，在有明确的集体性组织身份的情况下，追求自己的经济利益的过程，是一系列集体性互动展开的过程。在这一过程中需要社区不同利益分支的成员给予支持和协助，且要有合理、有效的组织领导基础以应对不同经济协商的谈判与决策。因此，良好的经济自治必须要有良好的制度自治与文化自治协同。如果没有合理的人事、财务、行政制度的配套，经济自治收支的透明、公正、有效则不能达成。同样，如果没有良好的社区文化支撑，在各利益主体的分歧面前，社区就不能达成一致的行动，从而破坏对外经济协商的成效。

制度自治作为社区各类集体行动的保障为社区的发展创造了相对稳定的行为预期，减少了各类行动之间的交易成本。这一制度在社区中确立的是公正、有效、民主的基本信念，使社区居民对社区组织的信任度逐步提升和稳固。信任的确立不仅使社区组织在对外的经济活动中充分得到居民的授权，而且在社区组织的其他活动中得到居民的理解。同时，社区行政制度与财务制度的创建亦为社区文化的健康发展树立了榜样，推动着社区普通居民共同利益信念的产生和发展。从根本上说制度本身就是一种文化的呈现模式，两者之间的关系可谓互为里表。

但是，社区文化自治的价值不仅是为社区制度自治的发展准备价值基础，其更为重要的角色是在社区共同利益形成的过程中，发现、纠正不同利益纷争的偏轨，发起集体性的争论以辨明是非，并在公私利益冲突中悍然守卫集体利益的更高价值。

经济自治、制度自治与文化自治形成了 M 社区自治的铁三角，这三角又通过其次属项目相互勾连、互相渗透与促进，共同构建了社区居民对民主、公平、法治、安全的社区生活的向往。当前，M 社区三维共治机制正处于结构化的过程中，这意味着，社区自治三维中的任何一维一旦受到外部或内部的冲击而发生改变，其他两维也会随之发生改变。三维的均衡、充分发展是保障社区居民追求民主、公平、法治、安全等基本价值的重要条件。

3. 三维共治的社会理论价值

M 社区的自治不仅在社区内部治理上构建起了社区如何追求民主、公平、法治、安全的基本架构，而且在解决一些外部性问题上提出了新的思路。

首先，在内部治理架构上，M 社区自治再次拷问了有关社区自治与地方自治的理论问题。当前理论界普遍认为社区自治不是地方自治，而是群众性自治（杜乘铭，201：30~34；崔智友，2001：129~140）。关于地方自治虽有学理上的争议，但是这种争议的焦点在于地方和中央如何分权才既有利于整体又有利于部分，说到底是权力如何划分的问题。而群众性自治是一个在法理和实践上相对模糊的概念。从国体上说，我国是工人阶级领导的、以工农联盟为基础的人民民主专政的社会主义国家，人民群众就是国家治理和社会治理的主体，而群众性自治组织显然不能等同于我国台湾的民间组织，亦不能等同于欧美的社区组织，笔者以为这里的"群众"可以等同于"人民"一词。同时，我国的社区自治是在一级行政单位的层面上展开的，社区具有明确的地理行政身份，社区自治组织的功能覆盖亦相对全面。鉴于此，笔者认为我们的社区自治实际上是一种准地方自治。M 社区的自治运行体系显然是一种近似的地方自治实践，其两委是由党员、居民选举产生，其制度自治、经济自治与文化自治则分别对应于地方政府政治、经济、文化功能，且 M 社区是在上述三维得到均衡发展的情况下，才取得了社区自治的良好成果。因此，在理论与实践上，将社区自治作为准地方自治规划或许是一种更加合理的制度设计。当前，将社区组织过分界定为社区服务供给者的角色，则错置了社区居民及社区组织在自治中的身份定位。社区居民作为社区治理的公民主体，不仅是社区公共服务的接受者，亦是社区公共服务与公共产品的决策者与供给者之一，社区自治中的文化自治是社区居民作为社区公民身份的体现，社区共享价值作为社区的公共产品是社区居民自发与自觉创造并践行的产品。在微观社区层面，忽视社区居民的公民身份对于社区制度自治的发展、经济自治的发展也是非常有害的。

其次，平衡发展的三维共治结构，使社区成为一个解决外部性问题的重要路径。平衡发展的三维共治结构使集体利益的指向更加清晰和明确，集体利益与个体利益的分歧在制度自治与文化自治的协调下得到较好的解决，在集体利益面前，集体组织就是全体居民的全权代理，制度自治体系的存在保障了集体行动的收益必然归于集体。如此，社区自治组织在集体产权收费与集体利益损失赔偿上能够完全根据理性计算的原则与其他社会组织展开谈判，促使其他社会组织的经济外部性得以内部化，从而保障清晰的产权收益。在我国的集体自治实践中，许多集体资产的价值不能得到保障，甚至任由外部力量侵害而听不到集体的声音，关键的问题并不在于集体资产的产权边界不甚清晰，而在于集体成员对集体资产收益分配的公正性产生了怀疑。在三维共治结构下，这种怀疑被降到了最低点，从而保障了社区对外部侵害与使用的高强度监督。也正是在这一意义上，社区成为解决经济外部性的重要路径之一。

范迪尔门在其名著《欧洲近代生活：村庄与城市》一书中提到："村庄里的劳动关系和生活关系越紧密，对生计的保障以及对村里经济的控制就越繁杂，传统的非官方的管理就越不充分。这样成文的制度就变得非常必要，当地的每个人都要受其制约，都会以此为依据给予每一个偏离规则的行为严厉的处罚。"（范迪尔门，2004：46）

在笔者的调查中，新型社区的劳动关系和生活关系比城市社区更为紧密，村/居对居民的保障需求更为强烈。但是在实际运行中，社区的制度建设还远远不能满足实际要求，即便是 M 村，这一各类制度建设比较健全的社区亦是如此。社区治理的正式制度在很大程度上仍然有赖于社区负责人的遵守情况。而社区的负责人并不是独立于社会外来组织的，这一情况，中西方的差异其实并不大。依照范迪尔门的说法，在欧洲的"一些地区，负责管理这些人员（村民）的是乡长或者村长，一个官员或者是地方长官。一般来说，他就是在这个村子里出生的，由邦君或者当局任命，至少领主享有确认他的权力。他承担了两种职责：面对领主，他必须维护村庄的利益；同时，作为领主的代理人，要在村子里行使行政职权。他的职务既涉及合作的利益也涉及领主的利益，决不能给村庄造成不利……类似谋杀、偷窃、纵火这类罪行的刑事审判权则只掌握在当权者的手中"（范迪尔门，2004：48）。虽然当时欧洲的那些村长们不是选举产生的，但在具体职责面向上与我们当下的情况有相似之处。

在内外各种因素的影响下，社区自治要得到均衡发展并不是一件容易的事情，虽然看起来是简单的，但是往往简单的东西最不容易做到。以笔者的调查来看，不均衡状态反而是一种更普遍的治理状态。

四　社区自治非均衡发展的一般现实

M 社区的自治实践是一种相对均衡发展的自治体系，在这一体系中，社区的经济自治、制度自治、文化自治皆得到了相对平衡的发展。但是这种发展状态在笔者调查的几个社区中并不多见，大多数社区皆存在自治制度发展不均衡的情况，这种不均衡不仅表现在三项子制度之间的发展不均衡，亦表现为子制度内部的发展不均衡。不均衡发展结果的成因是多元的，既有历史性的原因，亦是当下宏微观制度引导的结果。

（一）社区自治机制非均衡发展的表现

1. 重视经济发展，相对忽视制度自治和文化自治的价值

在新型社区自治的三个维度中，经济发展占据特别重要的地位，即便是像 M 社区这样发展较为均衡的社区，对经济发展的重视程度也是显而易见的。社区主要负责人，一般来说就是党支部书记，其主要责任之一就是发展社区的集体经济。当下，发展社区经济的重要性已成为学界和实践界的共识。由于新型社区往往拥有集体土地、集体房屋，甚至拥有部分集体

产业，这些产业的发展都是社区自治的重要支撑。在部分社区中，社区自治组织与社区集体经济是一套人马两副架子，主要工作就是发展集体经济，而其他各类社区自治的制度发展、文化自治的发展则相对形式化，对于这种发展状态，部分社区组织的成员已有所反思：

> 有时候，他抓经济抓得多，抓经济和抓思想不一样，他在这方面是不是一个问题。我那个时候主要抓人的思想问题，现在这个支书思想问题抓得差，所以管起来有难度。当然，可能我那个时候也不太一样。我当支部书记是 1976 年，那个时候和现在不一样，是特殊时期，那个时候对人的思想管理得比较好……现在主要是抓经济，貌似又走上了一个极端。现在的村民关系、干群关系不如那时，人们之间应该了解、应该沟通的时候，反而不理解，虽然有些意见属于误会，但是这种沟通时间比较少，这是一个比较大的问题。（Z 社区村务监督委员会刘委员）

如果说大部分社区是主观故意地片面强调经济发展而忽视制度建设与文化建设也是不客观的。与其说是忽视，倒不如说是没有发现正确的路径更为准确。在 Z 社区，社区亦花了很大力气加强社区文化建设，比如社区孝文化建设、社区老年公寓与社区戏台建设等，但是效果都不怎么理想。从社区发展的历史看，Z 社区与 M 社区在历史性资源上并无太大差异，甚至前者更为优越，但是，Z 社区的制度建设与文化建设并没有与经济建设同步且协调发展，这种不协调的状态直接导致 Z 社区内聚力不够。

2. 重视选举、财务制度的形式，而忽视监督制度的落实

在党支部及村/居委员会的选举及财务制度建设上，新型社区的发展尤其受到各级地方政府的重视。选举前后，各级政府皆投入极大的精力指导、协调各村/居的选举工作，特别是街道、镇一级，选举前后，最重要的工作就是保障选举的顺利进行。近年来，随着社区集体资产的累积和升值，社区财务制度的建设也逐步完善，社区进项需要全部纳入街道、镇统一管理的村/居账户。村/居预算以借款的方式从街道、镇统一账户上提取，而具体花销则要经过社区财务监督委员会、社区书记、管理区或片区

书记、包村领导等层层审批，方能冲账。即便如此，在选举上，能够保障选举公正、廉洁、透明进行的仍然不是选举及配套的监督制度本身，而是社区是否稳步发展，社区是否形成了稳定的人选预期。在财务制度上，虽然各类正式制度的发展已经几无空白可挑，但是新型社区的财务监督最大的依仗仍然是社区第一负责人的态度和执行能力。

从形式上看，社区并不是一个严格规范的正式组织，即便是社区自治的两大主导性组织亦是如此。在组织职能结构与组织目标设定上存在很大的模糊性，这种模糊性一方面表现在社区组织职能表述的抽象性上，另一方面表现在社区组织各职能部门之间分工的模糊性上。这些特点皆说明社区自治的组织核心在经历了二三十年的发展之后，仍然没有找到合适的组织定位和组织运行的可行机制。

3. 重视表层文化自治的结果，而忽视深层文化纽带的价值

Community 一词，在其西方语境上更侧重的是一种文化层面的存在，是身份的一种确认以及由此产生的一种互助情怀。虽然我国对 Community 一词的解释性翻译是"社区"，增加了"区"的内涵，但是其重点仍是在"社"字上。根据词源的解释，"社"在古代指土地神和祭祀土地神的地方、日子以及祭礼。作为一种在数量上占据最高地位的地方神，土地神掌管着乡间一切的琐事，而祭拜行为则往往具有明显的区域与宗族色彩，表达了参与者对既定地方身份的认同及区域性或宗族普适价值的认可。因此，"社"本身包含了强烈的价值认同和身份认同的意涵。但是吴文藻、费孝通先生所谓的"社区"并不是我们今天学术研究所普遍指向的社区——"村/居"。今天的社区研究更像是村社研究，虽然保存了社会学先辈的概念，但是内涵和外延都发生了变化，特别是外延方面更是明显。就费孝通先生所谓的"社区研究"而言，我们今天的"社区研究"明显是缩小了范围的，因此，研究社区的社会结构也成为一个更加不易把握的问题。但是，从社区文化角度来说，这个问题并没有发生明显的变化，对农村社区和新型社区而言更是如此。

在新型社区的建设中，文化建设亦是社区建设的重要内容之一。各个社区皆有文教的职责，绝大部分社区都有特设的图书室，部分社区还特别规划了孝文化、服务文化、老年戏台等，这些努力皆是试图借社区文化平台的建设提升社区的凝聚力。从形式上看，这些文化平台在一定

程度上促进了"社区文明"的发展，但是其并没有抓住社区文化建设的根本，从而导致这些活动的可持续性受到明显的影响，社区文化建设亦发展为阶段性的"运动"式活动，对于促进社区的凝聚力并未发挥更加深入的作用。

(二) 社区自治机制非均衡发展的成因

1. 经济发展的阶段性特点是造成社区自治非均衡发展的最重要原因

与城市社区相比，新型社区的经济因素更加突出，基层政府对新型社区的投入也与城市社区存在一定的差异，加之，社区部分公共问题仍高度依赖于自治组织，自治的经济发展需求表现得就更加强烈。课题组在调查中发现，能够解决社区经济问题的社区往往被地方政府认定为建设良好的社区，而不能解决经济问题的社区则被地方政府认为是建设不良的社区。从一般情况看，这种认定有一定的合理性，在地方政府财力不够充裕的情况下，地方能够投入社区的资源远不能满足社区发展的实际需要，经济良好的社区独立解决问题的能力较强，在一般性公共产品与公共服务的供给上，社区能够独立解决很大一部分，从而提升地方社区建设的整体效益。在社区与地方政府的协作中，社区多做一点，政府就能少做一点，在这种情况下，政府更愿意把更优质的资源投入到这些有一定经济基础的社区，从而较易形成模范社区、文明社区的样板。

从社区治理的现实需要看，新型社区的发展尚处于满足基本公共需求的阶段，而解决这个需求问题的最重要的路径就是发展社区经济，经济总量提升了，社区才有能力解决集体面临的问题，才能为社区居民提供更为完善的社会保障。课题组在调查中发现，那些经济条件相对较好的社区不仅能够为社区居民提供免费用水、免费卫生清理、代交医疗保险等，还能为社区居民提供各类就业机会。与此形成对比的是，当社区集体经济成为社区发展的明显短板时，社区不仅不能为居民提供各种福利，还需要居民为社区的建设与发展提供各类支持。如果居民生活在后一类社区，就会明显感觉到新型社区的居住成本大幅提升，而生活便利度的提升与成本付出相比，成本收益明显偏低，还会在横向对比中产生明显的失落感，甚至因心理失衡对社区建设产生强烈的不满。所以，社区居民、地方政府都希望社区能够充分调动各种资源，优先发展社区集体经济。

2. 引进文化与本土文化的融合不够，导致选举与财务监督制度无法得到有力执行

民主、自由、选举、监督皆是西方文化的典型代表，其制度背后的广义文化与制度是契合的，但是在引入我国的过程中出现了程度不同的水土不服。从时间上看，民主、选举等制度引入中国不过 200 余年的历史，在中华人民共和国建立之前，虽有地方自治之倡导，但是基层自治的因子从未真正得到制度的普遍保障。从这个意义上看，我国基层社会的村民自治与居民自治在绝大多数地方都是从头摸索，虽然人民当家做主的国家制度在 1949 年新中国建立之时就已确立，但是其更强烈的意义是在国家层面的。本土文化存在最为深厚的土壤是基层社会，典型表现形式则是基层农村。在传统的制度外衣在国家建设过程中逐步被淘汰之后，制度生长的土壤并未消失，思维习惯与行为习惯在人们的言谈举止、子女教育、社会互动中得到片段式的传承。当这种传承与外来的制度相遇时，外来的制度往往以形式的方式存续，却在执行上被改装甚至被改变。

新型社区居民多为原村村民迁居而来，村/居的继承关系非常明显，本村人的利益连接是建立在身份之上的，这种利益连接更进一步强化了传统的血缘、地缘关系对制度的影响。村庄原来的血缘关系、地缘性类血缘关系、地缘关系等都近乎完整地保存下来。人们之间的利益关系不仅被期待，还会在期待未达成时引发不必要的人际紧张甚至发展为组织紧张。而人际紧张和组织紧张都是传统的文化土壤所不喜欢的，村/居中的个体在这种紧张中会感到不自在，即便是正式的制度约定已有明确的表示。正是因为如此，我们经常会看到，村/居选举中家族势力对选举的影响，村/居组织财务不清被普遍忽视等现象也发生在新型社区的管理实践中。

从制度环节上看，社区以外的力量对社区的选举、财政制度是有明确的引导、监督权的。实践中，社区以外，特别是政府组织对社区的影响是非常明显的。但是，地方政府、基层政府并不能完全切入社区治理过程的全部细节，社区作为自治组织的身份在更基本的层面上调整着政府和社区之间的关系。而且从制度发展的渐进性上看，政府介入的适度才是社区自治逐步发现自治之路的最优之路，虽然在这个过程中会有曲折、痛苦和高昂的成本，但成本正是学习的最基本条件。

3. 文化活动的碎片化与功利化是社区表层文化与深层文化分离的根源

社区本是拥有共同的情感归属、身份认同与认知近似的人组成的群体，虽然新近因为现代信息技术的发展亦形成了一些由"陌生人"组成的网络社区，而这些社区更强烈地表现了具有共同的认知所具有的持久价值。我国在社区建设的过程中，对社区文化的重视可谓一直在线的，但是对社区文化的指导一直站在更高的层面上，而很少将每一个社区作为一个独立的单元加以特殊对待。从形式上看，即使社区文化是从上到下、统一推进的，各个社区也要找到自己的所谓特色。其实，社区文化并不需要特别显眼的特色，而是需要将社区本身特殊化，即将社区看作一个独立的单元，使社区有机会、有资源、有空间建构自己的社区网络、认知体系，特别是身份认同。

但是在社区文化建设上，由于对文化认知的过分功利化，社区组织更喜欢找那些看得见的、听得见的文化形式进行宣传，甚至对传统的文化形态进行改造，不可谓不用心。但众多的文化建设尝试多是碎片化的，这些文化形态没有跟经济发展形态、制度发展形态契合。比如孝文化，"孝"本是我国传统文化的重要组成部分，提倡"孝"有深厚的历史基础。但是"孝"不能单独拿出来，只靠宣传典型、进行说教只能半途而废，"孝"只有嵌入广泛的制度背景才能真正发挥作用，而这个制度背景的形成仅靠社区的力量是难以实现。

从社区与政府的关系来看，许多社区的文化建设亦只是响应政府的号召，打出自己文化建设的"牌"。打牌这种说法真是非常的生动，打牌者只需要把手上的牌打好就行，因为下一局跟本局之间几乎没有任何的联系。社区如果以打牌的心态来做社区文化，社区文化建设的投入反而会成为未来损害社区文化建设的历史记忆。

在社区建设的过程中，政府的介入正在形成一种两难的局面，一方面，政府如果不介入社区的发展，许多社区的惰性发展就会成为必然；另一方面；如果政府介入社区的发展，以当前的形势看，政府的介入往往是事务性的居多、指导性的次之，社区的发展可能会越来越失去自主性和主动性。

在当前的社区建设中，学习其他地区的典范，试图发展出具有普适性的社区建设模式是一种典型的误读。从理论上讲，社区发展的模式不能也不会是一致的；从实践上看，我国有沈阳模式、上海模式、江汉模式、青岛模式、盐田模式、舟山模式等。看起来，各种模式之间是存在明显差异的，但被明显忽略的是，这些模式皆是城市社区建设的模式，且皆在政府的大力指导下完成的，在更强烈的意义上是政府规划的社区发展模式。社区的实际运行机制如何？甚至从当前的文献中都不能窥见其细节。社区的建设与发展仍然任重而道远。

第三节　社区自治的重要决策者：社区领导

著名心理学家和行为科学家，期望理论的奠基人维克托·弗鲁姆（Victor H. Vroom）说，不管是地方家庭教师协会还是全美国的社会系统，其效能皆被认为依托于领导的质量。当下，随着新制度主义的兴起，制度的价值重新被发现，特别是在众多的后发国家中，制度发挥的空间也在日渐增多。"当然，制度变迁并不总是领导者开创精神的产物，它往往是具有竞争关系的行动者协商与讨价还价的结果，但是，领导者在新制度形塑过程中发挥的积极价值仍然使许多研究者将其定位于'制度的创造者'而加以分析。"（Remington，2010：22）就我国社区的地理边界及涉及的具体事务而言，这一微型机构的确无法与其他国家和地区的地方自治同日而语，但就领导的本质而言，社区领导在社区治理的基本制度创设与制度运行上几乎跨入了领导理论所讨论的所有维度。尤其是在基层制度建设尚处于框架期、转型期与磨合期的当下中国，社区领导的价值就更加明显。

就社区发展的实际情况而言，社区组织往往会把基层政府作为其领导机构，在谈及社区领导时，甚至部分社区自治组织的书记、主任也不承认他们本身的"领导地位"。但是就我国法律的基本设定及学术讨论的基本习惯看，社区领导应该在社区内部，就具体作用而言，则非社区党组织书记及社区自治组织主任莫属。本书后续的讨论就是在这个意义上展开的。

一般情况下，农村社区党组织往往以支部形式存在，比较大的社区也会建立党委，在党委下再建支部，但是绝大多数农村社区是以党支部的形式建立党组织的，其书记为支部书记。而社区自治组织的村/居委会主任则统一由居民选举产生。在此，我们将社区书记和社区主任统称为社区领导。

一 社区领导的基本定位

领导（Leader）一词所蕴含的具体内涵会因具体语境的差异而有所不同。最近几十年来，在领导力研究领域虽有大量的出版物，但是领导力仍然是一个令人难以捉摸的概念。据雷彻（Leitch）等人的结论，尽管政府和各类组织在领导力领域投入巨大，但是知识上的鸿沟依然因为综合性信息的缺乏而持续存在。正如斯德迪尔（Stogdill）所言，有多少人试图界定领导的概念，就有多少个有关领导的概念。根据施普林格全文数据库的统计，截至 2017 年 1 月 17 日，与领导力有关的出版物（包括杂志和书籍）就有 4333478 种。从学界可以提供的具体数据看，提供一个普适性的领导力或领导概念在实践上是行不通的，也是不必要的（Harrison，2018：3）。

不仅是领导及领导力的概念不甚统一，关于领导和管理有何区别的讨论也是仁者见仁、智者见智。但是比较幸运的是，在领导与管理的差异性问题上，一致的意见多于不一致的看法。总体上看，多数人都比较认可本尼斯（Bennis）和内纳斯（Nanus）的看法，管理是正确地做事，而领导是做正确的事。但是从发展的趋势看，领导者与管理者都应该积极学习对方的技能，即领导者应该学习管理的基本技术和方法，以有助于提高组织的效率，而管理者应该学习领导者的技能，以提高组织的效益。

对于社区而言，社区组织既不同于营利性组织，亦不同于非营利组织。对营利性组织而言，其组织目标明确而具体，绩效测量明白而直观；非营利组织则较少受到政府行为的影响，具有较为专一、明确的社会服务目标。从影响因素的分布维度看，社区组织生存环境的复杂程度明显偏高：既受到市场经济因素的影响，又受到政府行政、政治因素的影响，还受到居民社会、文化因素的影响。这种影响不仅辐射到组织的产生、组织的结构与职能，还渗透到组织行动的每一个细节。在如此复杂的环境下，社区组织的领导不可能像经典的领导认知那样只是偏重方向性的、精神层面的激励和人事层面的调整与动员，他们既要具备良好的政治、行政敏感性和方向性，又要具备市场观察的细致性、能动性，还要具有服务居民的奉献性和甘于被遗忘的平和性。概括而言，社区领导既是社区组织的领导者，又是社区经济、政治、社会运行的管理者，还是政府行政任务的执行者及各类公共服务的具体供给者。

在环境如此复杂、任务结构如此多元的情况下，社区组织能够调动的资源却非常有限，这种资源有效性不仅表现在人力资源、经济资源等显见的资源类型上，还表现在制度资源、组织资源、社会网络资源等隐形的资源类型上。从社区组织整体的人力资源、制度资源和组织资源的差异性上看，各新型社区之间的差异并不明显：社区自治组织的成员全部为社区村/居原住民，年龄结构以 50 ~ 65 岁的人口为主，教育结构以初中为主，认知结构偏保守；制度资源以基层党组织管理条例及村/居民委员会相关组织法为基本制度框架，财务管理以"村财镇管"为基本条框；组织运行的基本结构和运行规则明显地受到乡土文化的影响，组织资源相对分散。对社区发展产生明显影响的是社区的经济资源和社区领导者的社会网络资源以及与之发生明显关联的个体文化资本。社区的经济资源越丰富，社区越容易突破其他资源的限制获得更多的发展机会。社区领导者的社会网络资源、个体文化资本越丰富，社区越容易突破原来的认知局限而从外界引入新的资源。总之，社区要获得长足的发展，社区领导在社区的经济资源动员、个体的社会网络与文化资本持有量上必须具备一定的优势。

概括上述论点，社区领导需要的是服务型、魅力型、技术型领导的综合呈现。作为服务型的领导，社区领导有将服务放在第一位、为实现服务的首要目标而选择领导权的次要需求；作为魅力型领导，社区领导有研判未来形势、制定稳定制度、识人善任的能力并为人所信任；作为技术型领导，社区领导要有较强的执行能力，对投入产出有精确的计算能力。

二 社区领导的"前世今生"

虽然学界对社区内部权力的博弈始终保持着高度的热情，但有一点是不能否认的，即不管是从社区居民还是从基层政府的视角来说，选出（不管是民选还是选派）优秀的社区领导，使社区健康、有序、和谐的发展是绝大多数人的期望。

由于受到地方政府推荐、课题组调研需要等各方因素的影响，本次调研的几个社区多为当地发展较好的社区。即便是那些表现不是非常好的调研社区，其社区领导身上也表现出一些优秀社区领导的基本特征。

（一）社区领导的"前世"

新型社区的领导在制度上沿袭于新中国成立后大集体时代的村干部管

理模式，但集体时代的村干部并不是选举产生的，在管理范围上也明显不同于新型社区的社区领导。集体时代的村干部不仅高度集权管理着村庄的集体经济，还承担着高度的政治、思想统领职能。这些职能虽与当时的时代特征相符，但是作为一项历史遗产，在经历了40年的改革开放之后，依然对社区治理的现实产生着一定程度的影响。本书要讨论的社区领导的"前世"并不是指社区领导的制度前身，而是指社区领导者个体的前身份，即他们没有被选任或选举为社区领导之前的身份。

在课题组调查的山东数个社区中，社区领导特别是社区的党委书记，在来源上主要有三种：其一是国有、集体企业退休或转业人员及较为成功的私营企业主；其二是部队转业回乡人员；其三是普通村民。

在课题组调查的社区中，治理良好的社区往往有一位视野相对开阔的的领导，比如，有长时间的企业从业经历或者在部队接受过更加规范化的训练等。M社区的书记就有较长时间的国有大型企业工作的经历，D社区的书记则是从部队转业回村的，Z社区的书记兼主任在自有企业做经理多年才到村里的。

这些在部队或企业工作的经历对个体的影响不仅表现在视野上，还表现在具体的技术和方法上。M社区的刘书记就曾跟课题组调查人员讲到他在企业工作时的一个学习案例。

> 后来，单位上来了一个年轻的领导，他比我小，我不服他。我凭什么服他，比我小好多，看不惯。但是他很有头脑，就是他把（火）车上的多种经营挣来的钱养足球。那个时候火车上可不比现在，我们是跑长途的车，一跑就是两三天啊，卧铺上、硬座走廊里那些卖东西的，都是有任务的，比如马扎，一上火车就站着的人，一下子站两天能受得了吗？就（需要）买个马扎，每个车厢都有销售任务，你必须卖多少。挣来的钱就买足球训练的设备，把那个足球队弄得很像样子。（后来你就服气了吧？）我们都要跟人家学啊，可以用到我们村里的管理上来，你看，我现在就在使用这种方式，从其他地方弄来的钱，用来给村里办实事。（M社区刘书记）

从逻辑上看，特别是从市场经济个体利益最大化的基本假设看，从企业退出，特别是从私营企业退出，到社区工作是一种极度不合理性的行为。但是在调查中，我们却不止一次遇到这种"不合理性的社区领导"。

> 我起初是不愿意干这个的……真的，我不愿意干这个，我有自己的公司要做，做这个没有时间的……（但是）我知道什么事情应该做什么不能做……不行，后来就是愿不愿意都得干，咱是这个村的，每个人都爱自己的家，对不对？……我跟你说，你要做好村干部就要舍得投入，你不能想着从村里挣钱，你要往里贴钱才能把事情办好。（M社区刘书记）

> 我当时是搞企业的，我搞了一个锻轧工厂，当时就在路边上，搞了十来亩地的一个企业，干得挺好。后来镇里领导就找我说让我到村里来。后来老书记退了以后，我就干了这个支部书记……从干了副书记就不再干企业了，不能干了，原来的企业就给别人干了。（您原来在企业的时候收入肯定好一些啊。）是啊，那个时候收入很可观，那个时候，（20世纪）80年代万元户就很了不起了。但是当时让我进村，进村了，就这样吧，干企业实惠啊，挣钱多。现在就不能挣钱了，当然了，为人民服务也不能就不挣钱了，不挣钱也不行。现在就是要讲奉献，有奉献精神，你要是没有这种精神，没有这种想法你干不了。（Z社区张书记兼主任）

不仅是那些通过政府的选拔进入社区工作的社区领导会有"舍得"的问题，还有一些自愿进入社区工作的社区领导也会有"舍得"的问题。

> 这个体会很深，就是两点，一点是也有一点成就，在没进入这个村委会工作之前呢，在社会上虽然也是做生意，也是（在）各界（有）不少朋友，但是呢，从进入这个村委会工作以后呢，就体现得这个人生不一样，为村民服务也感到很好，也各方面就是说（很好），这是得。有失呢，就是进入村委会以后呢，家里这个批发部，头一年还行，到了第二年批发部做的这生意就已经跟不干一样了，2000年就说挣个十万、八万（元）很轻松，你从那个2002年以后生意就不干了，就不干了，这一块就不干了……（您的家人对您从事这个村委

的工作，态度是怎样的？）家里上来（开始的时候）不支持，原来是从来没有支持我干这个，都认为我找不着（北），……再一个当时呢，咱就是招投商，有自己的生意，就是这个事。这几年真是少挣了，保守地说少挣了得有七八十万块钱。（Q 社区赵副书记）

这里引发一个引人深思的问题，为什么在市场日渐渗透社会的当下，在农村或新型社区中，会有一些较为成功的小型私营企业主最终愿意到社区工作？哪些突发性的因素促成了这一转型的实现？为什么在城市社区中这种现象非常少见？与其他类型的社区领导相比，这些从部队、从企业转型到社区的领导对社区的建设与发展产生了何种影响？

受到多种因素的影响，课题组并未对社区领导的个人背景对社区发展的影响做深入的调查和研究，但是从有限的数据看，地方政府在选派社区领导时更加偏好那些有一定的企业经营管理经验的人。这种偏好的出发点或在很大程度上与政府对社区发展的期盼有关，或与基层政府和社区的接触点有关。要深入分析其关系还需要做更加深入的调查研究。

（二）社区领导的"今生"

社区虽小，但事务繁杂。社区领导在日常工作中要善于研判形势，对服务对象有清晰的认知，有能力调动社区的各类资源，要做好这些并非易事。新型社区虽然已经在形式上非常类似于城市社区，但是其居民的生活习惯、思维方式、生活方式、谋生手段等与城市居民还有明显的不同。而那些有一定"眼界"的社区领导，对于自己"领导"下的这个"半土半城"的环境亦有"无奈"的认知。在环境很"无奈"而经济回报极低的境况下，社区的领导对经济的把握、对规章制度的创建、对社区资源的调动、对社区未来的规划都在磕磕绊绊中逐步展开。

1. 对"老百姓"的认知

"老百姓"这一传统的称谓包含了众多复杂的意涵，它既不同于"服务对象"，也不同于法律规定的"社区的主人"。新型社区的许多负责人在谈到社区居民时都会选用这个词——老百姓。

在传统认知中，老百姓表达了更多的朴素色彩，甚至衣着的颜色也是灰色的，淳朴、善良、乐于助人是一面，愚昧、无知、盲从、无主见则是另一面。而今，老百姓的说法逐步被彩色化，简单、淳朴与愚昧、无知同时被淡化，多元、独立、权利、务实与自私、粗俗、自利并行。对于直接面对"老百姓"的社区领导而言，他们的认知则更加具有经验的色彩。

> 现在总体来说，总的来说这个老百姓的素质还是不行，素质还是不行，他理解不了国家的政策。对这些村干部、这些工作人员的苦心他理解不了。所以说吧他们，特别是现在，现在的社会，平时个人感情都很好，就是对待公家的这些事上他对立。（Q 社区赵副书记）

> 老百姓不太考虑你全村这个大局，他只考虑自己，我自己合适就行，我不管你什么社会关系，这种自私心和想法还是比较多的，所以农村要建立一种制度，当然制度是保证，很关键。按照章程办事。当然，老百姓大多数是好的，但是时间一长会出现一些问题。农村制度的关键就是选好干部，你要说到做到啊，你在老百姓中有了威信就能好了。这种年代，这种环境，受经济利益的驱动，对钱看得比较重一些。这种感情啊，这种关系啊，这种友情啊，逐步都淡化了。怎么淡化了呢？就是经济看得太重了些，人情就看薄了、看淡了，这个大环境就这样了。（Z 社区张书记兼主任）

> 村里的人，有的人还可以，但是还有很多人他就是没有素质，你怎么办？（M 社区刘书记）

调查中，许多社区的负责人都将我们的访谈称为"诉苦会"，这一点不仅出现在新型社区，在城市社区的调研中也存在同样的表述。从社区发展的具体现实看，社区发展的走势在很大程度上与社区领导的工作直接相关。社区工作中最大的激励并不是政府的认可，而是社区居民的认可，居民认可的最典型形式就是居民对社区组织、社区领导的信任与理解。但是随着我国社会的发展，社区内部群体的分化是发展的必然，利益的冲突在社区内部会有各种不同的表现形式，而很多的表现形式并不会诉诸政府相关部门，而是诉诸社区组织。而社区组织不仅没有法律上的裁断权，亦无行政上的执行权，说到底社区能做的就是协调。正是因为如此，居民的"素质"高低就成为社区领导工作是否顺利的关键所在。

2. 对经济的把握

社区对经济的偏重正随着社区的发展而逐步得到纠正，但是经济的基础性地位依然没有改变。在建制上许多新型社区都已经转为居委会，但在实际制度运行上，新型社区的许多公共投入仍然没有享受城市社区的基本待遇。这一点在李棉管（2014）在针对广东省的调研中亦有提及。

对经济的把握既有基础性的价值又有相对较高的风险。其原因在于：社区集体经济的发展不仅要有即时的经济效益，还要有细水长流的路径，社区领导不仅面临常规及年度的政府考核，还要面对三年一次的换届考验。如果一任社区领导真心要把社区建设好，职务的稳定是非常重要的，但是社区经济的发展却不是一朝一夕的事情。优秀的社区领导需要在上岗之前就已经做好了准备工作或者已经积累了相当的经验，经济决策的残酷之处恰恰在于"市场的直接可衡量性"——收入是直接而显见的。在实际工作中，虽然政府对社区的考核已经大大降低了地区生产总值考核的比例，甚至不考核地区生产总值，但是经济效益对社区居民福利的影响却是没有变化的。因此，社区的各类矛盾在很多时候表现为经济矛盾也是可以理解的。

在课题组调研的几个社区中，M 社区的领导是典型的"经济能力突破型"领导。访谈中许多社区访谈对象首先要提到的社区领导的贡献就是"经济贡献"。

> （加油站的租金）你说他和人家要多少，他就能了解这个市场，这个价格咋定的，他就能有这个数。当时他问我，他就说"你琢磨琢磨咱一年得问他要多少钱"。我这脑子觉得咱一年和他要 8 万（元），他两万块钱，再和他要 8 万（元），就多着 6 万（元）了，咱就觉得咱这个脑子挺往上的。他说他要的话可不行。我说"你打算和人要多少"，他说和人要 50 万（元），就一年交两万（元）的租赁费啊，他叫他一年交 50 万（元），这大差多少，就成倍地往上翻啊。不光这个，因为地基是我们村的，这个打出牌子来得是我们村的加油站，还得一切地上附属物都归我们（M 社区居民付大爷）

> 人家就是抓经济抓得太好了，说老百姓啊，最放心了。（M 社区村务监督委员会刘大爷）

其实咱说实在话，俺村里做得真是很好……相对而言，各方面，我们村领导对经济抓得很紧。（M 社区居民胡大爷）

虽然各个社区的情况会有一定程度的差异，但是经济上获得的突破往往成为社区领导在其他方面取得居民认可的基础性条件。在课题组调查的几个社区中，Z 社区的居民对社区领导的认可度也是非常高的，其社区领导在社区经济上的投入也非常大。Z 社区距离市中心较远，土地资源相对丰富，其集体经济的形态亦更贴近乡村，为了持续推动社区经济的发展，Z 社区张书记大力推动原村东部新工业园的建设，将原来村庄中、公路沿线的企业全部迁至工业园，同时，对原村拆迁区域重新深耕覆土，修建了农业生态园。由于农业生态园刚刚开始运转，但是村民已经开始享受其福利。

你说总体上老百姓满意就是好，咋样老百姓才能满意啊？得有一定的经济基础，老百姓得到实惠，他就说好；得不到实惠他就不说好，你下了力他也不说好……现在咱这村为什么说对咱这个支书比较拥护，威信这么高呢？（就因为）他办的这些实事。（Z 社区村务监督委员会刘委员）

3. 社区治理规章的创建与执行

作为细而微的社会单元，社区中的规章相对容易确立亦相对容易违反。社区领导与一般组织领导的差别往往表现在其领导与执行的高度统一上。在一般组织中，组织的层级会在一定程度上对领导者的具体行为起到"保护"的作用，因为组织的规章往往能在基层得到最大限度的执行，领导更多的时候是突发的监督而不是"奔赴一线"。但是在社区中却不同，规章的制定和执行、监督往往是一体的。这种结构在很大程度上考验着社区领导的判断力和执行力。

以课题组调查的两个社区为例，M 社区在社区各类测评的综合指数中明显高于 Q 社区，其社区治理制度的创建与执行亦与 Q 社区明显不同，而这种不同更明显地高度体现在社区"一把手"——社区书记身上。

在 M 社区，财务制度约定了吃喝接待一律不得使用公共资金，谁接待谁买单。这一约定不仅针对外来的参观、考察，也包括政府的来访、考核，还针对社区内部为了公私事务而产生的接待、吃喝行为。这个制度自街道选派的刘书记上任之时开始制定并执行。

> 自从这个书记上台之后，他抓这个特别清楚，他抓吃喝最厉害。他拿出自己的钱来，人家知道我们为村里做贡献了，但是人家宁愿拿出自己的钱来，也不破坏制度，叫人佩服就佩服在这里。（M 社区村务监督委员会刘委员）

> 我们村还有个很好的习惯，吃喝这一块开销一点没有，包括我们在内，别看义务，没有任何一场吃喝。你这说，像这中午，中午你搞完这个剪彩（书画培训结业）吧，得组织去吃饭吧？没有！都得自己解决……没有这个事情，俺们领导做得很好了，我们村领导啊，我们村这所有老百姓一千五六百口子人啊都很支持，给我们村节省多少钱，这一点啊饱受欢迎。从拆迁到现在，这一点很好，很深得人心。（M 社区居民胡先生）

而 Q 社区则表现出另外一番景象。Q 社区的书记是从大型国有煤矿退休的，企业管理的措施一直在规划引入社区管理，但是在执行上却一直得不到落实。

> 在这个考核的方式上，我们书记的本初，他的这个管理方法是很好，……（但是一直没有执行好，原因）在于我们这个书记的这个管理要求的力度，也不大。所以说有些事呢，他如果真瞪起眼来，把这个所有规章制度、考核的这个落到实际，那就好办了。实际上他规定的，你看通过这个党的群众路线教育，学习完了以后呢就落实整改。建章立制这一块呢，你看我们规定了一个是这一块（指着《农村基层干部廉洁履行职责若干规定》），就这一块（指着村两委及班子成员述职述廉和民主评议流程图），其中有一项规定就是，你看（指着《Q 社区劳动规章制度的暂行办法》）就规定一个"正常情况下，早会到点安排工作，正负十分钟，按规定时间晚到者一次罚款十块，现场交，早会后仍未到，扣除半天或者全天补助"。为了执行这一项呢，

你交十块钱你交给谁啊，我们弄了一个罚款箱，罚款箱也弄好了，迟到的还是迟到，不来的还是不来，但是一次也没执行过，所以说这个东西就空着搁那儿了。（Q 社区赵副书记）

社区管理需要民主，没有民主社区内的意见就得不到表达，但是民主并不是任性而为，社区领导的一项重要职责就是了解居民的真正需求，归纳民主表达的主旨意图，制定符合国法、民意的制度，并保障其得到实施。制度的制定是意图，更是对居民的承诺，这一承诺一旦做出，就会引发相应的公众期待与预期，如果不能保障制度的执行，公众的预期就会落空，落空的预期就会进一步演化为对领导者个人信任的怀疑。在基层实践中，社区领导的信任度对于其开展工作至关重要，其建立过程不宜，失去却相对容易。"廉生名，名生威"，实践中，那些得到居民信任的社区领导往往是在规章制度的建设与执行上保持了高度一致的人。

4. 对社区未来的规划

根据当前的法律设计，社区领导的任期以三年为一届，每过三年就需要选举一次。对很多社区领导来说，对未来的规划在执行上似乎是一个伪命题，虽然在政府的引导下，他们每过一段时间就需要做出一个阶段性的"承诺"，很多社区的领导对社区的未来并没有明确的规划，特别是那些换届频繁的社区更是如此。在调研中，课题组看到、听到的对未来的规划最为常见的是"在街道工委、办事处"或"镇党委与镇政府"指导下，继续推进上年的工作，完成社区建设的某某项目，将社区 60 岁及以上居民的补贴额从 60 元提高到 70 元……

这些承诺从形式上看，也是一种计划，更确切地说是一个个的目标、任务。社区有阶段性的目标和任务也是社区发展的必要条件，但是社区领导有无系统性的发展规划是社区间产生差异的重要原因之一。

在诸多成功领导的相关理论设定中，一个优秀的领导者要对未来有所设想、规划。思想的种子在很多时候比之具体的事情更为难得，关键是领导者是否在思考。

在笔者的调查中，对社区发展有计划、有思路的莫过于 M 社区的领导，这在一定程度上解释了 M 社区为什么能够在与其他社区的比较中脱颖而出。

在经济发展上，M 社区的领导对未来有明确的"规划"，虽然有些时候这些"规划"没有落到他们的"承诺书"上。与其他社区相比，M 社区的领导对于社区各类资源的把握更加精准，他们在详细规划社区中每一块土地、每一种资源、每一个机会的可利用价值，并积极规划、争取这种价值。社区就像一个努力求得市场发展的企业，而社区领导就是这个企业的眼睛，精确地扫描各种机会并充分利用。在调查的过程中，课题组曾经对社区组织的未来发展询问各个社区的领导，大部分被访者或者强调组织本身还是很有凝聚力的，或者强调组织内部的素质差异引发的矛盾和问题，而 M 社区的领导则不仅看到了问题，还对制度化选拔组成人员的路径有所考虑，虽然这些考虑在执行上还有一定的障碍，但对社区管理的专业化发展而言，亦是一条可以选择的路径。尤其可贵的是，M 社区在社区制度与文化建设上的层层推进，社区领导有计划、有步骤、有技术地解决社区制度与文化建设的一体化发展在课题组调查的社区中可谓少见。

社区发展的路不会太平坦，亦不会太曲折，毕竟社区细微如麻。但世界上绝大多数人皆生活于社区之中，虽然其身份认同程度不同。当下，新型社区的领导对于社区发展的重要性对实践界来说已毫无异议，其功效毫不逊于历史上任何一个时期村/居领袖的地位。只是，在更多的时候，社区居民及其领导并不真正地认可社区才是他们的家，建设好社区是社区领导的职务与职责所在。

在制度与领导之间谁重要的问题上，历史一会儿选择制度，一会儿选择领导。但即便是制度建设相对完备的企业组织，亦不能忽视其领导的选择，更何况我国社区的建设还没有完善的制度。正鉴于此，更需要深入细致的探讨社区领导的"前生今世"。

三　社区领导的后继问题

如果从 1986 年社区服务提出算起，社区建设已经在我国推行了 30 余年，社区发展的步伐从缓缓起步到快速推进再到日渐平缓，至今，社区已不再是一个陌生的词语。但是社区发展的框架仍然是骨感十足，这一点在农村社区、新型社区的发展中尤其明显。在欧美国家，城市越大，社区的感觉越淡，我国亦在步其后尘。新型社区作为城市与农村之间的过渡地带，凸显出不同于城市与乡村的特点，在城市与市镇中存在一个有着悠长历史的"村/居"何尝不是好事？

但是作为社区凝聚力量的推进器和黏合剂，社区领导的后继不容乐观。在这里笔者还需要重申一个问题，即社区领导与社区管理者的差异。虽然，本书在前文中已经简单阐释过领导与管理的不同，也同时表达了社区领导与社区管理工作的高度叠加，但是并没有深入分析另一个与此紧密相关的问题，即社区管理者与领导者的角色偏重的问题。在不同的社区中，社区领导者与管理者的角色偏重度是不同的。从大部分农村社区来看，社区组织负责人的角色更侧重于领导角色，而城市社区则与之相反，新型社区的具体情况要看社区发展的阶段。所谓的领导角色偏重是指在社区负责人的角色扮演上，自主独立决策社区事务的比重远高于执行政府任务的比重；而管理角色偏重则强调了社区作为政府的"下属"，执行性的管理社区事务的角色比重远高于社区自我决策产生的领导、管理行为的比重。在此，本书所言的社区领导后继不容乐观主要是针对前者而言的。

从社区工作人员的后继看，特别是从城市社区工作人员的后继看，社区管理并不缺乏后继之人，但是这个判断是建立在管理的基础上的。这种专业化的管理导源于政府的介入，在这种语境中，政府才是社区管理权真正的主导性来源。社区管理的主体及任务来源一旦成为政府，社区工作的具体人员就会进一步演化为政府的"下属人员"，并逐步以政府的视角思考问题。虽然作为政府的"下属人员"工作，服务于社区也未见得就是坏事情，但政府的触角若深入社会太深，社会的触角必会进一步退缩。像我国这样，历史上就缺乏社会独立的国度，在社会与国家的重叠中，将更难演化出社会的力量。这种退化不仅是从西方语境中的社会制约国家的视角看，即便是从我国特定的历史与长远发展的视角看，社会的退缩对国家和社会都不是一件好事，它意味着国民独立意识的退缩，意味着国民市民性的退缩，这种退缩一旦扩大，将进一步侵蚀宏观的国家治理。

社区领导后继的问题不是单一的政府干预的结果，政府对社区的干预是我国政权建设的一部分，这个过程不是我国独有的，世界范围皆是如此。社区领导后继问题在很大程度上是由我国经济转轨、社会转型引发的。据课题组调查的新型社区，主要责任人的年龄皆在60岁左右，社区中为民服务的主要是村庄时代的两委成员，年龄普遍偏老。访谈中很多社区领导都谈到做好社区工作的基本条件，其一就是要有奉献精神，其二要有牺牲精神。拥有相对较多自主权的社区，主要就是指农村社区和新型社区两种，这两类社区拥有较多自主权的代价就是较少依赖政府财政获取工资。多数新型社区的主要负责人从政府财政得到的补贴皆在每月1000元以下，这种收入，相对于其工作而言可以说是微不足道的。以一个普通的家庭为例，家庭主要劳动者的月收入如果在2000元以下，那么这个家庭基本上经济条件就是差的了。没有其他的收入作为主要收入来源的人，很难在社区主要负责人位置上做出成绩，这是现实的压力使然。

当下，不管是从城市社区还是从新型社区的发展现实来看，社区越来越成为社会弱势群体、边缘群体的辅助性组织，其主体服务对象日渐弱势化、边缘化。按照这种发展趋势，社区最后的归宿不是"家园"，而是"幼儿园"和"敬老院"。如果如此，社区自治的话题也就基本退出了历史的舞台，自治组织的领导问题也就不再是一个值得思考的问题了。

在农村社区90%以上的社区负责人是男性，在新型社区这种情况并未发生明显的变化，但是在城市社区这种情况却完全翻转了。在此，笔者无意挑战男女平权的问题，只是就现实做一肤浅的思考。以女性为绝对主体的城市社区建设在服务质量的提升上有明显的优势，但是在自治能力的发展上却有明显的劣势。如果新型社区的未来发展方向就是城市社区当前的一般管理模式，可以预见，社区自治中的领导角色比重会进一步走低，而管理角色比重则会逐步走高。

│第四章│
新型社区建设中的协作关系

第一节　协作及其在当代的发展

作为一种人类实践，协作（Cooperation or Collaboration）是伴随着人的产生而产生的。作为群体性动物，人与人、人群与人群之间的协作亘古有之，可以说，从经济到政治到社会，所有的人类行为都与协作有关。

一　协作的定义及相关要素

（一）协作的界定

2012 年的春天，约翰·C. 毛瑞斯等人举办了一个有关协作的学术研讨会，为了使概念更加清晰，组织者要求参加研讨的学者回顾 30 本杂志的有关协作的文献。这些文献从格林的研究成果到 2012 年新发表的文章，其中许多文献的选择皆是因为它们对协作问题的发展做出了积极的贡献。这项回顾的另一个目的是明确包含于每篇文章中对协作的界定性要素。令人遗憾的是，所涉文献中列出的被作者包含于协作行为中的要素竟然在 60 项之上，而且没有一个要素为 1/3 以上的文章所共同认可。与此同时，文献中也呈现对概念清晰界定必要性的疑问，支持的一方认为，只有在概念清晰的基础上，研究者才能明确研究的边界和内容，才有利于共同主题研究者间的交流和学习；而反对者则认为，清晰的界定一旦达成，则会阻碍研究者在多元化的复杂现实面前发现新的研究接触点，无益于研究主题的拓展和深化（Morris & Miller，2016：3 - 6）。

在欧美学界，众多的有关协作的文献中都没有对其做出清晰的界定，如罗伯特（Robert Axelrod）的《协作的演化》（*The Evolution of Cooperation*），布鲁斯（Bruce Cronin）的《无政府社区：国际身份与协作的演化》（*Community Under Anarchy: Transnational Identity and the Evolution of Cooperation*）等皆是直接切入主题，没有对协作的概念做内涵和外延的解释。在很多研究者视野中，协作，特别是 Cooperation，属于不言自明、无须界定的范畴。只有少数学者对其做出了基于本学科的解释，如马丁（Martin A. Nowak）等人就从基因生物学的角度对协作做了界定："协作是在共同工作中一方付出成本而另一方得利的互动形式。"（Nowak & Coakley，2013：4）这一界定强调了协作中的不平等性，但是没有看到协作可能存在的互利现实。发展出一个为各个学科普遍接受的协作概念的确存在一定的难度，但是在每一门学科内部根据自己的研究对象和研究路径确定不同的协作概念却可以作为一种变通的方式存在。笔者认为对于具体学科来说，相对清晰的概念还是非常有必要的。

首先，协作概念的界定对研究初学者的认知起到了明确的引导作用。在初学者看来，一个研究领域要有相对清晰的边界，而概念是设定这个边界的重要手段之一。相对清晰的概念不仅对研究对象的范围有所设定，也对研究对象的性质、特点、时空坐落、组织主体等有相对清晰的认知，这些对于初学者来说都是至关重要的。

其次，概念的清晰界定对于拥有共同研究主题的学者之间的交流具有积极的促进作用。交流以相互间的共识为基础，没有共识的研究就像两条不交叉的平行线，产生不了思想碰撞的火花，亦不能有所借鉴。

最后，概念的界定不是一个一次性完成的活动，而是一个不断完善、不断修订的过程。随着人类社会的发展、技术的进步，物质性、精神性财富的拥有量、拥有形式等都会发生渐进性的改变，个体与群体之间的互动形式也会发生明显的变化，这种变化会进一步影响协作行为，改变人们对协作的认知。在认知发展的过程中不断调整概念的局部也是学术研究的重要内容之一。

我国学界对协作的研究几乎遍布自然科学及人文社科的各个分支，就本课题研究的范围看，与协作相关的研究主要是在"协作治理""协同管理"等层面上展开的，这一点与国外的相关研究比较贴近。陈琳也在其

《协作性治理的概念界定与模式阐析》一文提出，国内对协作性治理的认知比较认可安塞尔（Ansell）和盖施（Gash）的观点，"他们认为协作性治理是一个或多个公共机构使非国家的利益相关者直接参与至围绕公共政策或公共项目的协商式正式集体决策过程"（陈琳，2010：24）。

结合当前学界的研究，笔者认为协作的概念可以界定如下：个体或集体行动者为了特定的目标，在既定的或议定的规则框架内采取的互利性、持续性互动的过程。

（二）协作的基本要素

协作的基本要素在其概念中已经有所展示，具体为：行动的个体或集体、具体目标指向、行动的依据、协作的方式、协作的时间跨越。

1. 行动的个体或集体是互动的主体性因素

协作以相互独立的个体和集体的存在为基本主体性要件。独立性及协作的需求对协作来说非常重要，如果没有个体的独立，协作的需求就很难产生。协作的需求是独立个体在发展的过程中自发、自觉地意识到自身能力的不足，且不能简单地通过个体的封闭性努力达成目标时，积极寻求外部支持的结果。但是协作需求的产生并不直接引发协作的行为，独立个体的存在只是为协作的产生创造了主体性条件，协作的主体要有协作的意愿，并主动地发掘协作的空间。

2. 协作的具体目标指向

协作主体的需求往往是从单方利益着眼的，这种需求在很多时候会与其协作对象的需求发生冲突，如果协作双方不能就协作的基本目标达成形式和内容上的一致，协作就很难达成。虽然协作目标的一致在多元化需求日渐凸显的当下社会并不容易，但是对于独立且具有强烈发展需求的合作方来说，目标是可以不断协商达成的。在协作需求强烈的情况下，协作方会不断调整自己的目标层次和目标组成的要素，以期可实现一致目标的达成。只有在双方或多方具有相对一致的目标情况下，协作的其他步骤才会陆续展开。

3. 行动的依据是协作活动的基本制度框架

协作的目标是协作的方向，而协作的依据则是协作得以持续开展的保障。行动的依据不仅包括协作开展的法律规约，还包括协作方对协作的初始条件、协作中的各方角色、协作结果的损益承担与分配等的约定。这些约定明晰了协作各方的权利与义务、收益与成本，使各方对自己在协作行动中的具体位置有了更为清晰的认知。

4. 协作的方式

虽然协作各方最初是因为协作的需求而团结在一起的，但是协作具体发起时却可能由于各种原因选择不同的协作方式，这些协作方式主要包括平等协商－协调路径、优势－服从路径两种。前一种是在协作各方资源拥有相对均衡且互补的情势下比较容易采取的合作方式，后一种则是协作各方资源拥有差异较大，一方的可选合作伙伴明显受限，而另一方的选择却是在相对多元的情况下产生的。

5. 协作的时间跨度

协作不是一种短时的互动行为，而是一种协作各方在相互利益认可、合作意思产生、合作意愿达成、合作框架建构、合作行为展开、合作结果分配的系列活动。这个过程需要协作双方不断地磨合、谈判、互助、共进。协作不是在真空中产生的，它产生的具体环境对协作各方的行为、协作过程中双方对问题的看法、对协作方式的看法等都有影响，会在协作的过程中体现并影响协作的进程。时间因素对于协作而言不仅仅是任务认知并执行的过程，更是协作双方不断地体验协作的价值与可行性的过程。因此，时间的跨越对于协作者来说亦是非常重要的因素。

二 协作理论发展的基本脉络

对协作的研究最初是在生物学层面上展开的。对生物进化的研究首先是从个体层面上铺开的，生物的进化更多的时候是在强调个体间的竞争性，而协作是如何在竞争中产生的则需要更为精致的解释。这种解释最先是由威廉姆·汉密尔顿（William D. Hamilton）和罗伯特·佳沃斯（Robert Trivers）做出的，其研究理论建立在遗传关联性（血缘选择）的基础上。血缘选择理论对许多其他研究领域产生了广泛且深远的影响，包括生物学及社会科学。但是，在它的本初形式上，血缘选择并没有解释不同血缘个体或不同种群之间的合作问题。在经历了长时间的研究停滞之后，当前，学界对协作问题的研究再度升温，进化心理学家、行为经济学家、灵长类动物学家以及人类学家等都从各自的学科角度对协作问题研究做出了积极的贡献。其目的在于明晰，为什么社会规则会持续稳定的存在，即便是当时产生它们的条件已经消失（Hammer stein 2002：2）。

作为个体或群体互动的形式，协作发展的路径是不是一致的？对此问题，学者们的初始研究倾向于认为不同的环境会塑造不同的协作制度，如斯蒂尔曼（Steelman）和卡门（Carmin）的研究就把协作伙伴关系分为机构驱动和社区驱动两种，认为不同的伙伴关系适用于不同的环境（Steelman & Carmin，2002：145－178）。后续的研究则试图在协作类型之间找到结合点，这类研究基于将协作视为处于一个连续统一体的理论假设中，门罗（Moore）与孔兹（Koontz）关于协作的研究就是这种假设的变体。他们创建了一种基于互动中成员地位差异的互动模型，这种模型将互动划分为机构主导、混合、居民主导三种类型，以寻求解释不同协作类型之间的差异（Moore & Koontz，2003：451－460）。道罗斯（Dorothy）等人则使用唐斯（Towns）的生活圈理论建构了合作的"生活圈合作模型"。这一模型认为合作行为也与组织的生命周期理论一样要经历一个发起、发展、成熟与结束的过程（Norris-Tirrell & Clay，2010：32－57）。

从管理或者治理的角度研究协作是一个相对晚近的领域，这一方面与管理实践的规模化发展及管理学本身发展的条件有关，另一方面也与治理现实的日渐复杂化有关。1985年，芭芭拉·格林在其发表于《人际关系》杂志上的文章《促进组织间合作的条件》中提出，"部门间合作问题的解决需求正日渐提升……组织协作的努力要求高度关注于组织间领域及具有利益相关性的独立主体组合之间的连接，而不是再继续关注单个组织的活动"（Gray，1985：911）。格林的工作为一项新的研究主题打开了大门，后来的研究者们陆续丰富了有关组织间及社会群体间协作的相关理论，比如孔塔（Koonta）、托马斯（Thomas）等人对协作管理的研究，巴蒂（Bardach）、莱斯（Lesser）等人对责任机制的研究，格林（Gray）、伍德（Wood）等人对目标设定的研究以及艾默生（Emerson）等人对协作治理的研究等。这些研究解决了一部分问题，但是仍然有一些问题没有解决，甚至没有提出（Morris & Miller，2016：4－5）。

总结当前理论研究的成果，对协作的研究主要在两个视角展开：一个是结构的视角，另一个是过程的视角。前者主要从网络的视角看待协作，将协作视为组织间互动的场域，学者们潜在的假设是，协作是在一个明确的组织间环境中产生的，研究的目的就是解决被研究行为的资源共享、目标设定、输入－输出等问题，主要代表是格林、麦纳马拉等人；后者往往关注传统公共管理与协作管理的比较问题，试图理解协作是如何被管理的，研究的焦点在目标设定、领导、责任与决策领域，主要代表是麦圭尔（McGuire）、格拉斯（Glass）等（Morris & Miller, 2016：7）。

人类产生之初即是以个体间协作的方式出现的。不管是滕尼斯所言的共同体与社会、涂尔干所言的环节社会与有机社会，还是中国传统文化做出的礼俗社会与法理社会的划分，都表明人类社会的连接方式从来都是交织着各种协作行为的，只是这种协作行为的目标、协作的规则、协作的方式随着时代的演化不断发生变化而已。笔者认为作为群体性的动物，人类的协作行为既是结构性的又是网络性的，这一点恰似物理学对光的解释，光既是连续的谱又是断续的点，关键在于解释者是从什么角度探索这一问题的。

从结构的视角看，协作必然会有层级和分工的问题，所有人类社会的合作都不可能建立在完全平等的基础上。协作是一个各方博弈的过程，这个过程既有相对稳定的博弈规则，又有相对稳定的资源分配格局。因此，结构的存在是协作的现实之一。另外，协作各方的行为不完全是在正式规则下展开的，非正式规则的使用在协作中也是一种常态。

三　协作理论应用于中国基层治理的时代性

我国社会治理的发展尚处于起步阶段，对于如何治理社会还是一个没有解决的理论和实践问题。中国共产党十八届三中全会提出，要实现国家治理体系和治理能力的现代化，其中包括要求实现现代国家建设、政府建设、政党建设和社会建设等诸多任务。而社会建设的核心在于投资和改造社会资本——培育社会自治机制，促进社会管理和社会服务的社会化（燕继荣，2015：3~4）。这一任务对于当前的治理现实来说，任重而道远。

社会自治机制的建设不仅仅是社会自身的问题，在我国，这种复杂性表现得更为明显。相比欧美各国，我国的社会自治在历史继承上相对特殊，即便是经历了近代以来西方文化的宣教之后，我国社会力量的发展仍然不能与欧美各国并提。这种情况的存在，一方面与新中国成立后国家对社会的统领方式有关，另一方面也与我国社会力量发展没有找到合适的实践路径且理论界的理论供给又明显不足有关。

孙立平教授曾对我国现代化进程中出现的社会断裂有相对深入的研究，这种提法与日本学者薮野祐三的提法相似。薮野祐三提出，日本社会出现了"裂缝"的现象，即传统的社会运行模式与当代的社会运行机制之间出现了不连续、不连接（佐佐木毅、金泰昌，2009：48）。日本学界已经开始反思这种不连续、不连接的成因，开始思考亚洲，特别是受到中国文化影响的国家，在社会发展哲学上应该如何思考的问题。当前，我国社会治理虽然一直在强调本土特色，但是在实践上却在不断地借鉴欧美经验，理论上则依然处在"引进"理论阶段。我国社会治理的现实在内容与形式上明显不同于欧美，欧美经验对我国治理实践的借鉴价值很值得商榷。

我国基层社会治理的发展正走在不断探索、不断受挫、不断完善的路上。面对世界发展的潮流，我们所选择的是那些明显符合有效率的政府治理的路径，而不是有效益的社会治理路径。在快速发展的时代背景下，我们已经被快速发展裹挟起来，很多时候基层社会治理致力于解决的目标不是长期制度的建设而是短期问题的解决。在这种情况下，社会协作治理的空间无疑是被压缩的，但是这种压缩所折射出的时代困境正在日渐扩散，并为理论界和实践界所认知、所熟识，点燃起各方协同解决问题的需求热情。

基层社会的协作治理之所以更加迫切，主要原因在于基层协作是直接切入实践环节的，这种切入所面对的不是被行政层级的简单化所封闭的结构系统，而是一个没有被任何模型重塑的复杂、多变的现实体系。体系这一说法在应用于实践时多少有些不适当，因为系统是有条理的、有分层的，但是实践往往是没有条理的，其内部的构成往往是模糊的，各类主体之间的关系也往往是不确定的，因此，它们甚至都不能形成确定的结构，更勿论体系。但是就解决问题的角度而言，也为了表述上的顺畅，我们权且使用体系一词。

由于实践的复杂性及可预见性的降低，各类层级性的、非层级性的组织在实际运行的过程中并不能完全做到职能边界清晰，职能空间透明。新近，张康之的新作《走向合作的社会》则从社会复杂性日益走强的视角，探讨在确定性日渐趋弱的社会背景下，通过信任建构的合作将如何运行的问题（张康之，2015）。我国基层社会治理的协作即是要在各类组织与个体内部紧密连接之间搭建信任的桥梁，使各类资源能够循环流动，从而逐步解决基层治理过程中的复杂性问题。

第二节　新型社区内部的协作式治理
——以 M 社区为例

社区内部的协作，不同于政府组织与企业团体间的协作，其协作的方式具有制度化与分散化相结合、组织化与个体化相结合的特点。初看起来，这种协作形式像是新中国成立初期在村庄治理中发展起来的"合作社"，细看又增加了一些村民自治与市场化结合的要素。这种小而全的"公社"式照顾体系，"大锅饭"式的共享机制，俨然呈现"重归历史"的态势。

社区内部协作的展开，多是在"自治"的基本框架或"扩大化的自治"范围内铺开的。也正是因为这一"研究惯性"的存在，很多时候，学界往往会忽视协作本身的问题而纠结于自治不能"独立而纯粹的达成"。在笔者看来，自治不是封闭意义上的自治，协作的产生正是因为自治的需要在发展面前进一步萌发的结果。从当前学界研究问题的基本触角看，对社区治理的研究多聚焦于社区政治自治的选举及社区公共服务的供给问题。在部分学者眼中，农转居社区"庇护关系"的存在只是一种旧体制在新形势下的"死灰复燃"，不应该在政策上加以鼓励（卢俊秀，2015）。而基于传统的村民选举范畴的自治研究则倾向于对基层自治保持更加消极的态度，甚至认为自治已经走到了尽头。对此，徐勇等人提出了不同的看法，他们认为并非村民自治走到了尽头，而是在村务治理中，村民没有发现值得关注的"公共事务"，只要有引起群体关注的集体利益就会产生积极的参与行为（徐勇、沈乾飞，2015）。对此，笔者深以为然，同时，笔者亦认为，在我国城镇化快速发展的当下，新型社区的建设正在为我国社区自治与治理的发展提供新的研究视角、研究问题和研究思路，忽视这一新的契机对于重构和拓展我国基层社会治理是无益的。

当社区面对新的问题，而不能找到新的解决路径时，它们所能借鉴的就是历史的经验和"邻居"的共时性经验。如果这些经验能够在阶段性范畴内缓和甚至解决社区治理的公共问题，那么这种经验就是积极的。

早在20世纪90年代，李培林教授在其《村落的终结：羊城村的故事》一书中就对农转居社区的变体做了较为全面的描述性分析，在各种城市因素的包围下，羊城村表现出了"单位化向公司化转型"的特点（李培林，2000：43）。严格来说羊城村并未经历"单位制"，也无从谈起其单位化转型的问题，从历史逻辑看它应是一种"从公社向公司的转型"。遗憾的是，学界更热衷于研究羊城村现象中出现的股份制改革问题，而忽视了作为整体的羊城村现象对于社会治理的价值，进而妨碍了拆迁安置社区"协作式"治理理论的广泛探讨。

在此，笔者试图以 M 社区为例，探讨社区内部的协作机制是如何展开的。

一 三位一体治理格局中的协作之维

新中国成立后在农村地区广泛存在的人民公社在当前的话语体系中已经成为历史，但其孪生姐妹——单位制仍被部分西方学者认为是我国社会控制的重要方式之一（Cliff，2015）。从实践上看，人民公社与单位制都是与市场经济相背离的，这种背离主要表现在其严格的社会控制上，也正因为如此，两者皆成为我国经济社会改革的对象。但人民公社体制的解体也使乡村社会的整合陷入无组织状态，从而使人们对人民公社时的社会风气有一种深情的眷恋（吴毅、吴淼，2003：14）。实际上，引起人们眷恋的不是当时严格的社会控制方式，而是有组织约束的社会整合产生的归属感。这种归属感需求在急剧社会变迁背景下表现得更加强烈。但是，当给定的社会群体共同追索这种归属感时，其行为惯习所设定的制度目标并不是根据未来的社会趋势设计的，而仅仅是寄托于以往的技术形式，即归属感所依托的制度框架。当然，这种制度框架并不会被行动者还原，而是被行动者抽离出其记忆中的有助于产生归属感的部分，并重构于当下的制度环境之中。因此，出现了 M 社区的"大锅饭"式的共享机制，其并不是历史的重演，而是社会习惯的重构，这种重构的本质是一种新的"协作关系"的产生。在此，我们将其称为"协作式治理"。本节将从政治、经济、社会三个维度阐释这种协作的基本框架。

（一） 政治场域中的治理协作：选举与协商的共进

在社区治理场域中，政治自治始终处于核心位置，而两委的选举则是核心中的核心。M 社区现任书记并非依照程序由党员选举产生的，而是在拆迁安置过程中由街道临时任命的。当时，M 社区原书记因挪用集体财产而被 "罢黜"，在支部书记空缺的情况下，ZY 街道以组织名义任命了新的书记。对于新书记的任命，社区居民抱持了 "等等看看" 的态度。这一合作态度得到了后续实践的肯定：任命的书记以其令人信服的工作成绩和个人威信赢得了绝大多数社区居民的认可。但由于新任书记是国有企业退休职工，其党员关系不在社区，这使得他不能参加下届党支部委员的选举。这一情况成为 2014 年底 M 社区党支部选举协商行为发生的重要导火索。在街道组织部门指导下的党支部选举虽按既定程序产生了下届党支部委员，但是党员们对现任书记不在选任委员范围内表达了不满，并在选举程序结束后进行了 "怎么办" 的临时办公会议，随即推举代表找到现任书记，表达了他们意欲其留任的意愿，在得到肯定答复后，代表们立即向街道组织部门提出了现任书记留任的请求。经过协商，ZY 街道对 M 社区党支部委员的人选做了调整，并宣布现任书记留任。

M 社区居民及党员对上任书记的 "驱逐"，以及对现任书记的 "强留" 都表现出较强的居民政治参与能力。这种参与不是通过固有的制度框架达成的，而是根据社区的具体情况通过建构临时性的协商机制挽回的，体现出 M 社区在政治参与上的弹性合作能力。

（二） 经济场域中的治理协作：集体经济发展的资源融通

经济自治是社区发展的重要基础，欧美等国的经验表明，经济自治的破产是许多合作型社区最终走向衰败的根本原因 （Orse，1981），而我国在社区治理上较为成功的经验，如大沥镇、水镇等则是在经济自治上获得成功的典范 （王颖，1996）。作为尚未在形式上转化为居委会的新型社区，M 社区能够从政府获得的办公经费、人员津贴与补助都非常有限，来源于政府的经济入项主要是拆迁补偿和专有项目竞标经费。根据社区财务记录，M 社区集体性拆迁补偿入项为每年 30 万元左右，而专有项目竞标所得则非常不固定。经济上的局促迫使 M 社区在集体经济的发展上寻找新的出路。为此，在社区安置完成后，村/居组织对社区各类集体资产的存量及使用状态进行了精细化的梳理，先后在集体土地与集体房屋出租、地上附着物归属权、集体道路使用权、移动通信基站建设使用权等问题上取得积极进展，为集体经济每年增加 200 万元左右的收入。这些收入全部以合同的方式固定，并向全体村民公示。

上述收入皆是建立在集体土地出租基础上的。出租经济的收入虽相对稳定，但不能为社区解决就业问题。为了解决就业问题，M 社区在原村办输水管道的基础上，升级建设了小型自来水公司，向周边社区提供自来水服务；注册成立了自有物业公司，为本社区及周边社区、机构提供物业服务；自建了无公害绿色蔬菜基地，按户为本社区居民分配绿色蔬菜，兼对外经营。通过上述公司的建设，社区为 60 余人提供了就业机会。社区安排居民就业不仅是为了解决部分居民的收入问题，也是为了解决社会转型所造成的闲置人口可能引发的治安问题。而受雇于社区的居民既是领取工资的工作人员，又是社区义工的主要来源。在集体经济的发展过程中，他们成为沟通社区信息的重要渠道，并为社区组织与居民间的合作搭建了制度平台。

（三）社会场域中的治理协作：公民参与下的捐赠与集体互动

帕特南在其影响广泛的《使民主运转起来》一书中提到"公民共同体的公民身份首先是由积极参与公共事务来标示的"（帕特南，2001：121）。近 20 年来，公民参与也被认为是良好的公共治理（俞可平，2000：9）与可持续的社区发展的基本要素（Dempsey et al. 2009）。M 社区社会场域中的自治协作表现在如下三个维度。第一，社区居民的自发捐赠活动。在调查中，课题组发现 M 社区崭新的分类处理垃圾桶皆为村民捐赠，在社区小广场也有居民捐赠的富有历史感的水磨和风箱。据社区物业人员介绍，这是社区居民为了子孙后代不忘历史而捐赠给社区的，当前社区物业的两辆电动巡逻车也为社区居民捐赠。第二，社区消防义工站。2015 年夏，M 社区组建了社区消防义工站，拥有微型消防车，义务为社区灭火和提供紧急救助服务。第三，娱乐性集体互动。社区内分设了青年人活动中心和老年人活动中心，由社区义工代为管理。现在，活动中心已经成为社区居民交往的重要平台。另外，社区还定期举办运动会、联欢会、篮球赛等集体活动，推动着社区认同感和归属感的提升。

经济、政治与社会场域的自治协作为 M 社区的居民幸福指数做出了积极的贡献。

二　跨越边界的治理：M 社区协作式治理的构建逻辑

罗纳尔德·L. 杰普森认为："当制度被习惯性的再生产时，其持续存在的原因在于相对的自我激活的社会过程。值得注意的是，并不需要不断重复发生的集体动员、重复不断的重新设计和激活的动员来确保一种社会模式的再生产，相应的制度也可以持续存在。"（杰普森，2008：157）从这一视角看，制度的再生产并不需要制度模式的持续存在，制度的曾经存在以及适当的社会激活过程可以引发制度的再生产。那么，在改革开放已经基本瓦解了原来农村社区的公社体制，在市场经济的发展重新塑造了人们的利益计算公式的情况下，M 社区的协作式治理模式是如何在实践中被再次激活的？

（一）集体遭遇的利益重构再度整合了社区居民的身份认同

正如克罗齐耶所言，"如果我们试图理解群体是怎样形成的以及形成的原因，我们注意到，更具有决定性意义的，不是共同的目标，而是一种共同机遇下的充分互动或协作性行动，这种能力使人们最大限度地利用那一共同的机遇"（克罗齐耶、费埃德伯格，2007：35）。从实践来看，M 社区的拆迁安置就是这样一种"群体性的我们"的观念再次形成的过程。第一，拆迁赔偿的信息共享与利益计算。拆迁安置涉及房产、地产、人口等各类信息的计算，而信息的计算对应着价值的兑现。在拆迁过程中，无论是否在村中居住，无论工作类型、年龄和性别，所有人的工作重心都重新回到村落场域，"怎么拆，怎么赔"成为凝聚全村/居民频繁互动的核心线索，"我们"的概念在队社体制解体后再次得到强化。第二，拆迁安置中的集体监工。M 社区的安置房离原村不远，为保障安置房的质量，村两委组织村民义务赴工地监督，看"我们的房子"是如何建起来的，"监工"队员由居民代表轮流担任，书记则负责沟通监督过程中发现的问题。这一集体协作行为进一步强化了村民有关"我们"的认知。第三，居民入住以后的生活方式转型。由一家一户的院落到一家一门的公寓，新鲜与不适应共存，茶余饭后的老年活动中心、青年人活动中心，甚至社区的绿化带、健身器材旁都成为社区居民交流问题与心得的场所。传统的亲缘关系在共同面临的问题面前通过频繁的人际互动被再次强化。

（二）基于"村民身份"的福利共享与协作化的建构

身份，作为一种社会地位的表征，象征着社会资源的分配方式和分配渠道，它是社会阶层划分在个体身上的具体表现，但是身份所附带的价值在不同的时空背景下会有明显的差异。新中国成立以后，在相当长一段时间内，农村/居民身份的经济社会价值一直低于城市居民，但是近十余年来，随着土地价值的攀升，特别是拆迁安置补偿预期的提高，许多城里人开始羡慕乡下人。然而，拆迁本身仅是一种经济补偿，在社会对个体身份的判断已日渐多元化的当下，拆迁户的经济补偿在很多情况下不能弥补其在其他维度上的损失。就 M 社区而言，社区采取了以身份标签划定边界后的福利共享方式来弥补因拆迁造成的多维空间上的个体损失，并建构起了新的协作关系。M 社区以拆迁当时的原村户籍为标准实行以身份标签为判断标准的福利共享制度，拥有这一身份标签的人可以免费享受社区创造的各种福利，包括免费的公共清洁、保安、物业维护等公共服务项目，还可享有社区代为交纳的医疗保险、免费的自来水与有机蔬菜、免费的健身房使用等。另外，拥有部分自耕地的居民还可以享受由社区物业公司提供的免费播种与收割服务。这些个体福利以拆迁当时的户籍人口及其子孙为对象，而拆迁前迁出的户籍人口不管以何种原因回迁社区，迁入前都以书面形式表明其本人及子孙不具有社区福利共享权。

这种以身份建构合作关系的案例，并不是 M 社区的首创，在很多农转居社区的股份制改造中，都存在以身份建立股权关系的情况，所不同的是，这些股份制公司一旦建立，个体股份就成为一种固有资产，可以继承、转让，但不能衍生出新的股权。而 M 社区建立的身份合作关系则不同，它努力建构的是一种有固定边界但以生命的延续为特征的类股权制，这种股权不能继承、转让，但可以子嗣绵延的方式代代相传。从这个意义上讲，M 社区以身份建构的合作关系更具有我国传统社会管理的特点，其背后隐含着对集体财产完整性的思量。

（三）跨越公私边界的协作治理体系的建构

公共领域与私人领域的分异是近代民族国家产生的重要理论根据之

一，在凯恩斯主义盛行之时私人领域曾大幅后退，但 20 世纪 70 年代以来新自由主义的复兴又使公共领域的边界模糊化了。至今，公私合作伙伴关系（PPP）、合作式生产（Co-production）已成为公共管理理论研究不可回避的话题（Needham，2008）。但是这种以正式合同建立起来的伙伴关系在我国基层社区治理的过程中极为罕见，明显存在水土不服的问题。就 M 社区而言，社区内各类公共物品及公私服务的供给都明显带有社区两委的印记。作为社区的公共组织，跨边界供给社区公私物品成为 M 社区的常态。具体来说主要表现在以下方面。第一，以法定代理人身份涉入社区各类公共事务。社区内公共设施与道路管线的维护、社区公共卫生与公共安全的保障，形式上是由社区物业管理公司完成的，事实上，社区物业管理公司的真正"掌舵人"是社区两委。社区两委不仅决定着社区物业公司的服务范围、业务来源，还决定着物业公司的人员聘用和岗位设定，社区一旦出现公共设施障碍、公共安全问题，社区居民与物业保安人员不是找经理而是通过社区独立的通信系统直接找两委。同时，物业公司的资金缺口也由社区集体资产补齐，这种补齐并不是一种庇护，而是因为物业公司承担了更多的公共服务功能。第二，以社区"当家人"的身份介入社区不同种类的准公共事务。在村庄时代，村民是无须为生活饮用水付费的，生产性用水也往往在费用上打折，更不用交纳物业管理费、卫生费，在迁入公寓式住宅之后，上述费用的交纳成为居民抱怨的焦点之一。作为社区的"当家人"，社区两委辞退了市场聘任的物业公司，成立自己的物业服务公司，对社区中的安置居民提供免费的物业服务；社区两委还以"当家人"的身份承担起社区纠纷调解、学生班车接送、红白喜事组织等服务；为减轻居民的负担和交通成本，社区为拆迁安置居民统一交纳医疗保险和意外保险，并以鼓励教育的名义为那些考上大学和研究生的家庭发放教育资助。第三，以"后勤服务员"的身份涉入部分私人事务。社区拆迁安置完成后，部分居民仍拥有少量的集体土地，但新的居住空间给个体化的农业耕作带来极大的不便，为解决这个矛盾，社区协同物业公司提供免费的粮食耕种与收割服务。同时，社区为提升居民的生活品质还开发了绿色蔬菜基地，由社区义工代为料理，免费为安置居民提供蔬菜。

虽然 M 社区的拆迁安置是由政府主导的，但是社区跨越边界的治理格局带有明显的自发生成特色。社区人对于"我们"的归属，不是归属到"我们社区"，而是归属到"我们村"。这种归属感使其更容易在历史与传统中寻找"我们怎么办"的治理路径，而其找到的则是身份合作基础上跨越公私边界的自主治理。

三 协作式社区治理的社会价值与发展空间

从世界范围看，财政危机与政府干预的失效是社区发展运动兴起的主因，因此，各国的社区发展项目也多为政府政策所引导（Shaw，2008），其目的是让更多的社会力量参与社区治理，降低政府管理社会的成本，提高社会管理的效益（Squazzoni，2008）。而我国社区治理实践的发起也是政府政策指导的结果，但成因却明显不同，面临的问题也有所差异。社区治理政策，一方面极大地提升了社区基本公共物品与公共服务的水平，另一方面也在政府指导与社区自治的关系上形成了两难。M社区的实践证明，跨越边界的合作式治理可以在上述两个方面达成某种程度的调节和制衡。另外，拆迁安置社区面对的治理问题也更为复杂，其中社会转型和城镇化的双重阵痛所叠加的社会影响尤为突出。基于课题组的调查，笔者认为，在强规划性的社会变迁下，自发性的社区治理模式能够在一定程度上弥补强制性制度变迁带来的社会阵痛，软化社会矛盾，因此，在一定时间跨度内具有积极的社会发展价值和发展空间。

（一）协作式社区治理的社会价值

1. 协作式治理在满足社区基本公共需求的同时降低了政府的支出

协作式治理是基于社区独特的公共需求而逐步建构起来的有组织的社会治理方式，其服务内容与服务路径不是政府规划性制度变迁的结果而是社区自主"发现"的成果，是社区在日常治理实践中基于当地特殊性需求的"发现"而使用非市场化的合作路径进行了调节。这种调节在降低了公共供给成本的同时也提升了社区团结的程度，并达到了社区自主治理的目的。同时，由于社区可以通过各类市场和非市场的方式化解治理问题，而没有对政府形成固定的依赖关系，降低了政府对社区的资金投入压力，减少了政府管理社会的成本。从制度层面看，合作式治理更能体现社区自治与政府指导的平衡关系。

2. 协作式治理缓冲了社会转型与城镇化对基层社会的冲击，维护了社区的团结和社会的稳定

拆迁安置虽以经济与物质补偿的方式缓冲了社会转型、城镇化对拆迁对象的社会冲击，但生活方式、居住空间、生存技能的转化，甚至城乡居民的心理排斥都在安置后逐步凸显出来。当以往行之有效的生活经验开始遭到质疑，以往明白可期的生活未来变得模糊不清时，在被动卷入的社会空间中，群体性的焦虑往往会引发非理性的集体行动。而合作式社区治理则以跨越边界的治理形式建构起融合政治、经济、社会三重维度的"社会安全港"，使社区居民在这一"港湾"中重新找回了自己的社会网络与社会位置，并发现了熟悉的"守望相助"的味道。这种重铸的社区认同，极大地舒缓了因拆迁带来的社会紧张，并从社区治理的实践中生发出新的社会网络结构和相对稳定的社会关系。

（二）协作式社区治理的发展空间

新型社区是我国特定社会历史背景下的产物，至今仍无具体数据说明我国共有多少个新型社区，但是随着我国城市化过程的趋稳，这种社区形态终将成为过去。那么协作式治理的发展空间究竟有多大？

根据马克思主义的历史观与辩证法，没有任何一种社会治理方式是永存的，社会发展的过程中，哪种治理方式更加合适，不仅取决于这种治理方式产生的经济效益，还取决于其产生的社会效益和政治效益。从这个角度看，当前阶段协作式社区治理仍有较大的发展空间。

第一，地方政府的财政紧张在短期内仍是很多街道与乡镇政府面临的现实问题，协作式治理可以减轻其压力。在我国，城市社区治理成本的绝大部分是由地方政府负担的，这些成本包括社区人员的工资、津贴、办公经费、专项支出等。笔者对江苏、浙江等地拆迁安置社区的调研数据显示，在社区没有自主经济的情况下，政府每月对每个社区的工资与办公经费支出在20万元左右，以每个街道20个社区计算，每个街道每个月在社区的基本支出就是400万元。在地方政府经济负担日渐加重的当下，M社区的协作式治理则主要依靠社区的自主经济解决人员工资、津贴与办公经费问题，这在很大程度上缓解了地方政府的财政压力，对地方政府来说是一种更好的制度选择，因而地方政府更加倾向于维持其现状。

第二，我国的经济社会转型不会在短期内完成，作为良好的社会冲突缓冲阀，协作式社区治理的社会价值更加明显。任何一个国家的经济社会转型都不是短期内完成的，我国亦是如此。同时，我国的社会转型在很大程度上受到西方现代化发展模式的影响，这种模式建基于传统的以个体权利为中心的社会共识之上，这种社会共识迥异于我国的集体权益中心认知，因此社会转型带来的个体冲击较之西方更甚。协作化社区治理，建立在内外边界的清晰划分而内部需求均等共享的基础上，对外实行以市场为主的经营模式，对内实行身份标签制的合作模式。这种模式一方面调动了市场资源进入社区，另一方面又化解了居民在拆迁背景下形成的身份分裂，其发挥了良好的社会安全阀作用，对于应对社会转型带来的冲击具有积极的价值。

"良好的治理建立在维持这种治理的制度结构和可供给的经济资源的基础上。"（Roy & Tisdell，1998：25）拆迁安置社区的协作式治理，既有《中华人民共和国村民委员会组织法》规定的政治、经济自治权作为制度框架，亦有以居民身份标签建构的合作关系作为制度运行的基本形式，这一制度架构在跨边界的治理实践中良好地缓解了因社会变迁带来的社区冲击，使社区原已碎片化的社会网络关系得以重建，社区重归团结与稳定。但是，在我国拆迁安置社区的治理框架中，兼具灵活性和有效性并为社区广泛认可的一般性治理制度还远未形成，社区治理成什么样子，在很多情况下都要靠社区组织的"道德约束"与"自觉意识"来完成。社区自治在很多时候仍然是社区两委甚至是社区书记主导的自治，社区事务监督委员会或村务监督小组及街道（镇）的经管站等部门尚不能有效地发挥社区财务监督功能。探索社区良好的自治机制仍任重而道远。

第三节　社区治理中的纵向协作：政—社关系

从理论与实践结构上看，社区治理的协作体系应该包含着内部协作与外部协作两部分，内部协作已在上一节进行了论述，本节主要论述外部协作问题。由于社区的外部协作多是在社区与政府之间展开的，所以我们亦可以将其称为纵向协作。

在西方有关组织间协作的文献中，组织间的协作以双方独立、平等地位的存在为基本前提。但就实践而言，互动双方是否平等并不是双方能否合作的必要条件。在大多数单一制国家，如我国和法国，社会组织的发展本来就十分孱弱，很多社会问题单纯依靠社会组织是无法得以解决的，或者社会组织仅能在局部解决问题，此时，寻求政府的协作也是一种合理的路径。因此，在笔者看来，社区组织与政府之间的关系也是一种协作关系。在这种关系中，政府通过与社区的互动寻求政府的利益，社区通过互动行为寻求社区的利益，各方都在互动中改变了现状。虽然在大多数的实践中，社区的协作地位是被动的，但是从实质上看，社区最终选择与政府协作也是社区权衡利弊后做出的决策。

一 政府与社区协作的基本阶段

新型社区与政府协作的频率急速提升是从原村拆迁开始的，在此之前社区与政府的协作是传统的农村村庄与基层政府的协作关系，但是自拆迁始，社区组织与政府的协作关系即发生了明显的变化。从社区治理的视角看，拆迁时的协作关系并不属于社区治理的范畴，因此，笔者对政府与社区协作关系的考察以社区居民入住新社区为起点。

（一）第一阶段：社区公共需求急剧扩张

这一阶段主要是指社区居民基本完成拆迁安置，出于对城市生活的向往而对社区各类公共需求呈现爆发式增长的阶段。此一阶段，满足社区居民对各类公共物品与公共服务的迫切需求是基层政府与社区组织的共同目标，亦是双方协作的基础。

虽然在地方政府的规划下，集中拆迁安置是按照既定的程序完成的，但依笔者的调查所见，多数社区的各类基础设施皆是在居民搬迁完成之后才逐步完善的。从需求—满足发展规律看，这种建设上的滞后会在一定程度上造成居民对城市美好生活的预期与"非城非农"现实的强烈落差，落差越大，公共需求的表达形式就会越激烈，在条件充分的情况下亦有可能转化为社区的集体性行动。基层政府，特别是街道、镇政府，对社区公共需求的关注主要通过两种方式实现。第一，市政相关部门加大对社区基础性公共设施的直接投入。在笔者调查的几个社区中，社区绿化、道路硬化、垃圾桶与路灯的后续投入等皆是在社区居民迁入社区之后按照基层政府的规划陆续完成的，甚至在部分私人物品的供给上，基层政府也参与了供给方式的决策。在这个过程中，政府与社区的协作多是以委托其他公共部门或私人部门生产，社区协同监督的方式进行的。第二，通过项目竞标的方式，以政 - 社合作的形式鼓励社区承担部分公共产品的供给。在这一点上，新型社区与其他类型的社区没有特别的差异，但由于新型社区具有相对优越的硬件基础，在申请政府竞标项目时会有相对的优势，更容易获得相应的政府竞标支持。不管何种方式，社区组织在此一阶段的参与都是不可或缺的。

（二）第二阶段：社区集体经济扩展与政府专业人员初步介入的对弈

集体经济是社区发展的重要基础之一，失去集体经济的支持，社区独立性将逐步丧失，其结果不是过度依附政府，就是成为一个名存实亡的空架子。因此，在社区公共需求急剧扩张的时候，社区的经济压力就会逐步增大，富有责任感的社区组织就会积极地寻求更加独立的经济发展路径。从全国范围看，社区集体经济的发展与扩张主要发生在其日益融入市场经济的进程中，而拆迁安置所引发的资源重组与资源类型的改变，也在一定程度上促进了社区集体经济的扩张。

集中拆迁使村/居时代相对分散的居住模式发生了根本性的变化，这种变化既缩短了人际互动路径，亦引发了经济上的聚集效益。拆迁前以分散形式存在的个体租房经济，因聚集而获得快速发展，这种发展产生了正反两方面的影响：一方面，它积极地推动了社区居民生存方式的转型，缓解了社区组织的压力；另一方面，它也对社区组织的公共服务内容和服务质量提出了更高的要求。在此，租房经济产生的分散收益几乎全部私有化了，而租房经济带来的公共卫生、公共安全、公共设施磨损、绿化带维护等公共问题则几乎全部社区化了，如此，私人利益与公共利益的协调就成为社区组织需要解决的重要问题之一。如果社区不能应对因人口异质化带来的公共问题，社区租房经济的集体效益就会受损，而社区如果短视地制定限制外来租客的规定，社区居民的个体收益就会降低。从笔者的调查来看，绝大多数社区都没有采取短视的行为，加大物业上的投入几乎是必然的选择。如此，为维持输入与输出的平衡，社区组织的做法有两种：其一，借助原有的集体经济，谋求经营性活动的扩张，从而使集体经济的发展逐步实现多元化；其二，通过不同的政策路径向政府申请更多的资金支持，获得更充裕的经济社会发展基础。

多数情况下，社区治理所需要的成本主要是靠自己解决的，政府的支持只是杯水车薪。因此，发展良好的社区皆是具有较好经济基础的社区，这些社区不仅具有良好的经济基础，在其他资源的组织与协调上也处于优势地位。但越是发展良好的社区越会成为政府高度关注的对象，从而增加了政府介入的概率。从另一个层面讲，社区经济自主性的增强在一定程度上弱化了政府特别是镇政府、街道办对社区输入性服务的控制能力，因此，政府往往会借鉴水平层面的"共时经验"以加派大学生村官、社工到社区提供直接的公共服务，通过这种方式强化政府专业化服务在基层的落实。这些新加入的大学生村官、社工虽然不能在短期内对社区发展产生显著的影响，但是作为桥梁，他们的存在使社区与政府服务的联结更加紧密了。

（三）第三阶段：服务专业化扩展与自治空间持续收窄

在我国城市社区的治理实践中，专业社工进入社区已然成为一种发展趋势，而新型社区的发展目标是否就是当下的城市社区居委会却不甚明了。实践中，在高度同质化的农村社区向多元化的新型社区转化的过程中，外来居民的平等性需求正日渐突破身份上的藩篱而追求待遇上的平等。这种需求在社区融合的发展趋势与地方政府的财力支持下，会以社区治理专业化、一般化的制度形式体现出来，而专业化、一般化的社区治理往往意味着社区自主性的消失。这个消失的过程在新型社区中是以社区组织的"专业化扩展"和"被行政化"的形式体现出来的。

在课题组调查的 XG 镇，其政府服务的专业化就是通过"四位一体"的社区重组实现的。按照 XG 镇的社区规划与建设方案，镇政府在社区中建设的社区组织体系具体表现为"四位一体"的组织结构，包括社区党支部、居民委员会、业主委员会、物业公司四类组织的一体化。而镇政府推进的"社区十进"工作则依托于"四位一体"的社区组织，包括维持社会稳定的司法所、信访办，特殊人群服务管理的司法所、计生办、新居民服务管理所，法律宣传教育的司法所、法律咨询站、法律宣传队，物业服务管理的城管办、派出所，消防安全的派出所、安监办，车辆管理的派出所、交警中队、物业管理企业，城市管理的城管执法办，网络安全的派出所、社区警务室，社会保障的社会事务办、劳动保障所、财政所、民政科，医疗救助的社会事务办、财政所、医院等。基层政府的服务型公共供给几乎全部落脚于社区"四位一体"的组织架构之上。

政府与社区的协作建立在社区基本需求发展与政府的"任务结构下移"的双重推动力之下。在协作发展的基本过程中，社区的自发空间有收窄的趋势。

二 社区与政府协作的行为策略分析

从表面上看，在社区组织与政府协作过程中，政府始终处于优势的控制地位，以笔者的观点看，社区组织只是在策略选择上不断地进行更替而已，协作演化的背后是社区组织接续寻求资源最优组合的过程。在社区发展的不同阶段，社区组织面对内外环境的变化而策略性地追求不同的目标，这个目标可以是自治亦可不是，在社会资本理论、公共选择理论、制度发展理论的不同学者的著述中，都提到了在维持当下资源与获取新资源的选择面前，行动者更容易选择前者。笔者认为，更容易获取的资源更得行动者的青睐，并以此为根据对社区组织的行动选择策略做出解释。

（一）需求整合策略

社区组织的继承性身份使其处于居民与基层政府的桥梁地位上，因此，其组织工作的需求来源就不可避免地包含了居民和基层政府两个方面，这两者对社区组织施加影响的方式和路径会有所差异，但在局部环境下会达成一定程度的一致。如果社区组织能够认识到这种一致，需求整合策略便会成为社区组织行动策略的首选。实践中，新型社区组织职能发展的第一个阶段就是此种策略的具体表现。

在集中安置完成之后，政府与居民的需求在表现形式上会有所不同。居民的需求主要表现为对原初城市生活的向往，即一般性公共基础设施的供给，集体性的、宽裕的公共活动空间，稳定的就业机会等；政府的需求则是更多的沟通行为以维持社区发展的稳定。这两种需求看起来有明显的差异性，居民的需求更具社会性色彩，而政府的需求则更具政治性色彩。作为政府与居民的双重代理人，社区组织需要在居民需求与政府需求之间达成均衡，而其双重代理人的身份也为其完成这个目标创造了条件。在社区组织职能演化的过程中，其公共职能提升的过程是显而易见的，其中的发展逻辑是，社区组织的自治倾向促使其采取更多的措施维护社区内部的团结，进而增强社区居民的身份认同，使社区发挥良好的社会缓冲器作用。而居民在剧烈社会变迁下重新建构的社区归属感，则会在很大程度上平复他们拆迁前后强烈的落差感，从而使得政府的需要同时得到满足。

在上述整合策略的促进下，社区组织获得了更高的合法性，而社区居民获得了更多的公共服务和公共产品，政府则获得了更强的政治合法性，需求与供给的均衡在社区组织的整合战略中得到很好的实现。

（二）多元化发展策略

多元化发展策略典型地表现在社区组织职能演化的第二个阶段。按照资源依赖理论的分析视角，自决权是组织最为重要的权利之一，是组织目标得以实现的基础性动力（Pfeffer，1994：13）。为此，组织会在尽量保持环境可控性的基础上，避免对单一外部资源的高度依赖，从而保障其在各类谈判中掌握更大的自主权。虽然多数社区组织是在重重压力之下，或主动或被动地开拓外部资源空间，但是资源开拓的结果却往往是社区对政府资源的依赖有所减轻。独立性的增强意味着社区组织对外部力量谈判能力的提升。这种谈判能力不仅表现在社区能够争取到更多的外部资源，其中包括政府资源，也表现为在缺乏某一外部资源支持的情况下社区依然能够维持有序治理的状态。这种状态使基层政府与社区之间的互动关系发生了微妙的转化：政府需要社区的执行平台，完成层层落实的任务，而社区从政府那里获得资源及合法性的需求却有所下降。从某种程度上看，这是一种博弈中的失衡，为了再次达到平衡的状态，其中的一方必然会采取加强控制的手段。

从政府视角看，为了保障未来环境的可预测性，政府必然会在社区独立性趋强之时，增加对社区的控制性投入，因此，社区组织发展多元资源的行动策略必然会引发镇政府、街道办附加的控制行为。但政府对社区的附加控制并不是无限的，在政府与社区的博弈规则中，社区的自治身份是政府特别是基层政府所无法改变的，而这一身份为社区组织提供了行动自决的最基础性的保障。从社区角度看，无论社区的经济总量发展如何，政府依然是其最为重要的网络性资源，社区与政府的协作始终处于各类工作的首位。因此，对于政府派往社区的社工，社区往往采取了相对开放的态度。毕竟在基层社区工作中，电子化的发展正日渐考验着社区管理的具体效果。许多依托于社区而本质上属于政府工作的任务，原来乡土化的社区人员正有应对乏力、需要外援的需求。

（三）依附性联盟策略

就个体性组织而言，如果其所需要的关键资源相对集中且被某一外部组织所控制，组织就极难摆脱被环境控制的命运，此时，组织就会选择依附性的联盟策略。这种策略成本较低，又在最大限度上保持了组织环境的稳定。

社区组织对基层政府的准纵向整合就是这一策略的具体体现。所谓准纵向整合，就是社区组织的职能结构在形式上发生了重大蜕变，其组织结构与组织职能开始体现出典型的政府下级组织的特点。这一点从社区与政府协作第三个阶段的功能发展上能窥见一斑。从形式上看，基层政府通过对社区组织的准纵向整合在很大程度上降低了其外部环境的不确定性，提升了政府工作的稳定性，但是政府的这一选择却具有明显的双刃剑性质。根据《居民委员会组织法》对居委会性质的定位，居委会是群众性自治组织，这一外部环境既是对居委会的限制，亦是一种保护。居委会成员在产生方式上依然是选举，虽然政府可以施加一定的影响，但不能直接决定其结果。同时，政府对居委会的资源支持主要是工资与办公经费，确切地说，这些皆是财政预算决定的，在中观层面的制度相对稳定的情况下，镇政府、街道办无权取消甚至减少居委会委员的工资和办公经费。因此，从控制力度上看，特别是从长期来看，《居民委员会组织法》和地方预算方案都会限制政府对社区组织的控制。而对于社区自治组织来说，其自决权的缩减并不会引发明显的对抗行为，因为组织会通过信息的再解读，重新划分组织内部权力的重要程度，并决定其工作人员的人选，从而保持最佳的组织生存状态。

在依附性联盟策略中，只要焦点组织的外部限制对交易双方皆有效，组织的依附性就不会从根本上改变其原有的性质。从这个意义上看，社区组织的依附性战略只是其与政府协作的又一种新的形式而已。

三 社区与政府协作关系发展的一点思考

新型社区的实践说明，社区自治组织缺乏的并不是自治的能力，而是自治能力赖以发展的各类资源。这些资源包括限制性的法律、法规、政策，甚至政府惯例，以及基础性的物质资源、货币资源、居民与政府的认可、社区领导力资源等。因此，笔者认为要使社区自治组织获得健康发展，应合理认识政府与社区自治组织内外的环境特点并据此确定其协作关系。

社区村/居民委员会是我国法定的群众性自治组织，在当前的法律框架下，这一法律定位具有唯一性，虽然当下有为数不少的学者将业主委员会认定为自治组织，但是这种认定并无法律根据，村/居委会仍然是社区中唯一的法定自治组织。这一独特的认定方式，使我国的自治组织具备了完全不同于国际上的志愿组织、NGO、NPO 以及自治组织等的社会功能定位。正如戴维（David Lesis）与耐尼（Nazneen Kanji）等人所言："这些不同的短语都是文化的产物，其不同的用法能够追溯到历史中特殊的社会、经济和政治背景之中。这不仅仅是一个语义学的问题，这些被贴了标签的组织还明示着哪些组织能够进入到政策过程的讨论中以及谁能够获得资金支持。"（Lesis & Kanji，2009：8）

在我国，社区自治组织具有明显的先天性政府背景，从农村社区的发展现实来看，社区自治组织的前身亦是在扮演政府末梢组织的角色，这一点对社区自治的角色演化产生了深入而持久的影响。近年来，学界与实践界有关社区自治组织何以实现自治的研究早已硕果累累，但仍不能破解自治与政府涉入的两难。以笔者的浅见，社区自治与政府干涉具有实践上的重合性，就我国国情而言，社区自治组织的合法性来源并不仅限于社区居民，政府授权亦是其合法性的重要来源之一，大多数社区组织工作人员也承认，没有政府的支持，其合法性必然会有所下降。

就政府而言，其强化对社区的渗入，亦明显受到当下法规制度的限制，即便是政府进一步强化对社区组织的干预，自治组织亦不能成为政府任务的完全执行者，社区自治组织虽看起来是政府的"手脚"，但它们在本质上却是"自由的"。更令政府尴尬的是，社区自治组织可能会因为从政府那里获得了更加稳定的收入来源，而忽略了自身资源的开发，进而"主动忘记了"凝聚社区的自治本能，而这一现象会从根本上破坏社区自治发展的组织基础，对于整个社会来讲会是一种"策略的悲剧"。因此，笔者认为若要保障社区自治组织的自治属性，必须切实实现政府对社区的放权，使社区自治组织真正做到在自治范围内有权决定、有权管理、有权监督。与之同步的则是政府要切实改变对社区的经济支持方式，积极探索合适的路径，真正实现社区居民对社区自治组织的监督，使社区自治组织与政府的协作关系既能促进政府在基层任务的完成，又有利于社区自治能力的发展。

从当前社区发展的现实看，社区自治组织，特别是农村社区和新型社区的自治组织，其自治制度运行的基础性资源都相对薄弱。许多社区自治组织的委员都不会使用现代通信工具与办公设施，甚至很多财务人员还在使用传统的纸质记账方式，到月底报账、结算时则需要找人帮忙完成镇、街经管站需要填写的各类报表，更有甚者，因为找不到合适的工作人员而继续留用问题会计，给社区财务管理埋下了隐患。就社区自治组织的整体情况来看，其技术能力、组织能力与沟通能力皆无法与国际上的 NPO、NGO、志愿组织相比，甚至在与国内的其他民间组织的对比中也处于劣势。这种劣势使其在各类交换行为中处于明显的弱势，进而影响了社区独立发展的能力。

因此，笔者以为，各级政府应该在制度供给上充分考虑给予社区更多的技术支持，牵头建立社区自治组织间的合作联盟，将政府的各类基层服务整合为两三个社区联合供给的公共服务，提升服务的质量，降低服务的行政与人力成本，从而使社区内部公共服务的过分多元化、碎片化的程度所有降低，保障社区有更多的时间、资源从事自治性活动。

第四节　政府—社区协作关系变异的催化剂：社区考核

在政府与社区的关系中，社区的地位一直都是相对较弱的。虽然在政府与社区的协作中，社区有一定的自主空间，但是这个空间的大小却明显地受到政府的影响，甚至在部分新型社区的发展中，社区完全是被政府作为规划对象对待的。在许多地方政府眼中，只有经过政府规划的社区才能获得良好的发展，从而使其在政府与社区的关系上背负起太多的照顾、管制责任，导致社区与政府的协作关系逐步弱化，新型社区由原来村庄时代偏自治的治理状态发展为城镇化时代偏管理的治理状态，这种状态是与党的十九大、2018 年政府工作报告等党和国家强化基层自治力量发展的倡议相矛盾的。

社区居委会自治的地位是法律所赋予的，正是这一最为坚固的外壳使社区自治组织获得了最强的维持性保障：只要有政府的支持，社区自治组织几乎等同于"不会消亡的组织"。但也正是组织不会消亡的预设，使其内部的职责认知呈现日趋退化的趋势。在这种情况下，社区职能退化的预防机制就是换届选举，而基层政府常用的防止社区"服从"意愿下降的工具则是"考核"。

在农村社区自治的发展历程中，如何实现良好的自治曾经是学界热衷讨论的话题之一，但是随着近年来农村社区发展的推进，村委会行政化的问题已为部分农村政治学、农村社会学的学者所警觉（李冉、聂玉霞，2017；杨贵华，2012）。

"行政化"又被称为"科层化"，这一理论源于德国社会学家马克斯·韦伯对科层制的相关论述。韦伯认为科层制是"为了实施统治……所有的干部都按等级地隶属于一个统一的、最高的行政机构"（韦伯，2006：248）。同时，他也指出"现代的团体形式的发展一般是与官僚体制的行政管理的发展和不断增强一致的"（韦伯，2006：249）。正因为如此，西方国家的组织变革往往伴生着"科层化"与"现代化"的冲突倾向（Ellinas & Suleiman，2008：708）。就我国基层组织的发展现实来看，"科层化"与"现代化"的张力在新型社区亦有所体现，这一矛盾增加了社区发展的行为选择难度，也为政府的"考核"介入提供了解释空间。

从笔者的调查看，我国城市社区的行政化与新型社区的行政化存在明显差异，这种差异在一定程度上与两类社区的资源拥有类型及拥有数量相关。较之城市社区，新型社区具有更加明显的独立性，组织自主运行的积极性更高，但是在考核机制的影响下，已经开始出现类城市社区的行政化倾向。

一 新型社区考核机制的构成

考核，究其本意是纠偏，所以，任何形式的考核都是为了达成既定的目标。基层政府及其派出机构主导的新型社区考核在目标设定上主要围绕两个方面展开：一是严格贯彻执行党和政府的相关政策、方针，二是积极推动社区经济、文化、生态发展。围绕这两个方面，具体的考核涉及的内容如下。

（一）考核主体与考核对象

作为制定与执行考核标准的基层政府，镇或街道是社区考核机制运作的主导者，但是在具体考核过程中镇/街及其派出人员、职能部门，社区居民代表，其他社区的主要负责人等也会以不同的形式参与考核。其中，基层政府各职能部门依据其管辖职责和范围，对社区治理情况进行专项考核，如社会治理由综治办考核，安全生产由安监办考核，精神文明及生态村建设由宣传科考核等；而镇/街的派出人员（如管理区书记、办事处书记），以及居民代表、其他社区的主要负责人等则负责综合考评。

考核对象的范围涵盖了社区两委班子主要负责人及其成员，考核的重点是社区的"四职干部"，即党支部书记及村委会主任、会计和妇女主任。一般来说，对社区党支部书记和村委会主任的考核有专门的文件对等级进行认定。除了对两委成员个人的考核以外，还会在整体上对两委的工作情况进行考核，这项考核是对班子整体工作状态与工作绩效的认定。

（二）考核内容

考核内容制定的主要依据是各社区年度任务目标和两委干部年初所做的公开承诺，重点考核两委班子的组织建设、思想政治建设、党风廉政建设、领导能力和工作实绩等内容。组织建设涉及两委班子是否健全、各项制度是否完善、组织办公场所是否配备等；思想政治建设和党风廉政建设则主要考察社区两委组织的学习实践活动开展情况、社区内党员干部的思想动态；领导能力的考核内容主要是围绕两委的执行能力和责任意识；工作实绩侧重于考察社区各项工作的落实情况。结合两委班子的考核内容，对社区负责人的考核主要是从工作作风、工作实绩、业务能力、廉政建设等方面进行，其中，工作作风侧重于考评负责人的办事风格、办事效率和思想意识；工作实绩则结合年度目标任务和其承诺事项，考核社区的信访、社区治安、计划生育、合作医疗、社会保障、经济建设等事项；工作实绩的考评与其业务能力的考核相挂钩。

（三）考核程序

对新型社区的考核是由镇/街党委、镇政府或街道办事处组织实施的，一般安排在年底。考核时镇/街要成立专门的考核小组，对社区两委班子及其工作成效进行分类考核。具体程序可以概括为"听、看、议、评、查"五项。"听"，即听取社区两委成员关于社区工作情况的汇报；"看"，即现场查看社区工作事务实施的情况，主要是在社区辖域内察看各类项目的实施情况，基础设施的维护情况及社区内的民风、民情；"议"，即考核小组召集两委班子成员、党员及居民代表分别座谈，征求代表的意见、建议；"评"，即组织社区代表、各职能部门负责人、各社区负责人按照测评标准对两委班子成员进行考"评"打分；"查"，即考核小组查看社区村/居务公开情况、集体资产状况、账目情况。考核结束后，由基层党委、政府根据考评得分情况集体研究确定考核成绩，并做出具体奖惩决定。

（四）考核奖惩

结合考核内容，基层政府及政府派出机构针对社区组织及其主要负责人制定了较为严格的奖惩规定，在考核程序结束之后根据考核结果集中对社区两委班子及其主要干部进行表彰奖励和惩戒处分。

在考核奖励方面，对考核成绩优秀的社区授予荣誉称号、予以表彰，并配套现金奖励，考核等级不同，称号和奖励会有明显差异；对成绩优秀的社区干部给予评优评先资格，按照分值确定干部的年度绩效工资或补助，有的地方甚至对符合条件的社区干部给予副科级待遇。近年来，部分街道、镇还在村/居两委中设立公务员考录名额，以加大对工作绩效较好的村/居的激励力度。在考核惩戒方面，对考核成绩不合格的社区取消其参加各项荣誉评比的资格，对主要领导干部进行通报批评，扣除部分工资补助，并进行约见谈话；对连续考核不合格的社区两委班子进行重新调整。

综上，基层政府主导的对新型社区的考核已经超越制度创始阶段而步入制度成熟阶段。考核内容、考核主体、考核程序等的细节都表现出制度发展过程中的反思与改进。但是，这一逐步成熟的考核机制仍然缺乏一个对"政府-社区"关系的清晰界定。这套考核机制虽然不完全等同于政府内部的考核，其渗透进了社区自主治理的因素，但仍然表现出较为明显的"政府内化社区"的倾向。

二 考核机制推动社区快速行政化的实现路径

在山东省，大部分新型社区的建设与地方政府的发展规划直接相关，因此，新建成社区的资源分配状态也导源于政府的规划导向。很多社区在建设之初就在政府的"考核"指挥棒下运转。社区建成以后，政府对社区的考核结果仍会间接地影响到社区资源的拥有类型和拥有数量，而社区组织对于政府的支持更是有着深入而敏感的渴望。这种渴望在"考核机制"的培育下，深化了社区的行政化趋势。英国人毕瑟姆曾从组织角色的界定、组织成员的行为规范、个人自利性追求三个分析维度（杨贵华，2012）来理解科层官僚组织的运行模式，在此，我们借鉴上述三个视角对山东省新型社区的行政化趋势展开分析。

（一）职能角色重构推动着社区组织的行政化

基层政府主导的社区考核机制重新界定、细化了社区组织的职能角色，重构了组织成员的身份和权力归属，推动着社区组织的行政化。

法国著名组织社会学家克罗齐耶认为组织内部的权力运转受"有意识或无意识地参与策划的人"支配而非具体的"技术或组织形式"（克罗齐埃，2002：174），组织成员的行为选择和思维模式受组织权力关系的支配，"一个组织内部的权力分配和权力关系体系对每一成员的适应和整个组织的效率起着决定性的影响"（克罗齐埃，2002：3）。在考核机制的影响下，新型社区更倾向于按照基层政府的考核内容来确定组织发展的目标并制定社区年度发展计划，这些目标和计划在很大程度上决定了社区组织在未来一段时间内将要扮演的工作角色、承担的工作职责。出现这一导向的主要原因在于：基层政府对社区组织的考核明确、具体，且能在规定时间内兑现奖惩。从形式上看，考核机制直接导致了社区组织顺从于基层政府的结果，甚至部分社区组织会主动演变为基层政府的附庸机构，从而加重了社区组织行政化角色的色彩。那些高度重视考核并依赖于基层政府的社区组织则更容易被政府看重，并被基层政府视为"体制内的存在"，相互之间的协作共进关系网络会更加紧密。为了工作的便利，社区组织甚至会衍生出对应着基层政府各职能部门的垂直工作人员，衍生出新的职能角色，从而导致科层化的演进逐步形成。

（二）行为规范的同化加深了社区组织的行政化

角色与行为规范是对应的关系，有什么样的角色就会有什么样的行为规范。社区组织的角色具有双重性，其行为规范亦具双重性。这种双重性表现为：一方面，社区组织遵从传统的村庄治理规则，善于使用宗族亲情网络促进社区自治的发展；另一方面则表现为积极实现与政府行为规范的接轨。

基层政府对新型社区的考核虽然安排在年末岁初，但考核的指标却散布于社区日常管理的方方面面。在这个过程中，社区组织需要不断调整自己的认知范围和行为规范，以适应新的考核标准和考核要求。每年镇、街道都会重新制定考核标准和考核细则，以针对本镇、街道新的发展形势，因此考核的具体行为规范也会发生某些细节上的变动。在具体行为规范上不符合考核标准的，考核积分就会受到影响。因为考核机制并不是纯粹的定量硬指标，还有很多软指标，这些指标基本上是靠考核主体的综合判断打分，后者已然包含了社区组织的行为规范是否符合考核机制正面评价的要素。社会心理学认为，个体行动者对于日常熟悉的领域更容易给出正面的评价。社区组织与政府组织行为规范的逐步趋同使其行为更易获得政府公务人员的认同，而这种认同加快了社区组织同化于政府组织的步伐。

（三）激励制裁压力稳定了社区组织的行政化

考核奖惩机制在新型社区内部衍生出激励制裁压力，社区组织内部个体行动者的自利秉性驱使社区负责人以考核框架为行动导向，追求考核奖励，规避制裁压力。在日常工作中，社区会在适当的范围内遵行政府的工作安排，其自由活动的空间与社区组织对政府的依存度有关。对新型社区来说，政府的激励制裁机制是需要高度重视的外部因素，主要原因在于集中化之后，社区中的许多问题已无法单纯依靠自身的力量解决，更广泛的外部资源引进是必需的，而政府则是一个比较稳定的选择项。在村庄时代可以不加理会的奖惩措施，在集中化时代则需要慎重考量。

社区组织乐于进入政府的次行政序列的成因还包括另外一个重要的因素，即考核机制通过对社区主要负责人的物质、精神、职业奖励推动着社区组织的行政化取向。社区组织主要负责人为获取更高的工资补助、更大的职业发展空间、更宽广的社会认同，会倾向于认可政府指令的合理性，进而引导社区进入政府的准行政序列。

三　新型社区行政化的影响

从调查的情况来看，我们不能否定政府主导的新型社区考核机制的积极价值，从一定程度上看，考核提升了社区治理的现代化程度，加速了集中化小区的城市化进程，并保障了政府基层政策的执行。但不能否认的是，基层政府以准下级单位的形式对集中化社区进行考核，在很大程度上限制了新型社区自治能力的发展，也不利于新形势下政府职能的转化。

（一）社区组织职能的跨界混合弱化了社区的自治功能

社区组织是社区治理的权力主体和责任主体，在政治属性上它们是社区居民的合法代表，这一属性要求社区组织以全体居民的根本利益为职责导向，最大限度地维护社区的整体利益。但是由于受考核机制的影响，许多社区组织都"被动"地进入了基层政府行政科层序列的场域，导致社区组织同时具有了政治属性与行政属性（张静，2000：175，30）。

从理论上看，微型社会组织的职能混合并不是其丧失独立性的标志性表征。职能混合常见于微型组织发展的早期，因为微型社会组织的管辖区域小、职能简单、人员数量少，混合型的管理模式更易降低组织的交易成本，提升组织的社会效益。但是跨界的职能混合却应区别对待，特别是纵向的职能混合。纵向的跨界混合往往发生在不同层次的组织之间，上层组织的资源及权力优势，极容易导致下层组织独立性的丧失，特别是自治组织与政府的跨界职能混合更是如此。社区组织的行政属性扩大主要是政府职责外溢到社区的结果，这种外溢通过政府对社区组织的考核机制强力促进了社区的行政化趋势，在社区组织原来的自治角色之上嵌套了政府的行政角色，并在实际工作中产生自身角色的内部竞争。职能角色竞争的结果是社区组织行政性职能的胜出，并直接造成了社区组织与社区居民间的利益联系处于从属地位的现实。

（二）居民参与路径收窄

根据《中华人民共和国村民委员会组织法》《中华人民共和国城市居民委员会组织法》的规定，村委会、居委会换届选举是居民参与社区治理的重要形式之一。换届选举每三年一次，而政府对社区的考核则是一年一次。根据罗伯特（Robert Axelrod）的研究，人们在行为选择面前会不自觉地低估未来事件可能造成的影响，发生的时间越晚低估其价值的可能性就越高。相比社区的选举行为，政府的考核行为更具短期性的特点，因而对社区组织行为选择的影响会更加明显。此种行为倾向直接导致了社区组织对社区居民诉求的忽视，继而打击了居民参与社区治理的积极性。另外，从新型社区组织当前的职责构成来看，从计划生育到公共卫生，从搬迁安抚到社会保障，从土地确权到水电供给无一不带有政府指令的特征，这些工作具有极强的时限性和强制性色彩，社区组织根本无力讨价还价。在政府的强势与居民权利的分散化现实之间，社区组织更多地选择优先完成政府的任务，而忽视了居民意见的表达。虽然许多学者都认为我国缺乏居民自治的传统，但自新中国成立以来，"人民当家做主"的意识形态宣传及实践环节的自主经验，已在一定程度上改变了居民稳定的"被动接受"状态。而社区组织"归化"于政府的状态，则使社区居民的组织平台再度弱化，参与效果明显减弱。

（三）政府职能转化的动力遭到削减

压力是组织职能转化的动力，没有压力，组织的职能转化要么在起始阶段流于形式，要么在推进过程中丧失方向。究其原因，无外乎三点：第一，组织职能的转化破坏了原来的资源分配格局；第二，组织职能的转化打破了组织稳定的发展预期；第三，组织职能的转化将组织置于未知的因果链条中。考察历史，研究者发现组织职能变化的幅度往往与特定历史阶段的压力复合指数相关，只要组织还能在原来的制度框架内找到解决问题的办法，组织的惰性就会发挥到极致（Pincione & Teson，2006：23）。

提升政府的社会服务能力，积极推动社会力量参与社会治理与服务的导向，是我国未来一段时间政府职能转化的方向。政府职能转化的基本前提就是明晰政府职能的边界，不随便越界行事。但是在政府积极发展社会服务与社会保障职能的过程中却有意识地"主动"找到了基层社区组织，并成功地将其"行政化",社区这条"腿"无疑在一定程度上缓和了政府的财政、人力、物力紧张,弱化了政府职能转化的压力。

四 淡化新型社区行政化趋势的反思

新型社区自治组织是法定的自治单位,《居民委员会组织法》和《村民委员会组织法》在约定了社区自治组织的自治职能之外,还特别约定了社区自治组织协助政府的职责。基层非政府组织协助政府工作并不是新中国成立以后的异例,乡绅、宗族协助地方州、县官衙公务历来有之,问题的关键不在是否协助,而在如何协助。在此,我们看到,新型社区的行政化发展趋势并不是单纯地恢复自治组织自治权的问题,更关键的是确认社区与政府职能的边界,理顺社区与政府的关系。

从我国经济社会发展的现实来看,独立依靠社区的力量实现公共产品供给的均衡是不可能的。另外,从公共产品的分类属性来看,社区独立供给辖域内的公共产品也存在规模不经济的问题。但是这并不意味着政府应该对其进行类行政单位的考核。本书认为,应在理顺政府与新型社区关系的基础上,严格防范过度行政化对社区的异化,建立双向协商的信息沟通机制,培育社区社会资本,建立社区便民服务中心,引导社区回归自主治理的法定轨道。

(一) 重新理顺政府与社区的关系

政府与社区的关系是政府与社会关系的缩影,历来是中外学者讨论的重点。强政府与强社会的共存共建是学界的理想,但弱社区-强政府的现实却不能无视。在城镇化全面推进的当下,国家与社会资源向农村社区、新型社区的倾斜最终还需要依托于基层政府与社区的协作方能实现。因此,重新理顺政府与社区的关系就成为社区良性发展的关键。

新型社区两委由党员、社区居民或社区居民代表选举产生,其权力来源属于典型的民众授权,理顺政府与社区的关系不能忽视这一点。因此本书认为应主要从以下三点理顺政府与社区的关系:第一,重新界定基层政府的角色,严格限制政府对社区的直接干预。在我国,基层政府是一定地理辖域内的一般性公共组织,其职责是供给对本辖域内的一般公共产品和公共服务,这种供给过程或通过公务系统完成或通过契约委托第三方完成，而不能以行政权威的力量诱使社区组织代为履行。第二，严格落实社区自治组织的独立自治地位，细化其获取政府支持的法定权利。当前《居民委员会组织法》与《村民委员会组织法》都规定了政府有获取社区"协助"的权利，也规定了政府给予社区"支持"的义务，但是在实践中这种协助－支持关系极易失衡。经过近30年的实践考验，这种失衡已严重影响了社区自治空间的拓展，应通过法律细则的方式予以更正。第三，实现国家、省、地区对社区资源投入的均衡化，使基层政府逐步发展为资源流动的管道和监督者而不是资源投向的首位决策者。弱化社区对基层政府的交易谈判空间，建立相对平等的社区—政府关系。

（二）建立基于社区服务购买协议的考核机制

政府与社区关系理顺后，社区与政府的协作方能真正确立。严格的、控制性的考核机制增强了社区的工具性，打击并弱化了社区的自主创新能力，这种情况导致基层政府主要依靠政府权威强制社区组织执行政策决定，社区组织在政策制定过程中处于被动地位（张静，2000：175）。

基层政府特别是镇、街有许多执行性的工作需要社区支持，这些工作的发起方是地方甚至是中央政府，因而往往具有全局性的特点，且多与社区居民的直接利益相关。虽然此类工作的执行看起来并无技术难度，却往往出现一些非技术性的干扰性因素，导致工作不能顺利完成。比如，当前在各地开展的土地确权工作就是一例，本来土地确权不是一件复杂的工作：政府相关部门工作人员到田间地头丈量各家土地，确定权属关系。这看起来与社区基层组织的关系不是很紧密，但是在执行中政府工作人员却离不开社区组织的支持，究其原因主要在于：其一，村里土地的分布及具体数量社区组织最为了解，没有他们的支持，土地确权的前期工作成本会普遍上升；其二，村内土地层层转包，很多耕种者并不清楚他们耕种的土地是哪家的，村内居民多外出务工不能一一到田间指认，需要社区组织给予确认；其三，在土地确权过程中，部分土地的权属纠纷还需要基层组织协助解决。

政府与社区相对平等的关系一旦确立，当政府的事务性工作需要社区支持时，应通过协作平台以购买服务的方式展开。服务购买以相互之间的协作协议为标准，协作内容包括协作的事项、时间跨度、协作的方式、双方的责任、成本分担、考核标准等。彼时，社区组织成为为政府提供协助的服务供给方，其协作状态将成为政府对其进行考核的对象。

（三）建立居民导向、灵活适用的社区考评机制

社区治理的目的在于提升居民的幸福指数，社区居民是社区治理效果的最佳评判者。

当前社区两委的选举是一项重要的考评机制。虽然部分社区的党支部书记可以由镇、街党组织派出，但毕竟是特例。随着社区居民参与治理能力的提升，两委选举的过滤价值还会持续提升。三年一次的两委选举可作为社区组织考评的长期机制，但是仍然需要在细节上加以完善，包括对参选人条件的更为细致的规定、参选人竞选策略的规定、竞选程序的完善等。

考核机制的建设重在及时而公正，因此，除了三年一次的选举考核机制，中期、短期、即时考核机制的存在仍然是必需的。在这点上，新型社区拥有明显优势：第一，新型社区的经济发展水平较高，常住人口中年轻人所占比例高于一般农村社区，社区居民行动力强；第二，集中拆迁带来的低居住成本，为社区大部分中青年居民赢得了发展基础和发展空间，并使其乐于关注社区的发展前景；第三，新型社区多建立于旧村之上，居民间历代积累的社会关系网络并未随着拆迁而消失，这些社会网络会在社区治理中发挥积极的社会资本价值。

中期、短期、即时考评机制的建设，应该发掘社区现有组织力量的价值，建立透明、及时的信息反馈机制，积极引入第三方独立考核机构，重点考核社区组织在财务收支、公益事务处理、集体资源使用等问题上的处理情况。在中期、短期、即时考核机制建设上还有一个重要的问题，即考核结果的应用。立法上应考虑将考核结果通过适当的方式应用于两委干部的任免。

考核机制作为基层政府推动社区发展、提升社区治理效益的工具之一，直接推进了新型社区的现代化进程，同时，现存的考核机制也混淆了政府与社区的治理边界，在一定程度上将社区组织异化为准行政组织。社区组织在"被动"进入行政科层体制的同时也在"主动"迎合基层政府的需求，以最大限度地争取社区建设的资源。可以预见的是，新型社区不会始终停留于过渡阶段，其发展的目标是融入城市，成为城市的一分子。因

此，理论界与实践界应充分认识新型社区的实验价值，并在这片试验田上积极发掘城市社区治理的"善治路径"。在真正解决社区合理定位的基础上，通过法律的形式确定社区资源的获取形式，在根本上解决社区发展的资源短缺问题，为社区解决微观性社会问题提供制度基础。

第五章
新型社区公共治理体系的重构

　　社区是人们日常生活各类活动开展的综合性场域，大多数人生命历程的大部分时光是在其生活的社区中度过的。由于居住方式的差异，人们生活的社区可能会存在显著的不同，但是人们渴望群体生活的本性决定了社区存在的现实价值。离开了人群的个体，在社会意义上就不再是"人"的范畴，离开了具有共同价值认可与情感归属的社区，人们内心的平静就将无处找寻。

　　但是什么样的社区才能在实质意义上满足人们的分层需要呢？这就涉及社区到底在哪个层面上满足人们的需要的问题。社区满足人们的需要并不是分散的个人采取分散的行为满足共同需要的过程，而是社区内各类组织满足人们需要的过程。就新型社区的实践现实来看，社区内各类能够满足居民公共需求的组织就是社区自治组织、社区基层党组织、社区物业性组织（包括物业服务公司和业主组织）以及社区内各类志愿性组织，即社区的公共需求是依靠社区组织来完成的。但是这并不意味着社区内的组织越丰富，社区满足居民公共需求的能力就越强。社区要达到组织化的状态需要各类组织性要素的互动、整合，协调现有的制度、利益群体与活动，在需要的情况下发展出新型的群体和制度以适应环境的挑战和社区的需求。

　　同时，由于社区本身是变动性的，社区的公共需求也是变动性的，社区在组织建构上必须要有灵活性，只有这样方能应对不断变化的公共需求。什么样的治理形态才具有良好的灵活性，以应对社区变化中的公共需求呢？

第一节 社区公共产品供给路径的合理选择

社区公共产品的供给问题多年来一直是中外学者讨论的热点话题之一。使用何种路径才能够有效促进社区公共产品的供给？我国社区公共产品的供给应该特别注意哪些问题？本节试图对上述问题做出进一步的回答。

一 社区公共产品供给中的路径选择：中外讨论的综合

社区公共产品与其他类型的公共产品相比具有明显的差异性，具体表现在：第一，社区公共产品具有明显可见的边界，这个边界或为物理性的或为网络性的，其所指向的服务对象相对清晰，"搭便车"者被发现的可能性较大；第二，社区公共产品具有需求方向上的特殊性，即在本社区迫切需求的公共产品在其他社区可能存在较大的不确定性，即便是与其他社区具有相似性的公共产品，在需求的细节上也可能存在明显的差异；第三，社区公共产品的供给路径较短，其生产者、供给者与使用者极有可能在个体及集体身份上形成角色重叠。

对社区公共产品供给路径的讨论主要集中于四个常见的学术讨论维度：政府供给、市场供给与社会供给以及三种基本方式的混合模式。

政府供给公共产品的路径可以说是传统的公共产品供给理论的主导论调，其主要理论依据是公共产品本身的非排他性和非竞争性。由于欧美国家对社区的地理界定与我国明显不同，因此它们对社区公共产品的政府供给与国内的讨论存在外延上的明显差异。这种差异在政府供给社区公共产品的话题上引发明显的不周延问题，因此，我们在此不再讨论。但是在我国发展历史上，政府供给社区公共产品的方式却在相当长一段时间内是普遍存在的，这个阶段始于中华人民共和国的成立，至20世纪90年代逐步减弱。在上述阶段，政府对社区公共产品的全面供给是以政府对单位的全面控制方式展开的，单位制下，政府与单位是一体的。自单位制改革以来，社区公共产品的政府供给模式开始发生变迁。单位的独立，不仅把一些原来单位承担的社会功能剥离了，也把政府供给社区的公共产品与公共服务的委托关系切断了。政府不再全面涉入社区公共产品的供给，甚至在制度规划上，严格限制单位在社区公共产品供给上的投入。这一改变的实质是想理顺政府与社会、政府与市场之间的关系。从实践上看，社区公共产品中那些与更大范围的公共利益直接相连，或在技术上设置身份验证的成本较高的物品仍是由政府来供给的。比如儿童基础性教育、社区内一般性公共运动器材建设、社区周边公共交通设施的建设，甚至社区内纳入市政公共基础设施的建设等都应该在政府供给的范围。

20 世纪 70 年代末 80 年代初，随着政府失灵问题的逐步显现，面对市场失灵的现实及理论的质疑，西方，特别是欧美政府的实践偏好发生了明显的转移，以撒切尔政府及里根政府为典型代表，以新西兰、澳大利亚等国家为紧密追随者，在世界范围内掀起一股新右派的改革，这场改革被理论界归类为"新公共管理"的改革。这场改革极力削减政府在社区公共产品供给中的地位和范围，倡导市场的回归。但是在市场失灵的记忆仍牢固盘旋于公共治理场域上空的情势下，新公共管理的市场偏好受到来自其他偏好的攻击。为此，基于"市场价值"捍卫的需要，许多在理论上偏右的学者针对社区公共产品的市场供给发表了积极肯定态度的研究成果，其中弗雷德·E. 福尔德瓦里的《公共物品与私人社区——社区服务的市场供给》即是典型代表之一。弗雷德在此书中提出了"契约社区"的新概念，并指出"契约社区"作为一种制度性的存在是一种普遍存在的人类生存现实，任何人都不能离开社区，而当前部分学者提出的私人社区存在市场失灵的论断是一种理论谬误，并通过迪士尼乐园等数个案例的实践成果证明市场供给社区类公共产品的可行性及现实价值（弗雷德，2007）。弗雷德所表述的私人社区，在我国城市小区中的存在数量正在大幅上升，在此类小区中绝大多数社区公共产品是通过市场供给的，但是由于我国的城市密度及管理形式的差异，城市中的私人社区并不能像迪士尼乐园那样提供完整的公共产品供给链。相对而言能在较大程度上依靠私人供给社区公共产品的实践反而更加突出地表现在我国的农村社区领域。我国学者林万龙等则对农村公共产品的私人供给方式进行了较为细致的分类研究，主要从效率与公平的微观、宏观因素分析了村级医疗、农业机械投资、生态林建设、农村专业合作经济组织等领域私人参与的发展历程、影响因素及可行建议等（林万龙，2007）。

虽然私人、市场参与社区公共产品供给的实践一直存在于人类社会发展的漫长历史中，但是，随着国家力量的逐步强大、个体流动性的逐步增强，市场供给区域性公共产品的难度和范围亦受到种种挑战。从实践看，在很多情况下，市场在公共产品供给的场域层次上更多地局限于生产领域而不是供给领域，因此，公共产品供给的市场进入往往表现出明显的不完整性。新近更是出现了众多的政府与市场协作或者政府与社会协作的社区类公共产品供给的实践和理论探讨，这一探讨高度集中于政府与市场、政府与社会组织的合作伙伴关系上。

从实践层面看，社会组织参与社区公共产品的供给比国家、市场参与的历史更为久远，只是在人类社会发展的早期，还没有用社会组织这个词来描述当时的情况。从人类学者对部分原始部落的考察来看，原始社会的组织形态与今天学界所谓的社会组织在功能、职能范围与组织形态上还存在较大差异。因此，当代意义上的社会组织并不与历史上的"社会组织"是同一个社会现象。当代意义上的社会组织是在民族国家、市场力量均得到相对独立发展的情况下，在国家与市场之外建构的人类合作方式。这种组织在学界或被称为第三部门，或被称为民间组织、NGO、NPO，或被称为市民社会，甚至在清末民初时我国还出现了"中等社会"的称谓。但是当代意义上的社会组织并不是全球范围的共有历史传统，确切地说，它是欧美文化下的特殊产物。当下，虽然各国理论界都在热情讨论社会组织，但是各个国家的社会组织在具体的组织形态与支持体系上仍存在较大差异。这就直接引发了各个国家社会组织在供给社区公共产品问题上的分异。亚洲国家包括日本在内，社会组织的发展明显不同于欧美等国，特别是在历史上受到中国文化深入影响的国家更是如此。

2008年，英国政府发布了名为《卓越与公平：世界级公共服务的达成》的政府公共服务远景规划，该规划界定了世界级公共服务的三个典型特点：第一，赋权公民，使其参与组织的直接创建行为和间接的运行选择活动；第二，新专业主义，积极投资于那些有能力有目标的公共服务人员以提高其专业水平和自治能力；第三，战略化的领导，对于中央政府来说，其工作的中心应集中于那些运作不良的组织，同时，让主体的公共服务在更多的自治领域获得长足的发展（Hunter，2008）。可以看到上述三个所谓的世界级的公共服务特点带有明显的英美文化风，即便是在日本这样的深受美国文化影响的发达国家，其民间组织的发展也无法达到这个所谓的"世界级"的要求。因此，各国的社会组织应该以何种方式参与社区公共产品的供给带有极强的历史性和文化性的色彩。

就我国的现实而言，社区公共产品的供给，在经历了单位制解体，公共产品与公共服务供给断层之后，政府以新的方式再次回归社区公共产品与公共服务的供给主导地位。城市社区中的公共产品及公共服务供给的主体依然是政府，这些供给虽然在人员配备上兼顾了社区组织的力量，但是社区组织，特别是社区自治组织的服务供给往往是以政府主导、社区参与的方式展开的。即便是在实行了住房商品化改革之后，传统单位制社区改造的"房改房"小区，"老公房"小区仍然享受着不同于新建商品房小区的"公共补贴待遇"。在笔者对上海社区建设的调查中，许多"房改房"小区都享有较低的物业服务收费，而山东、江苏等地的情况也不例外。在单位改造的社区中，历史形成的低物业费、无物业费仍然影响着当下社区公共产品供给的数量和质量。这种现实也形成了我国城市社区中公共产品供给的分类差异。根据住房差异而形成的居住区隔所带来的城市空间阶层现象已不是发达国家所独有的。这种发展现实表明了我国城市社区公共产品的供给已经日渐表现出多元化需求与多元化供给逐渐同步的特点。

针对城市社区多元需求的发展，政府、市场与社会的公共物品供给呈现一种类自然选择的景象。在这种多元化的需求面前，我国大部分地方政府承担的公共产品与公共服务仍然局限于传统且一般化的服务供给领域，如养老、托儿、青少年爱国教育等，许多分类化的社区教育需求、生活需求、安全需求等都没能进入政府供给的视野。这些领域陆续被各类市场性组织占领，而迫使社区居民以更高的代价和成本在各类市场因素中进行艰难选择。这也就是学界通常所说的政府供给部分过度、部分不足的问题。

"如果从计划经济体制到市场经济体制的制度变迁过程是政府与社会在经济生活和私人物品供给体系中的分权过程，那么毋庸置疑的是，社区物品多元供给结构的形成过程，是政府和社会在公共产品供给体系中的再次分权过程，使中国由单一的'政府本位'权力格局转变为多元的'公民本位'权力格局。"（郝彦辉、刘威，2006：68）这个过程需要政府的"让权"，还需要政府的"到位"。当前有些地方政府在社区公共产品的供给上仍然充当着过多的"运动员"角色，而忽视了其对"社会公正"的关注度。这一点急需要有些地方政府摆正位置。

二 当前新型社区公共产品供给路径存在的制度缺失

新型社区是我国城镇化发展进程中的一种独具中国特色的社会现象。这一现象的产生既有国家、政府规划的色彩，又饱含着历史形成的农村人对现代化生活渴望的追求，还掺杂着各类群体、组织对各类可见及不可见利益的分配和博弈。

从整体上看，我国城乡社区公共产品与公共服务的供给仍然处于框架探索期，不仅政府在不断尝试、调整、探索，各类组织和个体也都在尝试、调整。从历史上看，新中国成立前后的历史未能为当下的实践提供丰富的经验，而国外社区公共产品与服务的供给实践能够提供的借鉴也非常有限，我国基层社区发展的实践并非缺乏经验可谈。从笔者的调查来看，我国新型社区的实践正在探索中逐步发现、创设基层治理的可行路径。但是这种探索毕竟是个体化的，其间缺少良好的、一般性的、富有可持续性发展的制度引导。

作为国家政权建设的最基层，村/居从来都不是独立性的社会组织，这一点笔者已经在上几章中有所提及。不管在分散的村庄时代还是在集中的新型社区时代，社区内的各类组织尤其是法定的自治组织皆历史和现实地受到基层政府及政府各类职能部门的"领导"，它们的独立地位一直是不完整的。独立地位的不完整并不是基层自治发展的决定性障碍，即便是在欧美国家，其社会组织发展的经费也可能绝大部分来源于政府，在欧洲大陆国家这种情况发生的概率更高。关键的问题在于政府是否能在一般意义上提供社区发展的自主空间，能否在一般意义上保持政策的连续和指导的适度，社区能否在可持续的意义上追求自身发展的道路，社区与其他组织能否建构起彼此恰当的关系从而促进社区自治的良性发展。就笔者的调查而言，山东省新型社区的发展在公共物品供给上主要存在以下制度性缺失。

（一）供给主体的角色规划缺失

在政府、市场与社区组织三者的关系上，政府是最为强势的，市场与社区组织则相对弱势。新型社区作为城镇化与新农村建设的成果，在很多情况下亦是地方政府规划的结果，地方政府对新型社区的规划不仅包含了社区建设基本物理环境的规划、投入，还包括了建设过程中各个环节的审核以及社区建成后部分公共服务供给方式的选择。在地方政府看来，新型社区的建设就是一个完整的社会管理发展项目，政府应该在这个项目的基本框架和内在资源流动上发挥主导作用。在这一过程中，地方政府不仅对参与社区建设的各方发起积极动员，还会以"内部全员动员"的方式直接推动社区发展的进程。这种高度的政府介入，使社区其他组织和市场组织皆沦为政府的辅助性组织。这种定位一旦确立，社区其他公共产品的供给就会受到这一模式的强力渗透而发生运行轨道上的偏移。

这种轨道上的偏移主要发生在市场组织与社区组织的角色转化上。在政府过多涉入社区公共产品供给的情况下，有些地方市场组织进入社区的方式不完全是社区业主选择的结果，而是政府委派的，这种现象更多地表现在社区物业服务企业的社区进入等领域。物业服务作为一种市场供给的俱乐部产品具有良好的排他性特点。在社区内部，居民可以较为充分地享有物业服务企业带来的公共服务，代价就是交纳由市场确定的物业费。虽然这种模式在现代城市私人社区的管理实践中已经被普遍接受，但是新型社区在很大程度上是不同于城市商业小区的一种社区组织形态，市场化地供给公共服务，对新型社区的居民来说存在较大的隔阂，这种隔阂一方面表现在对外来管理者的排斥上，另一方面表现在对市场确立的服务价格的排斥上。新型社区的居民原多为农村社区居民，其收入结构、收入水平及历史形成的消费习惯与城市社区居民存在明显的差异，这种差异使其对商业化的外来物业管理者存在较大的不适应。在村庄传统的集体事务管理中，管理者对居民的服务几乎是全覆盖的，在新型社区居民的意识中没有服务边界的概念，而商业化的服务是有边界的。这种认识上的差异造成了服务供给者与服务接收者之间的矛盾。同时，新型社区的居民对于按平方米计算的物业收费亦存在较大的排斥，在拆迁之前，村庄中就有类似的物业服务供给，比如卫生清洁、蚊虫处理、自来水供给等，这些服务基本上是免费的，而搬入新的社区后，居民的生活成本已经比原来有不同程度的提高，现在，因为有房子就要交费的模式使很多居民不能接受。

在这种情况下出现了两种发展态势，一是社区自治组织出面辞退政府介绍的物业服务公司，由社区自治组织组建社区自有的物业服务队，提供免费的扩展版物业服务；二是社区居民不愿接受收费式服务，物业费长期拖欠。

在新型社区发展的进程中，政府的角色定位过于宽泛，这种发展态势应该引起各方的关注。

（二）一般性公共产品与特殊性公共产品供给的差异

在社区公共产品的供给上，对于一般性公共产品与特殊性公共产品的供给没有做细致的区分。所谓一般性公共产品，即那些在物理与社会空间上对居民的生活质量产生广泛影响的公共产品，这类公共产品不仅体现在基本公共需求上，而且体现在社会的公平正义上。而特殊性公共产品则是在一般性公共产品之上为部分居民所追求的质量高于一般性公共需求的物品。

新型社区虽然在形式上表现为"拆迁上楼"，但实际上存在上楼后的众多差异。许多拆迁引发的上访，并不是因为村民对拆迁的不满，而是因为拆迁分配的不公。新型社区建设是一次资源重新分配的过程，这个过程对于村民来说无疑是一次"重生"，分得好，生活就会明显地改善，分得不好，相对剥夺感就会不断酝酿而成为社会不稳定的诱发性因子。

在新型社区建设的过程中，保持拆迁安置政策的相对稳定及执行层面的相对透明是社区一般性公共产品的典型呈现形式之一，但是在新型社区建设上由拆迁的目的、路径、形式，甚至同一社区不同拆迁时间的差异所造成的赔偿标准都存在明显的差异，这种差异对于普通居民家庭来说都不是一个能够接受的结果。同时，社区内公共空间的配备在各个社区之间也存在明显的不同，即便是两个相邻的社区，其公共空间的差异也存在显而易见的不同。新型社区不能等同于商品房小区之处在于，新型社区的建设并不以买卖双方的自愿选择为衡量工具，虽然以市场衡量时社区居民的资源获得可能高于市场价格确定的收益率，但是在社会发展的进程中，市场价值并不是唯一的衡量得失的工具。

在新型社区建设的过程中，部分学者已经关注到如下问题：农转居社区的过渡性使其既不能享受城市社区的普遍性公共产品供给又不能享有农村社区的特殊性公共产品，而成为"两不靠"的社区（李棉管，2014：13～25）。这种现象的出现使新型社区在基础性公共产品的供给上面临非常尴尬的境况。这也说明了在当前的社区建设过程中，地方政府对于政府应该供给的一般性公共产品并没有相对清晰的界定。政府在财政许可的范围内及政策提供的可选项之间进行选择，而选择的标准并不是那些一般性的公共产品就应该普遍性地供给，那些特殊性的公共产品就可以通过市场或社会组织供给。

（三）社区内部公共产品供给的基础条件、层次区分比较模糊

在新型社区发展的进程中，许多地方对社会自治发展的基本条件没有清晰的认知。对于基层治理中出现的问题没有做深入的调查分析而采取较为武断的方式，以简单化的、封闭的思维解决复杂格局下的社区治理问题。

社区建设自其在中国大陆语境中成为时髦话语以来就一直是各级政府推动的社会发展成果之一。在政府文件中，社区出现的频率亦有逐步提高的趋势，从原来的城市社区扩展到农村社区，从社区基本服务到社区建设与发展的各个层面，社区成为政府职能发展与完善的一个方面。但是社区在社会结构中的位置到底为何，社区的社会功能定位到底如何等问题还没有从根本上厘清。

社区是自治性的组织，其自治发展的基础必然包含各类资源的自决权，在这各类资源中，经济资源、人力资源是根本性的资源类型。这些资源的拥有是社区能够提供各类公共产品的基础要件。在新型社区建设的过程中，为数不少的基层政府热衷于基层社区集体资产的改革，而改革的目标则设定为经济权与自治权的分离。在各个社区陆续建立了"合作社""经济公司"之后，经济组织的"法人"也尝试与自治组织的负责人分离，但是分离的结果并不乐观，许多分离的社区在分离一段时间之后又重新走向一体化。

作为一个微型的社会组织，绝大多数社区的自有经济资产在总量上都不足以达到经济与政治分离的程度，而社区自治组织作为社区内部公共产品的供给者也需要一定的经济基础。社区经济资源与社区自治组织分离的初衷可能包含了防止社区资源被滥用的假设，但是这种假设并不会因为人员与组织的分离而彻底消除。社区经济资源与社区自治组织的分离在社区内部形成一个新型的组织，这一组织在现实上分割了原来社区的权威体系，使社区内部的权力结构进一步分散，这种状况在实践上不利于社区自治的开展，而现实中经济资源与自治组织的分离在经历了短暂的独立之后又重新与自治组织融合的现象也说明了这种分割是不现实的。

这类试验再次说明了我国社区建设，这一明显具有地方性的实践被过度消费的现实。在地方发展中，社区是一个完整的单位，保持发展的稳定与连续是社区获得良好身份认可从而完成社区整合的重要条件，政府在其中发挥的作用只是借鉴性的引导和支持。政府对社区支持的层次应保持在基础性公共产品与服务的供给上，这种服务的供给不是以社区为独立单位的，而是以社会全体成员为服务对象的，那种将政府的各个服务窗口直接对应每个社区的做法在经济上和效益上都是不必要的。

三 新型社区公共产品供给路径的再建构

在当前各界的认知中，新型社区是农村社区与城市社区的过渡类型，笔者在某些方面也认可这种认识，但是如果这种认识是建立在线性化发展思路的基础上，就会对社区治理的多元化发展产生不利的影响。所谓的线性化发展思路就是在发展方向问题上，持有单维发展的固化思维，表现在社区发展上，即是认为我国城镇化的发展就是农村地区不断发展为城市，农村社区不断发展为城市社区，而新型社区是农村社区转化为城市社区过程中的一个阶段，其未来的发展形态就是城市社区，因而今天城市社区的治理形态就是明天新型社区的治理形态。因此，在公共物品的供给上应该逐步实现新型社区公共产品与公共服务供给路径与当下城市社区的一体化。

但是笔者认为这种认识是片面的，甚至在很多时候可能会引导着社区发展走向歧途。

新中国成立后，我国城市的发展在相当长的一段时间里是受到国家严格控制的，单位作为国家管理社会的手段被应用到城市社会管理的各个领域，由工作关系建构的城市单位社区在存续了近半个世纪之后逐步退出历史的舞台而让位于建基于居委会基础上的社区。这个转变并不是建立在社会力量发展的基础上的，居委会本就是社会的"剩余组织"，是新中国成立初期为解决社会中不能纳入单位管理的社会剩余人员而设立的组织。当单位解体，社区"崛起"之时，社区之中的组织并没发生根本性的变化，这种由"剩余组织"转化而来的社区新形态并不能承担起满足从单位中"释放"的需求的职能,也根本不可能承担起这一职能。在这种情况下,我国城市社区的居民组织进一步演化为政府的"手脚"似乎也是历史的必然。但是我国的乡村却是一种完全不同的景象,虽然这种景象是由历史性的"城乡差别""剪刀差"等不均衡的历史安排所导致的,但是乡村毕竟保持了比城市更为强烈的自力更生能力,以及历史所承袭下来的"社区身份认同"。在新型社区建设的过程中,对这种历史遗留的"资产",不能再无所顾忌地挥霍浪费了。新型社区的发展目标不是当下的城市社区,而是一种新的社区治理架构,因此,其公共产品与公共服务的供给路径也应该不同于当下的城市社区。

(一)认清社区公共产品、公共服务的种类及特点

社区内的公共产品和公共服务不仅包括物理性的存在,还包括制度性的和文化性的公共产品。在当前的社区建设中,无论是社区自身还是基层政府,在社区物理性的公共产品与公共服务供给上都在逐步走向完善,在政府的强力规划下,社区内的公共设施和服务设施正在日渐强化,但是社区内的制度建设与精神性公共产品的供给却出现了多重短板,在解决这些短板的问题上,基层政府的制度创新与社区的制度创新能力都受到了极大的挑战。在这一点上,各界的认识或有不同,笔者认为,社区公共产品的供给创新需要建构在对社区公共服务与公共产品更为细致的分类基础上。

这种分类不能简单地以西方非竞争性与非排他性标准上的公共产品分类为基础,而必须立足于我国的基本国情,并结合他国的建设经验。因此,笔者变通使用一般性公共产品,指称那些更加接近于纯公共产品的产品和服务,而用特殊性公共产品指称社区内独享的公共产品,另外使用物理性公共产品、制度性公共产品及文化性公共产品三个维度与上述两个分类交叉,形成以下公共产品的分类(见表5-1)。

表 5 –1　公共产品的分类

	物理性公共产品	制度性公共产品	文化性公共产品
一般性公共产品	一般物理性产品	一般制度性产品	一般文化性产品
特殊性公共产品	特殊性物理产品	特殊制度性产品	特殊文化性产品

从特点上看，一般物理性产品是具有广泛的非排他性和非竞争性的物理性公共产品，这类产品虽然也为社区居民所享有，但是在进入和使用上如果设置明显的障碍则会造成社会效益的不经济；而特殊性物理产品则明显具有排他性和内部使用的特点，这类物品往往既有排他性又有竞争性，但是其消费效益却往往具有明显的外溢性，因此，社区在供给这类公共产品时，既需要付出特殊的组织成本，又不能在短期内得到其外溢的收益；一般制度性产品具有典型的非排他性和非竞争性的特点，除非在制度中设定了明显的进入门槛，否则其使用将具有典型的纯粹公共产品的特点；特殊制度性产品，这类产品具有明显的排他性和非竞争性的特点，对社区外的其他人不具有约束力，其内部使用也不具有拥挤性；一般文化性公共产品与一般制度性公共产品具有近似的特点，但是一般文化性公共产品的收益回报周期会更长；特殊文化性产品主要指向社区的身份认同、价值认同等要素，这些要素具有一定程度的排他性和非竞争性的特点。

（二）一般性公共产品应由政府按照统一的标准平等地供给

自改革开放以来，"效率优先，兼顾公平"的发展思路在很长一段时间内既刺激着经济收益的增长又影响着地方公共产品的供给侧重，那些发展较好的地区更容易获得进一步的财政支持，发展更为优良的公共设施，甚至在实践界形成了某种误导性共识，即认为效率达到一定水平时公平的问题也会水到渠成地解决，但是事实并非如此。当下关于农村公共产品与公共服务均等化供给的研究已积累良多，但是在供给路径上依然保持了惯常的"运动式"供给的特点。虽然供给的数量和供给的范围都在扩展，农村公共产品的供给水平得到了普遍的提高，但是这种供给却极富项目制的特点，而没有形成一种稳定的"制度"。

对于一般物理性公共产品，其供给不应是竞争性的，不适宜在各个村落之间进行"争夺"，并由之决定哪个村/居具有优先获得权，而应该有计划、有步骤地逐步推进一般性公共产品的普遍性建设。这个建设的过程严格来说不应该区分城市还是乡村、标准示范村还是新型社区，所有的社区都具有平等地享有一般性公共产品的权利。但是在具体的生产路径上，一般物理性公共产品的生产可以是多元的，笔者甚至认为在生产上，社区力量也是可以参与的，但是政府应该以购买的方式从社区生产者那里取得。

在一般制度性公共产品的供给上，政府应该承担起主要的生产与供给责任，从传统上说，我国的企业没有参与一般制度性公共产品供给的历史惯例，社会组织的权威性也受到质疑，政府是一般制度性公共产品供给的最佳主体。但是在社区一般制度性公共产品的供给上，政府应充分考虑社区的情况，制度的设定不应只考虑政府执行的效率，而应充分考虑社区的价值及其在未来社会治理中的基本定位。这种制度设计不仅是基层政府的职责，更是国家层面制度设计应该考量的问题。社区治理至今仍只是政策层面的问题，而没有上升到法律层面，更没有相应配套的财政制度加以保障，如此很难使社区发展的制度体系真正发挥作用。

一般文化性公共产品的供给与社区自治组织的关联度并不大，但其供给的具体情况却与社区居民的利益紧密相关。而文化性公共产品，如教育的及其相关的公共服务与公共设施建设确是与社区的利益紧密相关的。在一般文化性公共产品的供给上，政府与企业组织都可以承担起部分责任，因为它们都是跨越社区边界的。

（三）在特殊性公共产品的供给上，社区是最为适宜的供给者，政府应合理放权

具有特殊性的社区公共产品是社区区别于其他组织与空间的标志性存在，这一存在标注了社区在社会体系中的位置和身份特点。在新型社区的建设中，这一点尤其重要。在社区经历了物理空间、人文空间与历史空间的三重叠加变迁之后，社区居民的身份认同危机处于最易爆发的阶段，特殊性公共产品的供给则在一定程度上柔化了这种认同危机。

在特殊物理性公共产品的供给上，社区并不缺乏自己的规划，社区的历史与社区的文化都可以凝聚于社区物理性公共产品的供给上，在这一点上，社区的空间越大，社区越有动力从事这方面的活动。而对于社区特殊性文化产品的供给，特别是在社区身份认同与价值认同等问题的建设上，社区组织凝聚力的优势就更加明显了。政府在定位上应该更加倾向于一般性产品、规范性产品，而社区则致力于特殊性产品的供给。

在当前的社区公共产品与服务的供给上，政府涉入同时表现出供给不足与供给过度的共存现象。这种现状表明了政府在基层公共产品供给上的认知模糊，或者被短期功利所迷惑，更加追求那些立竿见影的公共产品的

供给。这一点，应该引起各界的关注。

第二节 社区治理主体的职能边界与职能体系重构

社区治理是我国基层社会治理的重要构件之一。其治理的主体主要包括基层政府及其派出机构、社区两委及社区内其他居民组织、社区物业服务组织等。在笔者调查的山东省的新型社区中，社区业主组织的建设还没有提上议事日程，社区内的居民自治组织就是社区居民委员会。从社区治理的角度来看，社区中出现的合作组织也应该纳入社区治理主体的范围，但是由于本次调查没有涉及这类组织，且在笔者调查的几个新型社区中也没有出现这类合作性组织，因此本书将不再讨论合作性组织的社区治理价值。鉴于上述原因，本章对社区治理主体的职能边界与职能体系重构的讨论将主要在政府、社区两委及社区物业性组织、社区居民组织之间展开。

一 基层政府组织与社区组织的职能边界划分

严格说来，基层政府在社区治理中的职能并不处于自决的状态，基层政府组织本身的执行性比其自决性更强。这一点不仅体现在社区治理职能上，更体现在其他社会、经济职能上。在这一点上镇比街道，在自决性上还略强一些。因此，在谈到基层政府的社区治理职能边界时，其讨论的范围可能在社区影响上并不周延。

近年来，随着基层治理压力的增大，基层政府的各项职能特别是社会治理职能得到凸显，在政府的积极涉入下，社区很难有独立发展的空间。这种状况在城市社区治理中的表现更加明显，而在新型社区的发展中，基层政府与社区的关系则呈现另一种形态。

基层政府组织与新型社区的关系并不是在城镇化快速发展的当下产生的，在人民公社时期，在政社合一的管理体制下，公社与大队的关系，大队与生产队的关系是一种更加密切、更加直接的上下级关系（贺雪峰、苏明华，2006：6），这种关系不仅对当下的政社关系产生了影响，还对政府与居民的关系产生着持续的影响。历史上发生过的事实，并不会随着历史事件的逝去而完全失去对后世的影响。在这种逻辑下，基层政府在社区治理中的职能就不仅仅是理顺的问题，甚至还有重新划分边界的问题。

按照村庄资源的多寡，贺雪峰、苏明华对村庄类型做了划分：第一种是村庄具有较多的集体经济资源，村两委的正常工资收入有保障；第二种是村庄的集体经济资源较少，但是村庄的集体资源和社会信任尚未耗尽；第三种则是村庄的集体经济资源和社会信任均已耗尽，村集体事实上已经破产。在这三类村庄中，沿海发达地区和城郊农村是典型的第一种类型村庄的代表（贺雪峰、苏明华，2006：P6）。笔者调查的新型社区多处于城郊或者镇中心，在经济资源上明显好于周边其他村庄，在城镇化过程中，地缘上的优势使集体经济的发展获得再次起航的机会。因此，在社区与基层政府的关系上，维持着一种相对宽松的"上下级"关系。

要在政府与社区之间划分较为清晰的职能边界并不现实，因为我国基层治理的格局及宏观与中观上的治理结构影响不会在短期内发生明显的变化，而且从当前的政策规划路径看，基层治理的边界划分导向也不甚清晰。因此，笔者认为在社区与基层政府的关系边界厘定上只能做出较为粗线条的规划。

（一）在政府与社区自治组织的指导关系上，需进一步廓清指导方式的边界

在社区自治组织与基层政府的关系上，虽然有《村民委员会组织法》和《居民委员会组织法》作为法律依托，但是从党内的上下级领导关系、社区内党对社区自治组织的领导关系等多方因素看，基层政府与社区自治组织的关系并不是简单的法定的"指导"关系，而是实践上明确的"领导"关系。但是这种"领导"关系又区别于行政机构内部的组织内直接的上下级"领导"关系，这种差异不仅表现在社区居委会产生方式的选举性上，也表现在资源获取的多元性上。虽然新型社区在基础性公共产品的获取上有较大比例的投入来源于政府，但社区后续运行的各类成本则主要来源于基层。政府对社区的投入并不是社区资源获取的唯一渠道。同时，从社区内两委成员的"上升渠道"看，社区党委和居民选举产生的两委成员并不制度化地享有在政府机关晋升的"渠道"。只是近年来，部分地方政府为了提高两委对政府任务的积极性，而偶发性地设置了部分"体制内上升渠道"给"少数村干部"。但是从制度上，这种渠道与政府组织内部的晋升非常不同。

政府对社区工作应逐步脱离直接的干预，如此，才会以制度化的方式引导社区自我治理能力的发展，当前政府对社区的指导仍然保持了一种历史性的"父母官"角色，这种角色的基本假设是社区有很多不懂的事情，需要政府指导、教育甚至强迫，当然这些指导、教育背后也附带着对其的爱护——资金、人力、物力的支持。上文所说的少数干部的体制内晋升就是一个典型的例子。在这种方式下，社区被放在了一个"对自己做什么并不了解"的位置，怕其因为不懂事而做出不利于长远发展的事情，因此，要时刻监督、保护、督促其行为。如此，在社区建设的过程中，就出现了政府"领导"方式的关切式的全面、直接介入。在这种方式下，社区成了不了解自己的人，社区的路需要政府的"专家"来规划，而"专家"是否真正了解社区，还是一个理论上颇有争议的问题。

如果社区要在操作层面上真正实现自主治理，依靠政府的各种直接的指导和介入，是解决不了问题的，社区自治必须建立在社区对自身资源充分利用的主动性上，而政府的介入则打破了这种自主性。基层政府对社区"领导"的当前模式有过度渗透的趋向。这一点与 20 世纪末，发展中国家的社区发展路径是一致的。但是 20 世纪末发生在发展中国家的社区发展路径往往以效果的不够理想而收场，这也给我们提出了一定的警示。虽然当下政府的财政汲取能力明显具有历史的优越性，但是随着我国现代化的进一步推进，社会力量的进一步发展，这种大政府的发展模式终会改变。

（二）政府与社区关系的内容需要调整

政府对社区工作的指导几乎包含了社区建设与发展的各个方面，从社区的物理性规划到社区建设的具体铺开，到社区居民融合的组织化过程，到社区服务的具体供给甚至到居民的私人生活。社区与政府的连接之所以在如此广泛的层面上展开，与政府对社区工作的指导方式有关。

政府指导内容的边界划定主要取决于政府对自身职能及其实现方式的认知，这一点基层政府能够改变的范围比较小，关键还是自上而下的改革。在具体操作上，基层政府仍然有发挥作用的空间。从笔者对山东省的调查来看，新型社区的治理状态及资源状态往往较之周边社区为好，虽然它们在治理细节上仍有差异，但是社区内部的人均资源拥有量是高于一般水平的。笔者认为，当社区能够维持较为有序的治理状态时，基层政府应尽量减少对社区工作的干预。在制度惯性的作用下，社区自治组织及居民会低成本的协助政府做一些执行性的事务，政府在基层的工作不会因为其对社区自治组织行政性指令的减少而弱化，反而是那些基层治理明显处于无序状态的社区，政府在制度上对社区自治组织的引导应该更多一些。

政府与社区关系的调整，关键还是政府在哪些事项上可以指导社区的相关工作，在我国已经形成明显的条块治理的格局下，社区自治组织要维持绝对的独立地位是不可能的，也是不可行的。政府既不应该直接将社区自治组织当作其在基层的执行性部门，直接下达命令，亦不该走到另一个极端，事事通过购买服务的方式与社区自治组织建立"契约性"的关系。

从法律要件看，社区自治组织是群众性组织，虽然在与其他制度约定的"共生"过程中，自治的完整性受到了不同程度的削弱，但是自治仍然是社区自治组织立命的根本所在。从行为选择的走向看，社区自治组织也不希望自己完全独立于政府组织。这一点，不管是从历史的传统性要素还是从当下社区自治组织的发展轨迹看，社区与政府的强关联都是社区自治组织能够获得更广泛的合法性以及在更广泛的范围内解决公共问题的重要条件之一。

正是由于上述原因的存在，政府与社区的关系在内容上首先应该廓清的是政府的职责。当下有些地方政府把基层的任务一股脑儿地放给了社区，而不管这种职责是不是具有普遍的社区公益色彩，如社区公共设施投入等，基层政府应该成为这些职能的直接执行者，而不是将之下放到各个社区。如果政府认为这些职能依靠政府执行有困难，也可以以外包的方式实现，但是这并不意味着外包的对象就一定是社区。

二 社区内部各类组织之间的职能边界划分的讨论

社区内部的组织关系除了两委之间的关系，最为典型的就是社区两委与物业服务组织之间的关系、社区两委与各类居民自组织之间的关系。

（一）社区两委的职责边界讨论

讨论社区两委的职责边界也是一个历史性的话题，在村/居实行自治制度之前，社区内部并不存在两委的职责边界问题。而在村/居实行自治及选举产生社区自治组织之后，社区自治组织与社区党组织的关系就成为理论界与实践界讨论的热点话题之一。

社区自治组织是由居民选举产生的，其合法性的基础在于基层授权，在民主化浪潮汹涌波及我国社会各层、民主的社会价值认同普遍深入的情况下，社区自治组织的主要成员特别是社区村/居委员会主任的角色与社区党组织的书记角色发生了部分冲突。但是《村民委员会组织法》和《居民委员会组织法》中，对于自治组织需要接受党组织领导的规定也在一定程度上缓解了这个矛盾。但是这种缓解并没有从根本上解决问题，两委的冲突仍然经常被学者们发现并成为理论分析的对象。

部分地方基层党组织和政府也试图通过各种人事政策缓解这种矛盾，主要的指导性策略就是推动村/居两委的"一肩挑"。所谓两委的"一肩挑"即是通过人员的一致性将问题暂时解决了，但是并没有解决制度的问题，何况基层政府鼓励"一肩挑"并不意味着社区选举的结果就会是"一肩挑"。引起这种结果的原因有几个：第一，社区现任党组织书记并不是直接选举产生的，其组织关系并不在社区，不能参加社区自治组织的选举。我们调查的社区中就有两个这样的书记。在这种情况下，如果社区书记能够积极地为社区的公共利益扩展贡献力量，社区虽然不能选举他继续留任，但可以通过党员的集体行动向基层党组织提出留任的建议，在这种情况下，社区主任需要选举产生，而社区书记却是委任的，两委"一肩挑"就不可能了。第二，社区党组织书记虽然是选举产生的，信任度较高，但是其不愿参加社区自治组织的选举，在调查中我们也遇到过这样的书记。社区虽小，但并不是一个单一的利益共同体，内部的争端有时会非常突出，处理这些矛盾并不容易，因此，部分书记选择不参与村/居委员会选举。第三，党组织的选举毕竟是在小范围内举行的，部分人员可以当选书记，但是不一定当选主任，在党员和普通村民之间存在的选择性差异也会影响参选人最后的选举结果。

在党的基层工作条例中，对社区党组织发挥作用的空间并没有具体的约定，只是在《村民委员会组织法》和《居民委员会组织法》中，对党组织的领导地位有所设定，这就使得党组织的活动范围与社区自治组织的活动范围发生了较大程度的重合。对大部分社区而言，社区的地理空间和人口规模相对较小，在如此微型的一个社会单元内，如果由两组职能重叠的组织进行管理显然会造成一些不必要的麻烦，但是各地的惯例又有所不同，如此，则呈现社区党组织与社区自治组织的分工模式与边界的模糊问题。

在新型社区的治理问题上，笔者认为社区党组织与社区自治组织的边界问题并不是社区矛盾的核心问题。如果社区两委存在矛盾，矛盾的源头往往不是工作方式的差异，如果社区两委都是一心为社区发展谋出路的，就不存在职能边界的争端问题。社区更多的是合作，是共处，而不是严格划分边界，模糊的边界其实更加有利于社区工作的开展。但是在主要责任的划分上，社区虽小但还是应该划分一下主要责任人，即牵头人。转型社区工作的主要责任人从经验上看是社区书记，党务工作自然是由社区书记负责的，但是社区治理的其他公共领域则需要考虑一些经验的、习惯性的做法：集体经济的负责人在大部分社区都是书记，社区财务的负责人也因之由书记负责，而其他事务的主要负责人则较为随意。由于社区中的各类事务最后都会多少牵涉到"经济"的问题，因此，书记对其他事务的影响就不可避免。这种不可避免并不是由谁负责的问题，而是双方协作的问题。毕竟在集体经济的经营上，书记也是需要其他组织成员协助的，在社区范围内，没有哪个工作可以由一个人独立完成。

（二）社区两委与社区物业服务组织职能边界的讨论

社区两委与社区内物业服务组织的职能边界问题从市场的角度看并不存在问题，因为社区物业服务在一般意义上是由市场供给的，社区两委不需要介入这个领域的问题。在市场与社会发展较为充分的国家和地区，其公寓型的社区会形成业主组织并与物业服务供给组织进行协作，解决社区物业问题；在独门独户的社区则基本不存在物业服务问题，各家各户遵从业主协会的规则，自主解决物业问题。

在我国城市社区，也不是所有的物业服务都是由市场组织解决的，主要看物业的基本属性。新中国成立后的相当长一段时间里，城市单位社会中的物业服务是由后勤部门负责的，后勤的服务范围非常广，不仅负责当下物业服务的范畴，还会负责其他的日常生活照顾，而那时的物业服务是完全包含在单位内部的，因此，物业服务负责人是单位负责人的下属，归单位管理。而单位制改革以来，城市各部门的物业服务纷纷独立，由此，物业服务工作逐步由市场供给，但是迄今为止物业服务的供给也不是完全市场化的，还要看房产的具体性质。在纯粹的商品房小区，物业服务是市场化运作的，在这类小区中，往往建有规范程度不一的业主委员会，由于业主委员会发端于上海，因此长三角一带的业主委员会制度建设相对更加规范。而在"房改房"社区，即便是在上海，也往往不是纯粹的市场型的物业服务，它们的物业收费往往比同地段房产的收费低，属于半市场化。而笔者调查的山东的新型社区的物业服务则往往比半市场化还要弱市场一些。

物业服务本身具有一定的公共性色彩，在小区内部并不能完全地划分出个体成本－收益的边界，由于社区物业服务具有公共池塘资源的特点，在小区与外部之间可以低成本地设置准入资格，因此可以由市场型组织来供给此类服务。但是，具有公共池塘资源特点的产品，并不是必须使用市场供给的方式才比较经济，市场供给并不是一种最为经济的资源供给模式，市场的交易成本如果过大，选择其他方式供给公共池塘资源特点的产品也是可行的选择。因此，在新型社区中，许多小区都没有选择纯粹的市场甚至半市场的供给模式，而是采用了弱市场的供给方式。所谓弱市场的供给方式是指，社区建立自己的物业服务组织，或是物业服务公司，或是物业服务小组，成员完全是本社区的人，服务供给方式灵活，甚至超出物业服务供给的范围，依靠社区原本存在的熟人社会网络提供物业服务，服务供给的成本相对低廉，而收费或者直接减免，或者以较低的成本收取较低的费用。

在这种模式下，社区物业服务组织与社区两委的关系就类似于单位制下的后勤与单位负责人之间的关系，是一种近似的上下级关系。在这种情况下，要划分社区两委与物业服务组织的边界的确是存在困难的。其原因在于：其一，物业服务组织的负责人，即经理或队长往往是社区两委的成员或是两委成员聘任的，而不是业主聘任的；其二，社区物业服务组织其他工作人员的工资发放等往往是由社区决定并由社区财务发放的，即便是那些已经成立物业服务公司的社区，其收支往往因为社区内居民免费享受物业服务而不能保障平衡，社区的福利与社区物业服务组织直接相关，因此，社区物业服务组织的经费也需要社区公共财政支持；其三，社区物业服务的基本设施甚至工作内容都是由社区两委确认的。笔者调查的几个新型社区，其物业服务组织的各类巡逻、施工设施皆是由社区两委讨论决定购买的，社区物业服务组织只是上报需求，物业服务内容也是由社区两委讨论决定的。

其实，从执行的角度看，社区是政府政策执行的最后一个环节，同时也是自身管理规则制定和执行的统一体。在这个细微的社会细胞内，如果硬要分出一个边界，其前提条件应该是这个细胞长大到一定程度之后的事情，如果这个细胞尚未突破一定的规模，而人为要求其一定要进行职能分化是徒增麻烦的举措。在社区建设的过程中，我国许多地方极容易因为某些他地的典型经验不顾社区实际而一刀切地要求其积极借鉴先进经验。说到底，社区并不缺乏治理的经验，关键是如何梳理这些经验。

（三）社区两委与社区各类居民自组织之间的边界

社区自组织，很多时候都被认为是我国社会组织发展的草根代表，认为这些基层组织代表着我国基层社会成长的新生力量。如果从西方学界对NGO的界定来看，我国的社会自组织几乎都不能满足萨拉蒙所言的NGO的条件。当下，社区内的自组织主要是娱乐性的，但是也有少量的学习性组织和监督性组织。这些组织与社区两委的关系很难用独立、平等来描述。

不管是城市社区、新型社区还是农村社区，社区范围内的其他居民组织，特别是社区建设以来新兴起的各类组织，基本上是在村/居两委的支持与领导下展开的。在南方地区，一些宗族力量比较强大的社区，宗族组织还具有一定的独立于两委的行动空间，但是在笔者调查的山东几个新型社区中，社区中的其他居民组织多是在村/居实行自治以来在地方基层政府及两委的支持与倡导下建立起来的，这种历史次序上的差异，在很大程度上决定了他们与村/居两委的政治地位。

从性质上看，社区内的居民自组织与社区两委的关系主要分为两种：一种是合作型关系，另一种是合作监督型关系。前一种主要是指，社区内的娱乐性、教育性组织。这两类组织主要由社区内的老年人和儿童组成，从事的活动主要是丰富社区的生活。这类组织在大多数情况下与两委的关系是明确的合作型关系，两者的边界相对清晰，社区只需要为这类组织提供场地、基本的物质性支持，而自组织的人员动员、参与方式、参与内容则是由组织本身决定的，社区两委很少进行干预。另一类组织则是合作监督型组织，主要是指社区财务监督性组织，《村民委员会组织法》（2010年修订）第三十二条有明确的规定，"村应当建立村务监督委员会或者其他形式的村务监督机构，负责村民民主理财，监督村务公开等制度的落实，其成员由村民会议或者村民代表会议在村民中推选产生，其中应有具备财会、管理知识的人员。村民委员会成员及其近亲属不得担任村务监督机构成员。村务监督机构成员向村民会议和村民代表会议负责，可以列席村民委员会会议"。在很多新型社区，其办公地点的牌子往往有三块，一块是村民委员会的，另一块是村党组织的，再一块就是村务监督委员会的。可见村务监督委员会在新型社区中的法律地位是非常突出的。

村务监督委员会与社区两委之间的边界也是非常清晰的，一个是监督者，一个是被监督者。两委的财政收支要受村务监督委员会的直接监督。但是两委与村务监督委员会的权力关系并不平等，即边界的清晰并未保障两者之间合作监督关系的良性发展。社区村委会的权威来源是双重的，一重是地方基层政府，另一重是社区居民授权。社区两委掌握的资源数量也远远高于作为监督机构的村务监督委员会。如果村务监督委员会质疑"两委"的财务情况，在这两者之间发生冲突时，居民的反应是一个明显的未知数，个体行动的风险度较高。在这种情况下，村务监督委员会的监督职责虽然明确，边界也十分清晰，但是作用的力度却是未知的。

通过本节的讨论，我们可以发现，组织的职能边界问题，虽然在各类治理实践与理论探讨中被频频提及，但是边界的清晰并不是职能得到高效执行的充分条件。所谓的监督与被监督、市场与社会、政治与市场的划分在很多时候都是一种理论分析的工具，或者说是一种分析的理想类型，这种类型是建立在西方文化基础上的，在我国的治理实践中，特别是在我国基层社区的治理实践中未必行得通。

第三节　社区治理主体运行机制的重建

社区治理的主体，主要涉及哪些组织或个体是社区治理主要参加者的问题。有学者对"参加"一词颇有异议，认为参加就是协助的意思，而笔者并不这么认为，笔者以为所有以实际行动投入社区治理的行动者皆可以称为参加者，只是参加的身份有所分异，有的参加者是社区治理的主导者，有的参加者是社区治理的协助者，有的参加者在此类活动中是主导者，在别类活动中则是协助者，反之亦然。

社区治理运行机制建构的实质是社区治理职责如何通过各类组织及个体的职责体系及互动机制得以良好实现的问题。这一机制的建构需要建立在尊重历史及现实的基础上。

自社区被重新重视以来，对社区的关注无外乎两个视角：其一是通过社区实现基层组织力量的再建构，从而使外来的力量能够更好地对接基层的各类资源，使社区内部的资源顺畅实现与外部的连接，而连接的目标则各有不同，在亚非拉等前殖民地地区，这种对接是为了让这些地区更好地融于世界市场，使其资源依然能够像未获得独立之时一样顺利进入世界市场，使发达国家的资源汲取不因为这些国家的独立而受挫；在我国则是为了更好地执行政府的基层政策，使社区居民能够获得政府提供的公共服务，使政府能够获得基层社区的协助；其二则是充分调动社区的力量，使社区独立建构解决问题的能力，为社区建设与发展提供基层支持框架，比较典型的是美国的社区建设运动。

新型社区作为我国城镇化发展进程中出现的一种特殊的社区形态，其所拥有的经济资源、社会资源与政治资源都与传统的城市社区明显不同，当然也在某种程度上与农村社区有所差异。正如本书上文分析所言，新型社区在政府与社区的关系上明显存在边界不清晰的问题。在历史上，我国的村/居社区是没有被带入政府的直接行政体系的，在清末民初虽有制度上的发展计划，但是鉴于当时复杂的经济社会环境以及政府本身的力量不足而从未实施过，国家力量对基层控制的真正实现是在中华人民共和国成立之后，而随着我国改革的逐步推进，国家对村/居治理的直接介入逐步发生改变，村/居的自治成为法定的状态。

一　历史传统中的社区治理机制

历史上，特别是明清以来，中央政府对地方的控制是通过层级化的官僚实现的，但是官僚体系只是延伸到县，而没有继续向下伸展。但是这并不意味着政府对基层的控制处于缺失的状态，政府对基层的直接控制是到县，但是间接的渗透却是直到村落的，这种间接的控制是通过一套士绅网络实现的。

　　这套士绅网络在部分学者的论述中仅仅包括了那些依靠考选制度进入体制内的具有科举生源资格以及隐退在家的具有一定的社会影响力的乡绅，而另一部分学者则认为那些不是通过科举考试而是通过捐官获得身份的人也是属于乡绅群体的，更有部分学者认为不仅上述两部分人属于乡绅群体，那些在商业上取得成就以及在地方上拥有大量土地的地主不管他们是否有官方认可的身份，他们只要是能积极投入地方的事务就可以是乡绅阶层的一员。但是从主体上看，在乡绅这一群体中发挥主导作用的还是那些通过科举等制度化形式被国家合法政权认可的群体。如图 5 - 1 所示，士绅这一群体，不仅通过血缘、地缘关系建构了基层的横向的社会网络，而且通过科举身份的老师、学生关系建构了纵向的社会网络。横向的社会网络使他们不仅能够整合本社区内部的资源，而且可以通过血缘、地缘关系整合区域范围内的各类资源，这些资源不仅包含了和平时期的公共设施、公共价值体系维护，还包括了非和平时期的公共安全维护等；纵向的社会网络还会使他们低成本地将基层的信息向上传达给政治上层，而这种传达能力在依靠科举制度建构起来的社会网络中是更为普遍存在的。也正因为如此，基层社区治理中的横向、纵向连接才使政府对县以下社区的渗透最终得以达成。

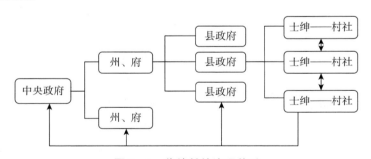

图 5 - 1　传统村社治理关系

　　在这一关系图谱中，虽然政府通过士绅实现了对基层社区的渗透，但是政府对士绅阶层的信任度并不是很高。同时，士绅阶层对于参与政府细碎的行政性事务也多持不屑的态度，但是在村社基本公共设施及身份认同、利益认同等社区治理的基本供给要素上，政府与士绅阶层的配合却是习惯俗成的。政府虽然通过里、坊、保甲等实现对基层资源的汲取，但是在社区整合上最为根本的力量还是士绅阶层。因此，从形式和实质两个方面看，在国家与村社的关系上就形成了一个纵向整合与横向整合相结合的治理关系图谱。所谓的纵向整合是指国家对村社的治理是自上而下展开的，国家的力量对村社的发展产生上下联动性的影响，国家不仅通过在基层的代理人实现对村社资源的直接汲取，而且通过与士绅阶层的非正式连接，使士绅基层能够在村社层面"代替"国家完成社区的整合。而在社区层面，村社内部及村社之间则是横向整合的关系。在村社内部，社区的经济整合、文化整合、社会关系整合是通过宗族与士绅的双重身份联合而达成的"块"。这个"块"，表现出一定的内部完整性特点，但并不是独立的"完全自足"型的社会细胞。社区不仅通过士绅的社会网络达成了向上的利益诉求机制，而且通过宗族的血缘网络达成了横向的社会联动机制。

从权威关系上看，社区层面的权威关系主要是血缘性权威（其中包括了父权式的权威）、地缘性权威（主要是邻里权威）。社区与政府之间的连接主要是一种非正式的职业网络关系，按照滕尼斯对权威的划分可以说是一种精神与职业的权威。所以，在社区权威的来源上，社区权威可以说是双重来源的，一个是社区内部的天然赋权，另一个是通过后天的制度设定、个人的努力获得的权威。这两个权威用现代语言来说即是底层与上层授权相结合的双重权威授权。但是从根本上说，社区士绅阶层的权威更多地来源于社会，这一点在国家权力趋弱的时代表现得更加明显。在历史上的不同阶段，国家力量的式微并不意味着基层士绅力量的式微，可以说，士绅与国家之间保持了一定程度的协作 - 牵制关系，并不是完全的一体化。

从这个意义上说，我国传统社会中并不是不存在独立的社会力量，只是这个社会力量与西方的呈现形式不一样而已。

但是，社区内部的所谓"块"的治理也不是现代的所谓分工明确的治理秩序，社区内部虽然有"自然形成"的权威，但是权威的运行基本上还是"维持性"的，这种维持并不全然是正面的。社区的整合虽然依靠士绅，但是士绅并不是"公益"的代表，在历史记载中士绅依靠自身的力量加重社区居民负担而肥私的事件并不鲜见。

二　新中国成立后社区治理主体运行机制的简单梳理

新中国成立后，我国基层社会的治理机制并未按照建构社区的思想进行规划，但是在某种程度上却体现了社区治理的要素。

从历史上看，我国的基层治理是纵向整合与横向整合结合的制度形态，这种制度形态是以横向的底层块状结构为典型特征的，纵向的控制并不直接落到个人的头上。这种治理形态给了基层较多的自决权。新中国成立以后，我国城乡治理虽然表现出明显的剪刀差特点，城市的优越性不言而喻，但是从治理形式看，城市和乡村并无太大的差异，其基本的治理导向都是保持相对单位的封闭自治。

在这种封闭自治下，村庄和城市各个单位皆是一个独立的社会单位，在这个单位内部只有少数人可以在社会纵横层面上发生流动，而这少数人就成为村庄和单位联系外界的少数通道，其他的人则只能在这个相对封闭的独立单位内解决个人几乎所有的生存、生活、发展的问题。单位内部存在的权威也是一种贯通式的权威模式，这种模式使单位内部的组织人事关系表现出明显的熟人社会的特点，这一特点与我国近代历史上的传统型社区中的人际关系特点非常相似，当然世界上绝大多数国家都曾经历过这个熟人社会的发展阶段。

但是，随着我国改革开放政策的实行，国有集体经济改制的推进，城市中的传统单位制逐步瓦解，新建立的私人经济不再包办原来的社会职能；乡村土地制度的改革也彻底改变了村庄的社会治理格局。封闭的社区治理形态为半开放的社会治理形态所替代。

当单位制瓦解之时，其释放的社会管理需求并没有随着单位制的逐步瓦解而消失，国家对社会管理的职责在失去了"单位"的依托之后，必须有新的承接组织，否则，社会管理的混乱必然会引发更大范围的社会问题。为此，政府职能的改革与社会管理机制的改革就被提上了议事日程。一方面，政府直接承担的社会管理职能在很大范围上得到了扩展；另一方面，政府也将部分社会管理职能移交到了新的组织之中。这就是20世纪80年代末开始的社区服务运动。以民政部为代表的政府部门以社区服务的发展为起点试图通过社区建设的种种活动，推动社区制成为承接政府社会管理与社区服务功能的新机制。由此，"社区"方成为我国基层治理的新生力量。

由于政府的职能改革过于复杂，社会管理的总体设计缺乏前瞻性和科学性的规划，以笔者看来发端于20世纪80年代末的社区治理改革虽然在承接政府职能上取得了一定的成效,但是在社区自身发展上收效甚微,更勿论社区自治发展机制的成熟。

在政府与社区的关系上,社区制改革并未使社区成为安全独立的自治主体,社区在形式上的独立并不比单位制下"工矿企业、事业单位"更多,相反,由于社区组织在生产性功能的短缺而不能发挥原来单位组织的社会整合功能。从而无法在真正意义上实现单位制自治区制的转型。另外,社区与政府的关系也没有因为社区制的建设而发生改变,社区组织仍然是政府职能下放的承接者,社区内部的职能结构几乎就是政府职能结构的微缩版。社区亦同样存在党的组织与社区自治组织之间职能划分不清,内部职能交叉、边界不清等常见的管理问题。进而,在公众需求上,社区组织也毫无例外地发展成为全能型的基层组织。也正因为如此,社区才被形象地称为"上边千条线,下边一根针"。

可以说,社区虽小,但是它深嵌于我国的政治社会治理结构中,同时,因其微小而不能独立改革成为一个全新的社会组织。

三 当下社区治理主体运行机制发展的建议

当前社区治理的运行主体主要是社区两委,另外基层政府或其派出机构在社区治理中也发挥着不可忽视的作用。

从世界范围来看,逐步走向专业化发展的道路方是社区治理的正途。没有专业化的发展,社区组织的身份定位和组织技术可信度都会受到服务对象的质疑。但是从我国社区发展的现实来看,这个发展阶段在短期内还不会实现。

当下,我国政府的纵向整合机制仍处于继续发展的阶段,社区组织位于政府纵向整合链条的末端,这种末端的位置虽然使其在一定程度上保持了相对的"自治"空间,但是不可避免地在未来一段时间被压缩。从历史因素看,新中国成立后我国社区组织的自治性是在中央与地方、政府与社会叠加性发展的低谷阶段出现的,是中央政府赋予基层的发展空间,这一发展思路是为了充分调动基层的积极性,使其能够更加积极主动地投身于经济与社会发展的过程中,这一进程首先在农村开始,进而向城市推进。但是随着经济社会的发展,国家、社会之间的低谷发展期已经基本成为过去式,社区的自治发展对政府来说缺乏现实的推动力,在地方政府依然是

"发展型"政府的背景下，社区要在政府之外发展出具有专业化身份的组织几乎是不可能的。

虽然单位制作为一种占统治地位的社会治理方式已经在逐步走向衰弱，但是单位制存在的强大历史影响却是在短期内无法消除的。另外，我国行政体制上的纵向一体化和块状治理格局在相当长一段时间内亦未看出其有变更的趋势，如此，要在社区层面发展出不同于当下的块状治理格局也是难事。因此，笔者认为，我国转型社区治理主体运行机制的发展，特别是从中短期来看，可以从以下几个方向着手。

第一，严格区分政府与社区的社会服务边界，政府不以社区为单位委派公共服务人员。

当下影响社区治理机制自然、合理发展的最大干扰因素就是政府与社区的协作关系。从实践上看，社区离开政府的支持是万万行不通的，不管是从历史的惯性还是从当下社区发展的形势看，都是一样的。但是当下，政府对社区的涉入有过深过密的倾向。由于政府加大对社区人力与组织投入的干涉模式是以服务社区的名义展开的，社区居民对此往往持欢迎的态度。在原子化日渐凸显的社区实践中，居民个体之间的联系纽带日渐疏离，居民忙于各类私人事务而疏于关注本属自身义务的"社区公益"，政府的细微"照顾"恰恰满足了居民"抽身而出"的客观需求。但是这一"照顾"却在根本上瓦解了居民通过"事件"团结内部的组织机制，即破坏了社区内部团结的发生、发展机理。

从社区发展的现实看，政府可以把项目式的工作以外包的方式让社区承担，比如阶段性的人口普查等，但是程序性的工作，比如养老保险缴纳等应该由政府部门负责，不应把工作机构设立在社区。当然这亦是一个系统性的工程，应该在充分调研与严格认证的基础上做出区分。

不以社区为基本的政府公共服务供给单位，一方面有利于节约国家公共资源，另一方面也有益于社区集中精力做好本社区的自治事务。

第二，保障社区相对的经济独立，加强社区财政监督的力度。

在社区发展史上，有很多失败的案例，部分学者将失败的原因归结为其没有聚焦于经济发展的基础，笔者对此深以为然。社区发展虽然不是单纯的经济发展问题，但是离开经济的发展，社区的发展显然是缺乏根基的。同时，如果社区发展不能为社区成员提供可用具体经济数量度量的硬性指标，则社区居民参与社区发展的积极性将受挫。

包括蒙曼在内的许多学者都提出，社区是为弱者准备的，强者并不需要社区，这一点特别针对那些忙于"生计"的阶层。如果从马斯洛的需要层次理论出发，我国的绝大多数人都还生活在"谋生计"的阶段而无法跨越自我实现的门槛。

当下，社区发展的目标应该高度聚焦于为本社区的居民谋取集体福利，而社区集体经济的存在则是社区能够谋取集体利益的基础。从当下来看，社区缺少的是集体经济的支撑，这一缺失在很大程度上与社区缺少发展集体经济的"领头人"有关。很多社区没有稳定发展的集体经济或集体收益，主要原因并不在于社区缺乏发展的资本，而在于社区缺乏发展的带头人。在新型社区建设的过程中，社区所拥有的资源往往比一般城市社区多，关键资源在于土地及其地上附着的集体房产资源，这些资源都是城市社区不可能拥有的。在这种情况下，政府不该积极推进社区的进一步原子化。

同时，社区集体经济被非法侵害的情况在当下仍然不容忽视，如何在发展集体经济，增强社区凝聚力，激励社区"领头人"及加强社区经济监督之间建立合理的运行机制才是当下新型社区发展的重中之重。虽然村务监督委员会自《村民委员会组织法》颁布以来就有相关的规定，但是其执行力度并不容乐观。如何建立有效的基层财务监督制度将是社区发展的重要制度支撑之一。

第三，严格确立党组织在社区发展中的核心领导地位，并以第三方考核的方式评估其绩效。

党组织的作用方式是社区治理中最容易产生分歧的理论与实践要点。党在社区中的领导地位是法律明文确定而不容置疑的，但是在实践中应该如何发挥党组织的领导价值却是各方讨论的焦点。实践中，社区党组织与政府采取了基本一致的行动策略，即全面领导社区的各类工作。这种方式虽然在某些领域引起了学者的热烈讨论，但是至少迄今并未给出一套切实可行的备选实践方案。

从现实来看，笔者认为在社区中讨论党组织的领导方式，甚至部分学者主张的党政分开问题，其实皆是学界借用西方甚或美国的理论"自娱"的结果。当下，社区所需要的是一个"合情合理"的"有组织性"的领导核心，能够团结社区内部的各种力量使社区的各种资源得到有效的利用。从当下社区发展的各种力量来看，社区党组织无疑是最好的选择。但是党组织的基层优越性并不等于党组织成员在基层治理中有一直保持理性工作状态的能力。当下，许多村/居，特别是农转居等新兴社区的党组织缺乏切实可行的监督机制。据我国传统的治理逻辑，让社区内部的力量监督社区在很大程度上会是无效的。因此，社区对党组织的监督也应该引入第三方力量，只是如何引入、如何监督的问题还应该经过缜密的调查和规划。

第四节　社区协作机制的重构

协作，近年来成为社会科学研究的热点话题之一。张维迎曾对协作（Cooperation）和协调（Coordination）做过区分，他认为："协调问题的核心是人们如何预测他人的行为，解决预测最为直接的办法就是相互之间的沟通和交流……沟通是人与人之间的信息和知识的交流。为了作出正确的预测，当事人需要掌握相关的知识，甚至还要掌握对方如何看待己方的认识等高阶知识。"而协作问题讨论的则是"个体理性与集体理性之间存在冲突"的问题，其实质是一个"激励问题"。但是实施物质奖励并不是一个简单的事情，"进行物质奖励的一个前提是，要存在不受财富约束的第三方，从而能够有足够的财富来实施物质奖励。另一个前提是，该第三方要有足够的信息和能力以识别出谁选择了合作，谁选择了不合作，并且能够公允行事，从而能够正确的实施物质奖励"。但是在某种情况下，可能"不存在一个第三方，或者有第三方，但是第三方缺乏足够的物质财富或者缺乏足够的信息和能力，以致难以实施奖惩。在这种情况下，往往需要借助非物质手段"。（张维迎，2013：33~46）

从形式上看，协调与协作存在一定程度的差异，但是实践中，许多社会治理问题的发生往往是协作与协调同时出现问题造成的。鉴于协作与协调发生作用的条件，社会的规模越大，协作与协调发挥作用的条件就越复杂，实现的难度就越高。就社区而言，其实现的难度则相对较低。但是正因为社区的微小，一些在社会大范围能够实施的协作制度反而在社区中无法实现。因此，可以说社区协作机制的架构有其明显的特殊性。

一　新型社区治理中协作机制发挥作用的优势条件

协作本来就是个体理性与集体理性之间的协调问题，虽然协调与协作在很多情况下是分开使用的，但是笔者以为协调在内涵上应是协作行为的一部分。社区发展的终极目标仍然是为了生活于一处的人们能够相互协调彼此的行动，在行为逻辑上达至大致的理解和包容，甚至在某种情况下达到相互的认同和一致，进而在集体利益的获得上取得路径一致的选择。

由于新型社区是从原来的农村社区发展而来，人口的异质性相对较低，加之血缘关系叠加地缘关系，人们长期共处的经验实践使相互之间的互动更加有利于社区协作机制的建构。

第一，新型社区的建设是居民共同面对的一次"重大"历史性事件，这一事件的"共历性"使社区居民更容易产生因经历相同而心理相近的认同感，从而降低协作机制建构的成本。新型社区的建设是在原农村社区建设的基础上推进的，从社区发展的历史性地位看，拆迁安置毫无疑问地在社区发展史上占据着十分重要的位置。这一历史事件使原来农村的建筑空间彻底归于历史，人们将不能从现存的拆迁后新建建筑中找到历史的印记，这种隔离不仅是空间的隔离，且因空间填充物的泯没而使社区居民潜在的历史记忆因为没有具体的寄托而逐步淡出人们的显性记忆范畴。在人们目所能及的范畴中，熟悉的人们将成为新的依托。而相熟并不意味着能够在协作行为上达成一致，关键是利益共同体的达成。从拆迁的具体推进看，社区居民利益几乎是完全一致的，每个人的拆迁策略选择皆会在很大程度上影响其他人的利益获得体量，且其集体决策的经历会成为居民生活于新的空间中的一次制度初始建构的过程。

第二，社区中原本存在的血缘、地缘关系得到了较为完整的保存，为重建后的社区社会网络的再建构创造了条件。协作机制的建构需要双方对对方信息的了解，这种了解不仅建立在明确已有的可见规则的基础上，还需要建立在对对方所持的潜在规则的基础上，这种规则不是"外来者"在短期内就能习得的，需要长期的共处和相互的磨合。新型社区的居民虽然经历了居住空间的重组，但人与人之间的交往规则却没有发生深层的改变，原有的社会交往规则依然存在。这就为相互之间的信息把握和行动预期创造了不同于一般人际互动的条件，这一先天条件的存在使社区协调机制的建构成本明显弱于其他社区，而且更容易得以系统地建构。更为重要的是，潜伏于社区原有的血缘、地缘关系之中的信任机制的存在更为社区协作机制的建构创造了良好的社会资本优势。

第三，新型社区广泛存在的公共需求为社区协作机制的建构创造了外部条件。社区的发展并不是单向规划的结果，社区制度的建构以社区需求发展为根本动力。但是社区在发展的过程中并不一定会自然地形成各种一致性的需求，正因为如此，社区的发展才会在更多的时候表现为规划的结果。但是新型社区在建设之初就承载着各种公共需求，且这些公共需求具有明显的一致性色彩，并通过社区居民的显性行为和隐性行为表现出来，更为关键的是，社区居民的这些一致性需求有其"共时性"的组织代表——社区两委。需求的发掘和组织的过程就是社区在新的时空中再建构协作机制的过程，这个建构的启动会在更大程度上影响社区后续协作机制的方向和具体形式。

新型社区的建构虽然是自带着历史和社会行动网络进入的，但是这些因素的组合并不是自然达成的，而且在社区协作机制建构的过程中，新型社区与其他社区一样也存在明显的阻力。

二 社区治理中协作机制发展的阻力

社区的微型化既是社区治理中协作机制建构的优势，又是社区协作机制建构的劣势。虽然，在绝大多数情况下，社区中的协作表现为微观层面的行为互动，但是其往往受到外来制度规范的强烈影响，尤其是在信息化、市场化发展日渐深入的当下更是如此。市场的渗透使资源的流动性日渐趋强，社区的内部团结随着社区内部各类要素的独立性趋强而有局部弱化甚至全局弱化的趋势。虽然新型社区与一般城市社区相比，在内部要素的独立性上尚有很大程度的不同，但受到外在因素影响的强度却毫不逊于一般城市社区。新型社区中协作机制建构的阻力主要表现在如下方面。

第一，城市性的入侵，使社区协作机制建构的需求有所下降。

城市以其异质性与多元性的存在为立身之本，新型社区逐步融入城市的过程亦是其城市性逐步增强的过程。城市多元化的商品供给模式与公共需求供给模式都会逐步消解社区原有的需求满足路径，使社区居民不再拘泥于社区内部的供给而跃跃欲试于外部更加一般化与"现代化"的需求满足模式。这种发展态势的存在，使社区建构良好的内部协作机制的社会空间被条块分割，社区居民忙于更大范围内规则与制度的适应，而无暇于社区内部协作机制的建构。

就新型社区的居民而言，融入城市社会的难度使他们在短期内无暇顾及社区内原有的社会基础，或者没有意识到他们可以在原有社区的基础上建构集体性的适应外部环境的机制，特别是在集体化的社区已经弱化了30余年后的今天。

第二，社区协作机制建构的权威基础仍然十分稀缺。

社区协作机制的建构，不是协调少数几个人的行为，而是协调几百上千人的行为，虽然社区内部成员的同质性较高，协调的成本可能相对较低，但是社区内部亚群体的存在事实却使社区协调的成本并不必然较低。作为最基层的社会单位，社区内部协作机制的建构同样需要资源、信息、权威等因素的结构性组合。在各类结构性组合中，权威的价值都是不可或缺的。这种不可或缺性不同于其他要素的"部件"属性，其他要素从协作建构的组成看仅是"部件"性质的，但是权威要素除了"部件"属性外，还是动力、黏合剂和审判监督机制。社区协作机制建构与政府协作机制建构的最大不同或许在于前者在更强的意义上是生成的，而后者可以通过设计建立起来。因此，前者的权威更表现在其对信息的把握、对公正的认知与执行上，如果社区中的权威不能很好地发挥公正判断的职能，社区协作机制的建构将更是难上加难。当下，新型社区建构最为稀缺的就是社区权威资源。

第三，社区协作机制建构的稳定性制度基础明显不足。

作为最基层的社会单位，社区外部环境影响的强度明显高于其他组织形态。社区在我国的政治体系中，特别是自近代以来，一直都是正式政治组织的"下属"单位，其从属于基层政治的属性在现代化进程中并没有减轻的趋势，而近年来国家推进的各类基层改革措施更是使社区深嵌于行政组织的网络之中，没有使社区在短期和长期的发展中获得稳定的发展预期。上述状况在短期内是无法改变的，这种不稳定使社区内外协作机制的建构面临严重的预期失调，从而使得协作各方对协作机制的建构处于相对的质疑状态，从而阻碍了稳定有效的协作机制的建设。

三 社区协作机制再构建的建议路径

社区协作机制的再建构并不是对当下社区协作机制的重构，社区协作是在已有的整体性制度框架下展开的互动行为，它是塔建于已有的纵横结合的治理机制上的。从我国社区治理的发展历史及当下社区治理的基本参与主体看，社区协作机制的再建构必须在尊重当下制度发展基本逻辑的基础上展开，试图突破大的制度设定另起炉灶是不可行的。正是鉴于此种考虑，社区协作机制的再建构可以考虑如下优化路径。

第一，稳定社区与政府的关系边界，政府支持社区的发展，但应该在制度上稳定两者的支持方式和协作内容。

在政府和社区之间，社区明显处于"被领导"的地位。虽然政府，特别是基层政府亦有其处于"被领导"的一面，但是基层政府是毫无疑问的体制内组织，其所享有的各类资源是社区所无法比拟的。在所谓的行政发包制下，基层政府承接的上级"包裹"可以接力的方式继续向下发包，而社区则没有办法继续这场接力，它成为行政任务的最终承担者。在这种情况下，社区要建立稳定预期的未来协调机制就显的非常困难，因为政府下发的临时性任务往往是无法预期时间的。社区在很大程度上不得不按照政府的工作思路出牌，这在很大程度上决定了社区不是自决的，因而也不难实现自治。

协作机制的建构虽然需要协作各方相对独立的地位，但是从实践上看，不平等的地位并不意味着不能达成协作，关键是协作中是否有"共赢"。以笔者对新型社区的调查来看，虽然社区与政府的协作是在地位不平等的基础上展开的，但是社区居民对于拆迁安置后的生活表达了较高的满意度，这在很大程度上说明了政府与社区协作的成功，只是这些成功建立的基础是由长期以来农村对城市生活的物质向往所塑造的。在物理性的需要逐步得到满足之后，社区与政府之间的协作就要迈入新的发展阶段，在这个阶段如果仍然依靠政府的"动员＋考核"模式进行协作，社区就无法摆脱当前的"政府手脚"的定位，从而影响社区的自治性发展。政府不以单纯的政绩考核为核心，理清政府的职能体系，做政府应做之事，而不是照搬层级间的考核机制，是社区与政府之间的协作获得较为稳定的发展环境的基础和前提；强化非政府机构对政府支持社区发展政策的监督可以为社区与政府间稳定的协作机制的建构提供监督保障；而具有良好操作性的法规制度的出台则是使社区协作机制得以建构的程序保障。

第二，在外部制度环境相对可预期的情况下，建构社区内部良好的规则可预期制度。

新型社区是从传统的农村社区向城市社区发展的过渡形态，但是这一过渡形态并不必然走向当下的城市社区，而是自身发展的一个特殊阶段。社区在发展过程中所面临的不仅是与自己的历史说"且行且珍惜"的过程，更是不断地发现新的问题而逐步确立社区内部运行规则的过程。新型社区在逐步建构自身运行规则的过程中，需要各个组成部分之间的协作。由于社区党组织、社区自治组织以及社区其他居民组织之间的关系并不是完全的市场型关系，也不是一种行政性的上下级关系，因此不能完全套用市场交易与行政命令的规则。但是，社区长期发展所形成的"何为公正"的共识，却是社区协作机制建构的根本性基础，即便是这种公认的"公正"并不符合行政效率与市场逻辑。在社区这个微型的社会单元中，协作机制能够得以良好建构的基础就是社区自建的"公正标准"。这一标准是传统与现代的结合，所谓的传统就是它并不以市场和行政的效益为标准而是以社区的"公益"为标准，所谓的现代就是它要求"公益"是均衡和透明的。

在社区内部，协作机制更多地依附于社区的"潜规则"，但这个"潜规则"并不是负面意义上的"分赃机制"，而是相对于"明确约定的规则"而言的，而且这个"潜规则"又与明确约定的规则相关。这个明确约定的规则就是社区制度运行的"公益性"和"公益运行的透明性"。

第三，社区权威机制建构的制度化。

社区协作机制的建构并不意味着社区各类行动主体可以在协作机制下自发地、自动地解决各类矛盾。社区运行中的矛盾和问题是社区建设与发展过程中的常态，没有问题和矛盾的社区必然因为失去活力和动力而不能获得相应的发展。而社区权威不仅是社区发展的引导者和组织者，更是社区协作机制建构的裁决者。这个裁决的角色既要求实现程序的合法性又要求实现内容的合法性，加之裁决者与社区其他组织的相对平面化，而提升了对其裁决公正性的要求。

按照吴稼祥辁辏理论的基本假定，权威距离将决定权威的"神秘性"

程度。而社区中的权威因为几乎没有"距离"而缺少了神秘性和威权性，这种缺失更要求社区权威具有决策与执行的双重"公正性"。但是社区权威的"公正性"不仅仅表现在资源分配与争端解决的公正上，还表现在其合理而突出的资源调度能力上，这就要求社区享有相应的资源及其自决权。当下，在社区治理过程中，社区资源的拥有量有减少的趋势，这种情势应该通过制度约定的方式加以限定，其中对政府的约束是关键。

参考文献

埃莉诺·奥斯特罗姆、帕克斯、惠特克，2000，《公共服务的制度建构——都市警察服务的制度结构》，宋全喜、任睿译，上海三联书店。

保罗·皮尔逊、瑟达·斯考克波尔，2007，《当代政治科学中的历史制度主义》，载何浚志、任军锋、朱德米等编译《新制度主义政治学译文精选》，天津人民出版社。

鲍曼，2003，《共同体》，欧阳景根译，江苏人民出版社。

贝纳沃罗，2000，《世界城市史》，薛钟灵、余靖芝、葛明义、岳青、赵小健译，科学出版社。

贝思·J. 辛格，2001，《实用主义、权利和民主》，王守昌等译，上海译文出版社。

布伦南、布坎南，2004，《宪政经济学》，冯克利等译，中国社会科学出版。

曹锦清、张乐天、陈中亚，2001，《当代浙北乡村的社会文化变迁》，上海远东出版社。

陈琳，2010，《协作性治理的概念界定与模式阐析》，《学习月刊》第10期。

陈伟东，2004，《中国城市社区自治：一条中国化道路——演变历程、轨迹、问题及对策》，《北京行政学院学报》第1期。

崔智友，2001，《中国村民自治的法学思考》，《中国社会科学》第3期。

《当代中国》丛书编辑部，1990，《当代中国的劳动力管理》，中国社会科学出版社。

道格拉斯·C. 诺斯，1994，《制度、制度变迁与经济绩效》，刘守英译，上海三联书店。

《邓小平南巡讲话》，2012，搜狐，http://business. sohu. com/20120113/n332115956. shtml。

邓正来，1997，《国家与市民社会：中国市民社会研究》，四川人民出版社。

杜乘铭，2011，《村民自治的宪政之维》，《武汉大学学报》（哲学社会科学版）第 4 期。

段成龙，1997，《流动人口对城市社会经济发展的影响》，《科技导报》第 4 期。

房正宏，2011，《村民自治的困境与实现路径》，《华中师范大学学报》第 9 期。

费孝通，1947，《乡土重建》，香港文学出版社。

费孝通，2006，《中国绅士》，惠海鸣译，中国社会科学出版社。

费孝通，2007，《江村经济》，上海世纪出版集团、上海人民出版社。

弗雷德·E. 福尔德瓦里，2007，《公共物品与私人社区——社区服务的市场供给》，郑秉文译，经济管理出版社。

付春，2008，《新中国建立初期城市化分析》，《天府新论》第 3 期。

高灵芝、胡旭昌，2001，《"村改居"后集体资产处置的个案剖析以济南市槐荫区前屯居为例》，《长白学刊》第 4 期。

高贤栋，2008，《南北朝乡村社会组织研究》，山东大学出版社。

桂勇，2008，《邻里空间：城市基层的行动、组织与互动》，上海书店出版社。

郭圣莉，2004，《上海社区建设强政府色彩的反思与启示》，《城市管理》第 4 期。

国家统计局，2016，《中国统计年鉴》，中国统计出版社。

国家统计局城市社会经济调查司，2016，《中国城市统计年鉴——2016》，中国统计出版社。

国家统计局国民经济综合统计司，2016/2005，《新中国五十五年统计资料汇编 1949～2004》，转引自陈熙《大跃进影响下的城乡人口迁移——以上海市为中心》，《中国经济史研究》第 2 期。

哈贝马斯，1999，《公共领域的结构性转型》，曹卫东、王晓珏译，上海学林出版社。

郝彦辉、刘威，2006，《制度变迁与社区公共物品生产——从"单位制"到"社区制"》，《城市发展研究》第 5 期。

何艳玲，2007，《都市社区中的国家与社会：乐街调查》，社会科学文献出版社。

河连燮，2014，《制度分析：理论与争议》，李秀峰、柴宝勇译，中国人民大学出版社。

贺雪峰、苏明华，2006，《乡村关系研究的视角与进路》，《社会科学研究》第 1 期。

侯伊莎，2006，《透视盐田模式：社区从管理到治理体制》，重庆出版社。

黄春蕾，2015，《我国新型城镇化背景下"村改居"社区公共服务供给转型研究》，《天津行政学院学报》第 4 期。

黄树民，1997，《林村的故事》，生活·读书·新知三联书店。

瞿同祖，2003，《清代地方政府》，范忠信等译，法律出版社。

柯武刚、史漫飞，2000，《制度经济学：社会秩序与公共政策》，韩朝华译，商务印书馆。

科思等，1996，《财产权利与制度变迁》，刘守英译，上海三联书店。

孔飞力，1990，《中华帝国晚期的叛乱及其敌人：1796—1864 年的军事化与社会结构》，谢亮生译，中国社会科学出版社。

李蓓蓓、徐峰，2008，《中国近代城市化率及分期研究》，《华东师范大学学报》（哲学社会科学版）第 3 期。

李连江、欧博文，1997，《当代农民的依法抗争》，载吴国光主编《九七效应：香港、中国与太平洋》，香港太平洋世纪研究所。

李棉管，2014，《"村改居"：制度变迁与路径依赖——广东省佛山市 N 区的个案研究》，《中国农村观察》第 1 期。

李培林，2010，《村落的终结：羊城村的故事》，商务印书馆。

李冉、聂玉霞，2017，《村庄合并后新型农村社区治理的行政化导向及其矫正》，《中国行政管理》第 9 期。

李善同、刘云中，2014，《中国城市化的历程、现状与问题》，http://www.hkimr.org/uploads/conference_detail620/con_paper_0_343_2-lishantong-paper. pdf，最后访问时间：2014 年 9 月 12 日。

里夏德·范迪尔门，2004，《欧洲近代生活：村庄与城市》，王亚军译，东方出版社。

梁漱溟，1949，《中国文化要义》，上海人民出版社。

林尚立，2003，《社区民主与治理：案例分析》，社会科学文献出版社。

林万龙，2007，《农村公共物品的私人供给：影响因素及政策选择》，中国发展出版社。

林耀华，1989，《金翼》，生活·读书·新知三联书店。

刘东亮，2012，《拆迁乱象的根源分析与制度重整》，《中国法学》第 4 期。

刘伟红，2008，《盐田模式：政府管理 + 社区自治》，《特区实践与理论》第 1 期。

刘伟红，2017，《边界模糊的治理：集中农转居社区的类单位化自治之路——基于对山东省的调查研究》，《湖北社会科学》第 1 期。

卢俊秀，2015，《村落社区被动城市化的庇护关系逻辑》，《甘肃社会科学》第 4 期。

陆学艺，1996，《改革中的农村与农民——对大寨、刘庄、华西等 13 个村庄的实证研究》，中共中央党校出版社。

吕復，1943，《比较地方自治论》，商务印书馆。

吕青，2015，《"村改居"社区秩序如何重建——基于苏南的调查》，《华东理工大学学报》（社会科学版）第 6 期。

罗伯特·D. 帕特南，2001，《使民主运转起来》，王列、赖海榕译，江西人民出版社。

罗纳尔德·L. 杰普森，2008，《制度、制度影响与制度主义》，转引自鲍威尔·迪马吉奥《组织分析的新制度主义》，姚伟译，上海人民出版社。

马光川、林聚任，2015，《分割与整合："村改居"的制度困境及未来》，《山东社会科学》第 9 期。

马克斯·韦伯，2004，《支配社会学》，康乐、简惠美译，广西师范大学出版社。

马克斯·韦伯，2006，《经济与社会》，林荣远译，商务印书馆。

马若孟，1999，《中国农民经济：河北和山东的农民发展：1890—1949》，史建云译，江苏人民出版社。

马西恒，2013，《创新社会管理背景下的上海社区建设研究》，《科学发展》第 5 期。

迈克尔·曼，2007，《社会权力的来源》（第一卷），李少军、刘北成译，上海人民出版社。

曼瑟尔·奥尔森，1996，《集体行动的逻辑》，陈郁译，上海人民出版社。

毛寿龙，1998，《西方政府的治道变革》，中国人民大学出版社。

米歇尔·克罗齐埃，2002，《科层现象》，刘汉全译，上海人民出版社。

米歇尔·克罗齐耶、埃哈尔·费埃德伯格，2007，《行动者与系统——集体行动的政治学》，张月等译，上海人民出版社。

尼可拉斯·卢曼，2005，《权力》，瞿铁鹏译，上海人民出版社。

彭小兵，2007，《城市拆迁的制度性问题及政策设计》，《求索》第 4 期。

皮埃尔·布迪厄，2006，《实践感》，蒋梓骅译，译林出版社。

秦晖，1997，《天平集》，新华出版社。

秦晖，2003，《传统十论》，复旦大学出版社。

秦晖，2015，《走出帝制：从晚清到民国的历史回望》，群言出版社。

《日本城市化发展历程及经验借鉴》，2017，http://www. tusstar. com/？app = web&m = Viewpoint&a = detail&id = 1813，最后访问日期：2018 年 9 月 15 日。

阮荣平，2012，《农村集中居住：发生机制、发展阶段及拆迁补偿》，《中国人口·资源与环境》第 1 期。

桑玉成，1992，《从五里桥街道看城市社区管理的体制建设》，《政治学研究》第 2 期。

沈关宝，2000，《发展现代社区的理性选择》，《探索与争鸣》第 3 期。

石发勇，2013，《准公民社区：国家、关系网络与城市基层治理》，社会科学文献出版社。

宋辉、张璇、苏楠，2013，《农转非新型社区管理的创新问题》，《理论与探索》第 3 期。

孙立平，2004，《失衡：断裂社会的运作逻辑》，社会科学文献出版社。

孙立平，2006，《博弈：断裂社会的利益冲突与和谐》，社会科学文献出版社。

孙小逸、黄荣贵，2012，《制度能力与治理绩效——以上海社区为例》，《公共管理学报》第 4 期。

孙玉刚，2011，《议行分离：社区自治组织性质回归的体制探索——昆明市盘龙区拓东办事处"一委一站制"社区管理模式分析》，《云南行政学院学报》第 3 期。

唐任伍，2013，《我国城镇化进程的演进轨迹与民生改善》，《宏观经济》第 6 期。

田毅鹏、吕方，2014，《单位共同体的变迁与城市社区重建》，中央编译出版社。

王春光，1995，《社会流动和社会重构——京城"浙江村"研究》，浙江人民出版社。

王铭铭，1997，《村落视野中的文化与权力：闽台三村五论》，生活·读书·新知三联书店。

王铭铭，2003，《走在乡土上：历史人类学札记》，中国人民大学出版社。

王颖，1996，《新集体主义：乡村社会的再组织》，经济管理出版社。

闻钧天，1935，《中国保甲制度》，商务印书馆。

《我国城镇化发展的历史与未来趋势》，http://www.cre.org.cn/index.php？m = content&c = index&a = show&catid = 19&id = 9084，最后访问日期：2015 年 9 月 16 日。

吴贵民，1998，《试法 10 年村民自治形势走向对策》，《中国民政》第 1 期，第 18 ~ 20 页。

吴晗、费孝通等，1948，《皇权与绅权》，观察社。

吴毅，2002，《村治变迁中的权威与秩序》，中国社会科学出版社。

吴毅、吴淼，2003，《村民自治在乡土社会的遭遇—以白村为个案》，华中师范大学出版社。

项飚编著，2000，《跨越边界的社区：北京"浙江村"的生活史》，生活·读书·新知三联书店。

项继权，2002，《集体经济背景下的乡村治理：南街、向高和方家泉村村治实证研究》，华中师范大学出版社。

肖滨、方木欢，2016，《寻求村民自治的"三元统一"——基于广东省村民自治新形式的分析》，《政治学研究》第 3 期。

谢立中，2010，《结构－制度分析，还是过程－事件分析?》，社会科学文献出版社。

徐勇，1997，《中国农村村民自治》，华中师范大学出版社。

徐勇、沈乾飞，2015，《村民议事会：破解"形式有权，实际无权"的基层民主难题》，《探索》第 1 期。

徐勇、赵德健，2014，《找回自治：对村民自治有效实现形式的探索》，《华中师范大学学报》（人文社会科学版）第 4 期。

阎云翔，2000，《礼物的流动》，上海人民出版社。

阎云翔，2006，《私人生活的变革》，上海书店出版社。

燕继荣，2015，《国家治理及其改革》，北京大学出版社。

杨贵华，2012，《城市化进程中的"村改居"社区居委会建设》，《社会科学》第 11 期。

杨华、姜权权，2015，《征地拆迁：一个农村阶层关系重构过程——基于湖北省荆门市城郊农村的调查》，《中南大学学报》第 2 期。

杨建顺，2005，《论房屋拆迁中政府的职能——以公共利益与个体利益的衡量和保障为中心》，《法律适用》第 5 期。

姚进忠，2011，《赋权："村改居"社区服务的路径选择》，《城市问题》第 10 期。

殷江滨、李郇，2012，《中国人口流动与城镇化进程的回顾与展望》，《城市问题》第 12 期。

应星，2001，《大河移民上访的故事》，生活·读书·新知三联书店。

应星，2007，《草根动员与农民群体利益的表达机制》，《社会学研究》第 2 期。

于建嵘，2001，《岳村政治：转型期中国乡村政治结构的变迁》，商务印书馆。

俞可平，2000，《治理与善治》，社会科学文献出版社。

虞晓芬、金细簪，2014，《农转非社区管理中的问题及其解决途径》，《城市问题》第 6 期。

詹姆斯·S. 科尔曼，2008，《社会理论的基础（上）》，邓方译，社会科学文献出版社。

詹姆斯·马奇、马丁·舒尔茨、周雪光，2005，《规则的动态演变——成文组织规则的变化》，童根兴译，上海人民出版社。

张静，2000，《基层政权——乡村制度诸问题》，浙江人民出版社。

张静，2006，《现代公共规则与乡村社会》，上海书店出版社。

张康之，2015，《走向合作的社会》，中国人民大学出版社。

张克俊、付宗平，2015，《"村改居"集体经济面临的困境及出路——以成
　都市成华区为例》，《农村经济》第9期。

张丽琴，2008，《从"村改居"看村委会的改革走向》，《理论月刊》第
　9期。

张维迎，2013，《博弈与社会》，北京大学出版社。

张维迎、林毅夫，2017，《政府的边界》，民主与建设出版社。

张玉林，2015，《大清场：中国的圈地运动及其与英国的比较》，《中国农
　业大学学报》（社会科学版）第1期。

赵世瑜，2002，《狂欢与日常》，生活·读书·新知三联书店。

赵秀玲，1998，《中国乡里制度》，社会科学文献出版社。

折晓叶，1997，《村庄的再造：一个"超级村庄"的社会变迁》，中国社会
　科学出版社。

中共中央文献研究室，2016/1996，《国家计委党组、劳动部党组关于1958
　年劳动工资基本情况和1959年劳动工资安排意见的报告》，转引自陈
　熙《大跃进影响下的城乡人口迁移——以上海市为中心》，《中国经济
　史研究》第2期。

周雪光，2005，《"逆向软预算约束"：一个政府行为的组织分析》，《中国
　社会科学》第2期。

朱明芬，2011，《集体土地房屋拆迁当事人行为解读——以杭州城郊为
　例》，110法律咨询网。

庄孔韶，2000，《银翅：中国的地方社会与文化变迁》，生活·读书·新知
　三联书店。

佐佐木毅、金泰昌，2009，《中间团体开创的公共性》，王伟译，人民出
　版社。

Baden-Powell, B. H. M. A., C. I. E.. 2003. *The Origin and Growth of Village
　Communities in India*. Batoche Books Kitchener.

Chester G. Starr. 1986. *Individual Land Community：The Rise of the Polis* 800 –

500*B. C.* New York Oxford: Oxford University Press.

Cornes, R. , Sandler, T. 1999. *The Theory of Externalities, Public Goods , and Club Goods.* Cambridge: Cambridge University Press, pp. 35 – 38.

David Lesis, Nazneen Kanji. Non-Governmental Organizations and Development [M] . London: Routledge 2009.

Dempsey, N. , Bramley, G. , Power, S. , Brown, C. 2009. "The Social Dimension of Sustainable Development: Defining Urban Social Sustainability," *Sustainable Development* 1.

Ellinas, Suleiman, A. E. 2008. "Reforming the Commission: between Modernization and Bureaucratization," *Journal of Eurpoean Public Policy* 7: 708.

Fioretos, Tulia O. Falleti, G. Sheingate A. 2016. *The Oxford Handbook of Historical Institutionallism.* Oxford University Press.

Gibson, C. C. , McKean, M. A. , Ostrom E. 2000. *People and Forests: Communities , Institutions, and Governance.* Massachusetts: Institute of Technology, p6.

Gray, B. 1985. "Conditions Facilitating Interorganizational Collaboration," *Human Relations* 38 (10): 911.

*Hammer stein, p*2002. *Report of the* 90th *Dahlem Workshop on Genetic and Cultural Evolution of Cooperation, Berlin June, 23 – 28, p2.*

Harrison, C. 2018. Leadership Theory and Research: A Critical Approach to New and Existing Paradigms. *Palgrave Macmillan Press.*

Hunter, P. 2008. Social Enterprise for Public Service: How Does the Third Sector Deliver? *The Smith Institute.*

Kenny, S. E. 2016. "*Changing Community Development Roles: the Challenges of a Globalizing World,*" in *Rosie R. Meade, Mae Shaw , Sarah Banks edit, Politics, Power and Community Development. The University of Chicago Press.*

Ma, Jianbo. 2013. The Land Development Game in China. *Lexingtong Books.*

Macharz , T. , R. 2001. *The Commons: Its Tragedies and Other Follies. California: Hoover Institution Press, pp. 2 – 3.*

Moore, E. , Koontz, T. A. 2003. "*Typology of Collaborative Watershed Groups:*

Citizen-Based, Agency-Based and Mixed Partnerships," Society and Natural Resources 16: 451 – 460.

Morris, J. C., Miller-Stevens, K. 2016. Advancing Collaboration Theory: Models, Typologies, and Evidence. *Routledge.*

Needham, C. 2008. "*Realizing the Potential of Co-production: Negotiating Improvements in Public Services,*" Social Policy & Society.

Nelson, N., R Wright S. 2001. Power and Participatory Development: Theory and Practice. *ITDG Publishing.*

Norris-Tirrell, D. and Clay, J. A. 2010. Strategic Collaboration in Public and Nonprofit Administration: A Practice-Based Approach to Solving Shared Problems. *Boca Raton: CRC Press.*

Nowak, M. A., Coakley, S.. 2013. Evolution, Games, and God : The Principle of Cooperation. *Harvard University Press.*

Orser. *W. E.* 1981. Searching for a Viable Alternative: The Macedonia Cooperative Community 1937 – 1958. *New York: Burt Franklin & Company.*

Pfeffer, J. Managing with Power: Policitics and Influence in Organizations. *Boston: Harvard Business School Press.* 1994.

Pincione, G. Teson F. R. 2006. Rational Choice and Democratic Deliberation: A Theory of Discourse Failure. *Cambridege University Press.*

Przeworski, A. 2010. Democracy and Limits of Sel-Government. *Cambridge University Press.*

Robert Axelrod. The Evolution of Cooperation. American Association for the Advancement of Acience.

Roy, K. C. Tisdell C. A. 1998. "*Good Governance in Sustainable Development: the Impact of Institutions,*" International Journal of Social Economics.

Shaw, M. 2008. "*Community Development and the Politics of Community,*" Community Development Journal.

Squazzoni, F. 2008. "*Local Economic Development Initiatives from the Bottom-up: the Role of Community Development Corporations,*" Community Development .

Steelman, T. A., and Carmin, J. 2002. "*Community based Watershed Remedi-*

ation: *Connecting Organizational Resources to Social and Substantive Outcomes*," *in* Toxic Waste and Environmental Policy in the 21st Century United States, *ed. by D. Rahm*, *Jefferson*, *NC*: *McFarland*, *pp.* 145 – 178.

Thomas F. RemingtonEF. 2010. "*Presidents and Parties*: *Leadership and Institution-Building in Post-Communist Russia*," *Julie Newton*, *William Tompson edit.*, Institutions, Ideas and Leadership in Russian Politics. *Palgrave Macmillan.*

Thomas F. Remington. 2010. "*Presidents and Parties*: *Leadership and Institution-Building in Post-Communist Russia*". *In Julie Newton*, *William Tompson* (*eds.*), *Institutions*, *Ideas and Leadership in Russian Politics. Hampshire* : *Palgrave Macmillan.*

Toddi, *Steelman*, *A.*, *Carmin*, *J. 2002.* "*Community based Watershed Remediation*: *Connecting Organizational Resources to Social and Substantive Outcomes*," *in Toxic Waste and Environmental Policy in the* 21st *Century United States*, *edited by D. Rahm*, *Jefferson*, *NC*: *McFarland*, 27. 145 – 178.

Tom, *C. 2015.* "*Post-Socialist Aspirations in a Neo-Danwei*," The China Journal.

居民调查问卷

您好！我是教育部人文社科项目"社区治理"课题组的问卷调查员，请您协助做一份问卷，主要是了解您对社区管理及服务的满意度，以增进社区服务与管理的水平。谢谢！

访问开始时间：201____年____月____日____时____分

一 社区总体评价

1. 您对社区生活的总体满意度   A001

（1）非常不满意   （2）不满意   （3）一般

（4）满意   （5）很满意

2. 您认为当前社区的生活与原来村里的生活相比   A002

（1）有很大改善   （2）有一些改善   （3）没有什么变化

（4）有些变差了   （5）变差了很多

3. 社区生活中让您觉得最不满意的是_____（限1项），最满意的是_____（限1项）   A003 ~ A004

（1）基础设施，如图书室、健身设施与器材、路灯等

（2）公共服务，如村委提供的服务、物业提供的服务、社区内其他组织提供的服务

（3）人际关系   （4）房屋质量   （5）自然环境

（6）其他_____

4. 如果是与住在平房时相比，搬到楼房后，您与社区内其他成员的交往情况：

社区里的熟人来您家串门的次数　　　　　　　　　　　　　　　　A005

（1）变多了很多　　　　（2）变多了一些　　　　（3）没有变化

（4）变少了一些　　　　（5）变少了很多

您去社区内熟人家里串门的次数　　　　　　　　　　　　　　　　A006

（1）变多了很多　　　　（2）变多了一些　　　　（3）没有变化

（4）变少了一些　　　　（5）变少了很多

您与社区里熟人见面聊天的次数　　　　　　　　　　　　　　　　A007

（1）变多了很多　　　　（2）变多了一些　　　　（3）没有变化

（4）变少了一些　　　　（5）变少了很多

二　社区基础设施与物理环境

5. 在社区中，您和家人能使用的公共设施有哪些？（可多选）

B001 ~ B020

（1）室内运动场地及器材　　　　　　　　　（2）室外健身器材

（3）球场　　　　（4）图书、读报室　　　　（5）垃圾桶

（6）自行车棚　　　（7）儿童专有活动场地　（8）老人专有活动场地

（9）路灯　　　　（10）凉亭　　　　（11）邮筒

（12）游泳池　　　（13）其他_____

6. 在小区中您经常会看到下列哪些现象？（可多选）　　B021 ~ B040

（1）地上经常有乱飞的纸屑

（2）垃圾房的垃圾收集不及时、不干净，周围有污水

（3）小区里有居民丢弃的水果皮，无人及时打扫

（4）污水清理不及时，滋生蚊虫

（5）居民把垃圾堆在楼下而不放入垃圾箱

（6）没有以上各项内容，小区卫生良好

（7）其他_____

7. 您认为小区中应该增加哪些公共设施（可多选）　　B041 ~ B060

（1）室内运动场地及器材　　　　　　　　　（2）室外健身器材

（3）篮球场　　　　（4）图书室　　　　（5）垃圾桶

（6）自行车棚　　　（7）儿童专有活动场地　（8）老人专有活动场地

（9）路灯　　　　（10）凉亭　　　　（11）邮筒

（12）其他＿＿＿＿＿＿＿＿＿＿＿

8. 您认为为社区添置新的公共设施应该由哪些部门出资？（可多选）

B061 ~ B075

（1）房产开发部门 （2）物业公司 （3）居民

（4）街道办或镇 （5）居（村）委会 （6）福利捐助

（7）不知道 （8）其他＿＿＿＿＿＿＿＿＿＿

9. 要改善社区的环境需要新的投入，比如聘请更加负责的物业服务公司，种植并维护新的花草树木等。请问您愿意每年为小区环境的改善投入多少钱？＿＿＿＿＿＿＿＿＿＿元 B076

10. 您对小区基础设施与自然物理环境的总体评价是 B077

（1）很不好 （2）不好 （3）一般

（4）比较好 （5）很好

三 公共服务与公共组织

11. 您认为居（村）委会是什么性质的组织? C001

（1）政府组织 （2）形式上是居民组织，实际上是政府组织

（3）居民自治组织 （4）不知道 （5）其他＿＿＿＿＿＿

12. 您觉得我们社区的居（村）"两委"主要是在做哪些方面的工作? （可多选） C002 ~ C012

（1）谋取更大的村/居集体收入

（2）解决各类矛盾和纠纷

（3）完成政府安排的各项任务

（4）忙着自己的"副业"，解决自己家的经济需要

（5）着力于提升社区的公共设施与环境水平

（6）不知道 （7）其他＿＿＿＿＿＿＿＿＿＿

在上述各类选项中，您认为村/居"两委"把哪项工作放在了首位?

（ ） C013

13. 您参加过村/居委会的换届选举工作吗? C014

（1）参加过，以后还想继续参加

（2）参加过，但以后不想参加了

（3）想参加但是没有参加

（4）没有参加过，也不想参加

（5）无权参加

您认为可以通过选举产生全心全意为居民服务的村/居民委员会及主任吗？   C015

（1）不可能   （2）有可能，但可能性不大

（3）有很大可能   （4）可以   （5）不知道

14. 如果您是党员，请问您参加过党支部的换届选举吗？   C016

（1）参加过，以后还想继续参加

（2）参加过，但以后不想参加了

（3）想参加但是没有参加

（4）没有参加过，也不想参加

（5）无权参加

您认为可以通过选举产生全心全意为居民服务的村/居支部委员和书记吗？   C017

（1）不可能   （2）有可能，但可能性不大

（3）有很大可能   （4）可以   （5）不知道

15. 您认为居民及政府对村/居"两委"的监督，特别是财务监督，在多大程度上是有效的？

（1）非常有效   （2）比较有效   （3）一般

（4）没有效果   （5）不知道   C018

16. 您知道村/居支部书记、主任是谁吗？

（1）知道   （2）不知道   C019

17. 您清楚地知道村/居"两委"内部的详细分工么？

（1）不知道   2）不太清楚   3）非常清楚   C020

18. 您对当前村/居"两委"工作的满意吗？   C021

（1）非常不满意   （2）不满意   （3）一般

（4）满意   （5）很满意   （6）不好说

19. 您知道社区里每年发生的偷盗事件大约有多少件？   C022

（1）没有发生过   （2）5件以下   （3）10件以下

（4）10件以上   （5）非常多记不清楚 （6）不知道

20. 天黑后在社区里散步安全吗？   C023

（1）非常安全　　　　（2）需要一两个伴才会安全

（3）有多个伴才会安全（4）有多个伴也不安全

（5）说不好

21. 您在社区中经常会看到为社区安全而巡逻的人员吗？　　　　C024

（1）没有安排巡逻人员（2）有巡逻人员，偶尔看到

（3）经常会看到

如果社区里有巡逻人员，他们的工作时段是什么时候？（可多选）

C025 ~ C027

（1）白天巡逻　　　　（2）晚上巡逻　　　　（3）夜里巡逻

22. 您对社区内的物业服务满意吗？　　　　C028

（1）非常不满意　　　（2）不满意　　　　（3）一般

（4）满意　　　　　　（5）很满意

四　自我治理

23. 如果有陌生人在社区中出现，您会不会注意到？　　　　D001

（1）不知道哪些人是陌生人

（2）注意不到　　　（3）不怎么注意　　　（4）能够注意到

24. 如果有陌生人在单元楼中出现，您会不会注意到？　　　　D002

（1）不知道哪些人是陌生人

（2）注意不到　　　（3）不怎么注意　　　（4）能够注意到

25. 如果您发现小区垃圾桶坏了，您一般会采取什么措施？（可多选）

D003 ~ D013

（1）没遇到过,不知道　（2）看看而已　　　（3）跟家人聊聊就算了

（4）告知村/居委会或物业管理组织

（5）自己想办法维修一下

（6）愿意为社区捐钱购置新的

（7）其他＿＿＿＿＿＿＿＿＿＿＿＿＿

26. 如果你发现村/居"两委"在财务管理上存在问题，您会怎么处理？（可多选）　　　　D014 ~ D024

（1）没法管，也管不了

（2）跟村（社区）里其他人聊聊，评论一番

（3）跟理财小组的人说说

（4）直接找"两委"问问

（5）向政府相关部门反映

（6）其他_____

27. 您有没有想过要参加村/居委会的选举或组织其他的活动为居民服务？　　　　　　　　　　　　　　　　　　　　　　　　D025

（1）没有想过　　　　（2）想过但是不会参加（组织）

（3）打算参加（组织）（4）曾经参加（组织）过，但以后不想参加了

（5）参加（组织）过，以后还想参加（组织）

五　个人信息

1. 被访人性别：（1）男　　　　　　（2）女　　　　　　　　E001

2. 您的出生年月是_____年_____月　　　　　　　　　　E002

3. 被访人婚姻状况：　　　　　　　　　　　　　　　　　　　E003

（1）未婚　　　　　（2）已婚　　　　　　（3）离异

（4）丧偶

与户主的关系　　　　　　　　　　　　　　　　　　　　　　E004

（1）户主　　　　　（2）户主配偶　　　　（3）其他成员

您家现在一共有几口人：_____口；其中成年人_____口

　　　　　　　　　　　　　　　　　　　　　　　E005 ~ E006

4. 您的受教育程度：　　　　　　　　　　　　　　　　　　　E007

（1）小学及以下　　（2）初中　　　　　（3）高中

（4）大学　　　　　（5）研究生

5. 您的职业：　　　　　　　　　　　　　　　　　　　　　　E008

（1）农民　　　　　（2）务农加务工　　（3）工人

（4）干部　　　　　（5）其他

6. 政治面貌：　　　　　　　　　　　　　　　　　　　　　　E009

（1）党员　　　　　（2）民主党派　　　（3）普通群众

8. 您的年收入：　　　　　　　　　　　　　　　　　　　　　E010

（1）1 万元以下　　（2）1 万 ~ 2 万元　（3）3 万 ~ 5 万元

（4）5 万元以上

家庭年收入： E011

（1）3 万元以下　　（2）3 万～6 万元　　（3）6 万～10 万元

（4）10 万元以上

您家主要的收入来源有（可多选）： E012

（1）粮食收入　　　（2）蔬菜种植等副业　（3）外出打工

（4）单位工资收入　（5）自办工商企业收入（6）租金收入

（7）其他

上述各项收入中哪项收入最高：（　　　） E013

9. 您家的房子属于 E014

（1）拆迁安置后购房　（2）购买的集资建房　（3）购买村民的房子

（4）租房

如果选择（1）或者（2），请问您最初在小区内有_____套房子，现在有_____套。 E015～E016

请问您贵姓：_____您的联系方式：_____

问卷访问结束时间：201____年____月____日____时____分

访问员签名：_____

附录二

访谈提纲

一 村民访谈要目

与村民的访谈不要说我们是来了解社区管理的，我们与村民访谈的目的是了解村民的生产、生活发展以及存在的困难的。

村民访谈分两个阶段进行，如果对方非常善谈且有继续交流的需要可以增加访谈次数。

如果访谈对象有自己的产业，或者自己耕种的土地，最好能够现场去看看，主要目的是增进感情、获得信任并获取更加直接的资料。

第一阶段的访谈：

主要是对个人情况的了解以及对村的发展历程的个人认识。

1. 家庭组成及具体情况（包括家庭成员身份、年龄、学历、职业、爱好，家庭的经济收入状况及结构，家庭的社会网络及亲密的社会关系）。

2. 个人的成长经历、当前状态。

3. 最值得自豪的事及最烦心的事。

4. 村子发展历程，不是要他去拿历史材料而是要他自己梳理他记忆中的村是如何发展起来的。村中发生了哪些事情让他记忆犹新，村中的宗族是一种什么状态，哪些人对村的影响比较大，可以是正面的也可以是负面的，让他举例说明。

第二阶段的访谈：

主要是对当前村内各类组织运行状态的了解以及对村未来发展的

展望。

1. 村里的村主任、书记是谁，怎么产生的，哪年产生的，您还记得当年的情景吗？请仔细说明。马上就要换届选举了，您觉得谁会当选？

2. 村里现在主要为大家做了哪些工作？都是哪个人（职务）做的？您觉得他工作的特点是什么（都是怎么开展工作的）？您觉得村里还应该为大家做哪些事情？有可能做吗？

3. 您觉得什么样的人适合做村主任、书记？为什么？

4. 现在村里的养老、医疗状况如何？可否详细介绍一下？

5. 您对计划生育的国策有何看法？您如何评价村委在计划生育上展开的活动？

6. 您觉得村里现在对集体的土地持一种什么态度？您怎么看待这个问题？

7. 您觉得村里和镇里、街道里应该是一种什么样的关系？

8. 您如何评论村务监督委员会的工作？您觉得这项工作如何做才会更有效？

9. 您对未来的生活有何期望？

二　村支书、村主任访谈要目

村支书、主任的访谈目的是了解村子是怎么管的。访谈中注意打破访谈边界，最好能首先跟着村支书或村主任在村中再转一圈。

村支书、主任访谈采用三段访谈法。第一段的主要目的是打破界限，以了解村子发展历程和访谈对象的个人成长为突破点（访谈地点尽量在村办公室，但是最好能到对方家里看看）；第二段的主要目的是深入了解村主任、书记当前工作的主要内容，分析当前工作存在的问题；第三段的主要目的是了解访谈对象对当前工作展开的个人认识，即工作的价值、意义，及对未来发展的认知。

第一阶段的访谈：

1. 请您详细介绍一下我们村的发展历程。其中经历了哪些关键性的事件，在这个事件中哪些人发挥了哪些作用，您觉得影响村子发展的最重要的因素是什么，请详细说明。

2. 您是哪一年开始干村主任的，或支部书记的，当时是一种什么样的情景，即您为什么要做这个工作？在没有干这个职务之前，您是如何看待这个职务的？任职以后有何改变？您现在如何看待当前的工作？

3. 您的家人对您当前的工作持何种态度？他们的个人信息（家庭角色、受教育情况、工作状况、经济收入等）。

4. 就您个人来说，在生活中、工作中最让您感到高兴的事情是哪个？为什么？有没有比较烦恼的事情，是什么事情？

5. 您有没有想过自己将来要过一种什么样的生活，能讲一下吗？

第二阶段的访谈：

1. 您能介绍一下您目前工作的主要内容吗？如果以一个月为周期，您能详细介绍一下一个月从事的工作吗？最好能举几个例子。一年当中您最忙的时间是什么时候？都是在忙哪些工作？这些工作中最让您头疼的是哪些？

2. 您对村委会其他成员的工作有何评价？如果让街道给他们打分，一般能打多少分？您觉得这个评价是否合适？为什么？如果让村民给他们打分能打多少分？您觉得这个评价是否恰当？为什么？

3. 现在村里各个委员之间工作协调是如何展开的？主要存在哪些方面的问题？您觉得调整到什么状态会更好？

4. 您当前的工作主要是对谁负责？考核制度是如何设定的？您感觉这种考核方式效果如何？如何改进会更好？在"双诺双述双评"制度中，您一般会做哪些承诺？可否让我们看看您的承诺书？

5. 街道，管理区（办事处）对村里的影响主要体现在哪些方面？您如何看待这些影响？您觉得当前的印章管理制度如何？

6. 社区有了物业管理公司（服务中心）以后，发生了哪些明显的改观？请举例说明。村委与物业服务之间的关系如何？如何保障其服务质量？

7. 村里各类公共设施的投入都是如何议定的？如何解决资金问题？请详细举例说明。村里在居民个人的投入都有哪些？花销有多大？村里每年的收入项目是哪些？收入大约有多少？

8. 当前村委的工资制度是一种什么状态？您如何评论这种工资制度？

能调动大家积极性吗？

9. 当前的财务制度是一种什么状态？您如何评价？

第三阶段的访谈：

1. 空闲下来的时候，您是否对自己当前的工作有过评价？您是怎么评价自己的工作的？

2. 您觉得当前社区治理（管理）存在的主要问题是什么？为什么会有这些问题出现？

3. 您觉得街道（镇）、管理区（办事处）在哪些事情上应该放手让村里去做？哪些事情应该由上边统一来做？

4. 您觉得一个好的社区应该是什么样子的？比如村里应该由什么样的组织来管？村干部应该是什么样的？村民应该是什么样的？村里有重大事项应该怎么处理？

5. 您是如何看待村民自治问题的？

6. 您觉得当前的社区治理（村务管理）已经在哪些方面与以前有很大不同？会对未来的管理产生什么影响？

7. 当前的工作对您产生了哪些影响？您如何评价这些影响？

三 报账员访谈要目

1. 您做报账员（会计）多长时间了？当时是在什么情况下做的这个工作？您能够给我们介绍一下您平时工作的基本内容吗？能举个例子说明一下工作的基本程序吗？

2. 您能给我们解释一下"一事一议财政奖补项目"是怎么回事吗？其中村里与记账中心、财政局之间是什么关系？

3. 你觉得"村级集体经济组织清产核资"工作开展的原因是什么？我们在工作中遇到了哪些问题？有哪些问题比较棘手？哪些问题应该引起重视？现在解决了哪些问题？

4. 您能为我们详细解释一下当前财务公开的基本内容和程序吗？您觉得这个程序解决了哪些问题？哪些问题没有解决？

5. 您能解释一下当前"三资"管理网络平台的情况吗？村里哪些事情需要利用这个平台？如何运行？您如何评价这个平台的工作？

6. 您如何评价村务监督委员会的工作？

7. 您认为当前工作中最麻烦的问题是什么？有办法解决吗？哪些问题已经形成程序？程序合理与否？您对当前印章管理的制度有何评价？（理财小组的章是自己掌握的）

8. 您能详细介绍一下村委的工资制度吗？您对这种工资制度有何评价？

9. 村里的办实事项目一般是哪些内容？开支程序是怎么样的？

10. 您觉得当前的工作对您个人产生了哪些影响？

四　居民组织访谈要目

1. 组织建立的时间和原因。

2. 组织成员的年龄、性别和主要工作背景。

3. 主要组织者和发起者的基本信息及特长。

4. 活动开展的具体形式和效果。

5. 在组织发展过程中，街道（镇），村/居发挥了哪些作用？什么地方需要改进？

6. 组织活动面临的主要障碍和问题。

7. 组织活动对您个人的影响。

五　物业公司

1. 物业公司（服务中心）是什么时候建立的？当时为什么要建立物业公司（服务中心）？注册了吗（就是具体了解一下它的社会身份）？请您介绍一下人员组成的基本状况。

2. 当前，物业服务公司承担的主要任务有哪些？您觉得这些任务之间有矛盾吗？

3. 当前，社区里物业管理存在哪些主要问题？哪些问题是特别让您觉得烦心的？

4. 物业管理公司（服务中心）与村里是什么关系？您觉得这种关系有什么好处？有什么不足？

5. 物业管理的经费从哪里来？如何核算收支？物业设施经费从哪里来？

6. 您觉得更为优质的物业服务组织应该是什么样的？

7. 在您的从业经历中，哪些事情让您觉得特别有感受？请您举例说明。

图书在版编目（CIP）数据

社区转型：城镇化进程中的治理体系重组／刘伟红
著． —— 北京：社会科学文献出版社，2018.11
ISBN 978 - 7 - 5201 - 3957 - 1

Ⅰ．①社⋯　Ⅱ．①刘⋯　Ⅲ．①社区管理 - 研究 - 中国
Ⅳ．①D669.3

中国版本图书馆 CIP 数据核字（2018）第 265148 号

社区转型：城镇化进程中的治理体系重组

著　　者／刘伟红

出 版 人／谢寿光
项目统筹／胡庆英
责任编辑／胡庆英　孙智敏

出　　版／社会科学文献出版社·社会学出版中心（010）59367159
　　　　　地址：北京市北三环中路甲 29 号院华龙大厦　邮编：100029
　　　　　网址：www.ssap.com.cn
发　　行／市场营销中心（010）59367081　59367083
印　　装／天津千鹤文化传播有限公司

规　　格／开　本：787mm × 1092mm　1/16
　　　　　印　张：14.5　字　数：236 千字
版　　次／2018 年 11 月第 1 版　2018 年 11 月第 1 次印刷
书　　号／ISBN 978 - 7 - 5201 - 3957 - 1
定　　价／69.00 元

本书如有印装质量问题，请与读者服务中心（010 - 59367028）联系